BUSCANDO EL FINAL DEL ARCOÍRIS

FIONA JOY GREEN Y MAY FRIEDMAN, eds.

BUSCANDO EL FINAL DEL ARCOÍRIS

Una exploración de las prácticas de crianza
desde la fluidez de género

edicions bellaterra

Diseño de la colección: Joaquín Monclús

Diseño de la cubierta: Nac Scratchs

Traducido por Yolanda Fontal
Revisión de Raquel (Lucas) Platero

© Demeter Press, 2013

© Edicions Bellaterra, S.L., 2015
Navas de Tolosa, 289 bis. 08026 Barcelona
www.ed-bellaterra.com

Impreso en España
Printed in Spain

ISBN: 978-84-7290-712-6
Depósito Legal: B. 6.609-2015

Impreso por Romanyà Valls. Capellades (Barcelona)

A las familias y las criaturas que están viviendo
con coraje y valor sus vidas respetando
y apoyando la expresión de la fluidez de género

Índice

Agradecimientos

Este libro ha sido un trabajo desinteresado e inspirado por las madres, los padres, los niños, las niñas y todas las familias de nuestro entorno que experimentan con el género y la autoexpresión de maneras radicales e innovadoras. En concreto, este libro surgió de las muchas conversaciones suscitadas por los actos y las palabras valientes de Kathy Witterick y David Stocker; estamos maravilladas de su fortaleza y muy agradecidas por su ardua labor. Asimismo quienes colaboran en este libro han luchado con valentía, tanto en contextos personales como académicos para defender la necesidad de la fluidez de género.

Sin el apoyo de Demeter Press, no habríamos tenido un espacio para explorar estos temas; damos las gracias a Demeter y, sobre todo, a nuestra matriarca editorial, Andrea O'Reilly. A May le gustaría dar las gracias en especial a su familia de origen, su familia de ahora y sus familias elegidas por su constante participación en conversaciones inspiradoras y complejas. Fiona agradece especialmente a su compañero, su hijo, sus estudiantes y sus colegas, quienes exploran con valentía la autoexpresión de género y examinan continuamente las teorías sobre la identidad de género. También está sumamente agradecida a sus hermanos por creer, sin vacilar nunca, en sus prácticas de crianza así como por su respaldo.

Introducción

May Friedman y Fiona Joy Green

Hay días en los que da la impresión de que nunca ha habido un momento más propicio para explorar la fluidez de género. Thomas Beatie (2008), el hombre embarazado (Beatie), libros como la recopilación de Kate Bornstein y Bear Bergman *Gender Outlaws: The Next Generation* y multitud de blogs que exploran la fluidez y la experimentación del género[1] sugieren que es posible que se considere cada vez más que el género es un continuo, en lugar de un sistema binario. No es algo nuevo para las feministas que han estudiado a fondo a Judith Butler y Bornstein, para el activismo que han luchado a favor del derecho a la transición ni para muchas personas que han acogido con agrado el carácter resbaladizo del género, en lugar de sus rígidas descripciones binarias. Sin embargo, la reacción negativa ante cualquier esfuerzo por explorar el género de una manera creativa y no normativa sugiere que, en medio de estas fisuras y puntos de presión emocionantes, el género sigue actuando como un árbitro impasible e intransigente de la conducta humana y que los esfuerzos por transgredir el estricto sistema binario del género son increíblemente arriesgados. *Buscando el final del arco iris: una exploración de las prácticas de crianza desde la fluidez de género* pretende explorar las tensiones entre la creciente exploración del género y la ampulosa intransigencia de las expectativas de las familias de criar a niños azules y niñas rosas para que se conviertan en hombres y mujeres buenos (y obedientes).

---

1. Véanse, por ejemplo: *Catching Our Rainbows; HE SPARKLES; It's A Bold Life; Labels Are For Jars; Lesbian Dad; Living An Examined Life; My Beautiful Little Boy; Pink Is For Boys; Raising My Rainbow; Raising Queer Kids; Sam's Stories; Sarah Hoffman*.

Las familias feministas pueden intentar resistirse al sistema binario de género; pueden someterse a él al tiempo que intentan promover un diálogo crítico; pueden luchar contra la exteriorización de su propia feminidad o masculinidad o, en algunos casos, la impresión de la falta de las mismas. En el caso de algunas familias, puede que el diálogo sobre la normatividad del género se inspire en una conducta de género diverso de sus propios hijos e hijas, mientras que puede que otros críen a su prole sometiéndose con gusto a la corriente dominante y pongan en duda la necesidad de cuestionar el género. Esta recopilación arroja luz sobre las maneras confusas y enrevesadas en que algunas familias curiosas afrontan la crianza de sus retoños con conciencia y fluidez de género. Académicos, activistas y miembros de la comunidad han participado en una conversación sobre los retos de explorar y mantener una conciencia de género mientras ejercen la crianza, en un mundo en el que el género es sumamente normativo.

Tey Meadow sugiere que «Durante el último siglo, han proliferado en la biomedicina, la psiquiatría y la cultura popular las formas de "conocer" el género; y, en consecuencia, a los individuos se nos exige que comprendamos y comuniquemos nuestro género cada vez con más detalle» (2011, p. 727). Kate Bornstein se declara, de forma más coloquial, «entusiasmada» con la evolución del juego de género, «impresionada por las alturas desde las que esta gen[eración] de proscritos del género ha saltado para adentrarse en sus espacios inexplorados. Ahora las personas están EMPEZANDO desde más lejos de donde yo llegué cuando terminé de escribir *Gender Outlaws...*» (Bornstein y Bergman, 2010, p. 11). Muchas de las personas que colaboran en este libro viven y crían a sus niños y niñas de maneras transgresivas y arriesgadas, y están explorando nuevas fracturas en el baluarte del género, respondiendo a los cambios culturales relacionados con la fluidez de género, la disconformidad de género y la conciencia de género. Sin embargo, no hay que felicitarse demasiado, ya que la reacción negativa continúa y se puede apreciar en el acontecimiento que inspiró esta recopilación: el nacimiento de un bebé llamado Storm.

Storm

Esta recopilación pretende explorar algunas de las opciones que están eligiendo las familias para respetar la fluidez de género a través de su expresión personal y/o las maneras en que están criando a sus hijos e hijas para respetar su expresión fluida de género. En el libro, han influido mucho los valientes actos de una familia canadiense en 2011, que obtuvieron mucha publicidad y suscitaron interés y debates en el ámbito internacional.

La familia de Toronto compuesta por Kathy Witterick y David Stocker tomó la decisión de que el sexo de su último retoño, Storm, fuera un asunto privado entre ellos, sus demás vástagos, sus amistades y las comadronas presentes en el parto de Storm como respuesta, en parte, al ver a sus dos primeros hijos (Jazz, que por entonces tenía cinco años, y Kio, que tenía tres), así como a las personas de su entorno, expresar su género de maneras que la mayoría de las personas considera poco convencionales. Witterick y Stocker creen que en la infancia se es capaz de tomar decisiones propias y quieren reducir las limitaciones de lo que se espera que sea masculino o femenino impuestas sobre sus criaturas. Antes de su maternidad, Witterick estuvo involucrada en el activismo feminista y trabajó como formadora a nivel provincial y posteriormente a nivel estatal sobre desarrollo infantil saludable, en un grupo de defensa de la infancia basado en la investigación, antes de impartir durante años talleres de prevención contra la violencia y los malos tratos en institutos de los alrededores de Ontario, con la Cruz Roja de Canadá. Stocker trabajó durante más de una década con jóvenes en una escuela alternativa, que basaba su labor en luchar contra la opresión y a favor de la justicia social, y es autor de un premiado libro, que relaciona la enseñanza de las matemáticas con temas de justicia social. Partiendo de estas experiencias, y tras investigar más a fondo y hablar con Jazz y Kio, decidieron que el sexo de Storm fuera un asunto privado de la familia. Creen que la mejor manera de fomentar, aceptar y respetar el desarrollo de Storm es concederle el tiempo y el espacio para que explore su identidad y su expresión de género y se sienta a gusto con ellas. Tienen la certeza de que Storm lo dará a conocer a la gente cuando sea el momento adecuado.

El revuelo mediático que se produjo tras la publicación del reportaje el 21 de mayo de 2011 en *The Toronto Star* fue abrumador.

Witterick y Stocker, junto con sus tres criaturas, fueron sometidos al escrutinio público en noticias de la televisión, la radio, Twitter y numerosos blogs. Sus fotografías, publicadas por primera vez en el artículo original, pronto aparecieron en internet, en la televisión e impresas en la prensa. Recibieron llamadas de teléfono y correos electrónicos de periodistas curiosos e incluso algunos se presentaron en la puerta de su casa con la intención de entrevistar a la familia. La familia de Storm declinó las peticiones de NBC, *National Geographic*, *60 Minutes Australia*, Anderson Cooper, *Dr. Phil* y Oprah Winfrey Network (Poisson). Personas desconocidas les entregaban cartas airadas en su domicilio y les gritaban cuando pasaban con el coche a su lado, con comentarios indignados sobre el género de Storm. «Expertos» y legos por igual expresaron sus opiniones en internet, en la prensa, en programas de entrevistas y en reportajes, a menudo sin fundamento, sobre la decisión de Witterick y Stocker, cuestionando su capacidad como padres y comentando las posibles consecuencias negativas para Storm, Kio y Jazz.

Las personas que aceptan o creen en los límites y sistemas binarios de género estrictos tienen problemas para entender que un enfoque afirmativo de la crianza promueve un espacio en el que las criaturas tienen libertad para explorar su género y experimentar con él. Alentar que durante la infancia autoafirmen sobre quiénes son es fundamental para criar a unos niños y niñas con género creativo, aunque resulte amenazador para aquellos que temen la expresión de la diversidad de género; por desgracia, el acoso por razones de género suele ser consecuencia de unas expectativas de género rígidas (Desjardins, 2013).

No obstante, junto con las respuestas negativas y virulentas, la familia recibió muchos mensajes positivos de personas que, pese a las dificultades, están viviendo satisfactoriamente sus vidas de maneras que les brindan a ellas mismas y a sus hijos e hijas la oportunidad de vivir de un modo que refleja más fielmente sus identidades de género y de, posteriormente, desafiar los roles de género establecidos. También descubrieron una comunidad formada por investigadores, escritores, activistas y familias que, al igual que su familia están pensando detenidamente en el tipo de comunidades a las que les gustaría pertenecer y en las que les gustaría ver crecer a sus criaturas.

¿Por qué el género fluido?

Para ayudar a sus hijos e hijas a expresar su género de maneras que les resulten cómodas y que no se ajustan a los estrictos roles y expresiones del género que prescribe la sociedad, muchas familias intentan alterar los límites y las categorías binarias del género. Estas familias contribuyen a que puedan expresar la creatividad de género brindándoles múltiples oportunidades para desarrollar y practicar su propia expresión. Estas criaturas, con el cariño y el apoyo de dentro y fuera de sus familias y comunidades, exploran su creatividad de género mediante su elección de la ropa, juegos, actividades, juguetes, libros, películas y lenguaje. También se unen a una comunidad de personas de su entorno que sirven de ejemplo de las diferentes maneras de vivir el género en el mundo. Sea cual sea su identidad de género, todas las criaturas exploran lo que les hace sentirse cómodas e incómodas en relación con su género. Mediante el ensayo y el error, aprenden lo que les hace sentirse bien con ellas mismas. Todas, desde la infancia son más capaces de practicar la autodeterminación en entornos que les brinden su apoyo, les validen y afirmen; asimismo, las familias pueden explorar y transgredir el género en comunidades que sean respetuosas y les brinden su apoyo. Los enfoques de la crianza con fluidez de género ayudan a crear estos espacios. Esperamos que *Buscando el final del arcoíris* documente la ardua labor de crear familias y comunidades reflexivas y críticas con el género y también, como recopilación, apoye a las familias y comunidades que nos rodean.

Buscando el final del arcoíris confía en contribuir de manera positiva al debate sobre la necesidad de abordar la paternidad y maternidad de maneras que alienten, apoyen y protejan a las criaturas y a sus familias mientras aprenden quiénes son y cómo quieren expresar sus identidades de género. Esperamos que esta recopilación muestre que las prácticas de crianza desde la fluidez de género son profundamente saludables y totalmente normales y que, a su vez, forman parte de un cambio cultural emocionante, a menudo aterrador y profundamente radical.

Dónde empezamos

Como ocurre en todas las luchas políticas, llegamos a este debate y esta recopilación desde diferentes posturas. Queremos compartir nuestros puntos de partida en este tema, nuestras propias experiencias de implicación «personal» y «política».

Fiona:

Pese a que hace poco tiempo que he conocido el lenguaje de la fluidez de género, he estado familiarizada y comprometida con la necesidad de respetar y alentar la expresión del género libremente determinado de la infancia, los jóvenes y adultos desde que di a luz a mi hijo hace veinticinco años. La maternidad con fluidez de género ha sido una experiencia corporal que ha ido creciendo orgánicamente a través de mi relación con mi hijo, curioso y seguro de sí mismo, quien, desde la escuela infantil, ha estado explorando y practicando conscientemente su género. Aunque seguimos afrontando retos, sobre todo los que representan la estrechez de miras y el miedo de otras personas que suelen estar influidas por el patriarcado y otros sistemas de poder y dominación interrelacionados, el viaje ha sido, en general, positivo.

Hace veinticinco años, la experiencia de nuestra pequeña familia, formada por tres miembros, era bastante excepcional y muchos familiares, amigos y conocidos la consideraban una anomalía. Sin embargo, en la actualidad, formamos parte de una comunidad emergente de personas que se dedican a cambiar la conciencia en torno a la autonomía y la identidad propia: una comunidad de personas que tienen interés en comprender la complejidad de la rica diversidad del ser humano y en apoyarla. Esta creciente comunidad está formada por personas de círculos personales y públicos diversos que tienen una base local y también forman parte cada vez más de una amplia red de amistades y asociaciones que se extiende por todo el mundo gracias a internet, las redes sociales y otras redes.

Considero a los colaboradores de esta antología parte de este movimiento creciente y poderoso que se ha comprometido a compartir conocimientos vivenciales y académicos. En mi opinión, cuando las personas intervengan en la política de la visibilidad como intelectuales públicos, el vacío de conocimientos sobre la fluidez de género comenzará a ser sustituido por una matriz de perspectivas ingeniosas, respetuosas y polifacéticas. Espero que *Buscando el final del arcoíris* suscite un debate en torno a la complejidad y la política de género, las familias y los roles que desarrollan en la crianza, además de ofrecer diversas perspectivas y estrategias que son útiles para crear un cambio social positivo para todos.

May:

Mi tercer bebé nació once días antes que Storm y dos semanas después de que yo terminara mi doctorado en estudios sobre las mujeres. Cuando la historia de Storm alcanzó notoriedad en todo el mundo, me encontré con que se esperaba que la comentara en mi doble calidad de académica feminista y madre de un bebé de la edad de Storm. De repente, en la peluquería, en casa de alguien o en un *bar mitzvah*[2] familiar, debía expresar elocuentemente mi opinión sobre esta decisión familiar única, normalmente mientras amamantaba y/o cuidaba a mis hijos más mayores. Inmersa en mis propios retos con la transición, trataba de expresar mi admiración por Kathy y David, mi indignación por la espantosa manera en que se los describía, mi pesar por que la primacía del género se hiciera tan patente. Sin embargo, se consideraba constantemente que mis propias decisiones sobre la crianza primaban sobre los conocimientos profesionales o las opiniones que pudiera tener: parecía que, de algún modo, los géneros evidentes de mis propios hijos permitían a las personas de mi entorno hacer las paces con mis principios feministas, porque no estaba yendo «demasiado lejos».

Yo quiero ir más lejos. Si hay un principio que guía mi vida y mi labor académica, es el compromiso por agitar, de explorar los márgenes poco nítidos y de hacer estallar la concreción de supuestas verdades. Aunque he tomado decisiones diferentes a las de la familia de Storm, no dudaría en aliarme con ella; también considero que tener una diversidad de tácticas es esencial para cualquier revolución. Dos

---

2. *Mitzvah*. Fiesta judía, en la que se celebra que un niño alcanza la mayoría de edad religiosa a los 13 años, según el calendario hebreo.

años después de salir de aquella confusión posparto, aún me asombra el valor y la fuerza de la familia de Storm; todavía me disgusta, aunque no me sorprende, hasta qué punto la respuesta negativa contra ellos transmite la rigidez de los sistemas de género en los que estamos atrapados.

Para mí, esta recopilación es un análisis de la revolución que se está gestando en las prácticas de crianza y es una exploración de esa variedad de tácticas. Este libro me ha permitido pensar en qué métodos podemos utilizar para contrarrestar el género, como un sistema de principios organizadores y para transmitir, quizá con más elocuencia de lo que pude hacerlo cuando nació mi bebé y me hallaba confusa y falta de sueño, mi compromiso de interrumpir el género en mi vida y mi ejercicio de la maternidad.

Temas

Aunque hemos accedido desde diferentes posiciones académicas y emocionales a la reflexión sobre el rol de las familias en la infancia con fluidez de género, y las autoras de esta recopilación ofrecen diversas orientaciones personales y académicas del tema. Los capítulos de *Buscando el final del arcoíris* reflejan una serie de temas fundamentales que se pueden ubicar dentro de una bibliografía más amplia en torno al género, la identidad y la subjetividad.

Praxis

Uno de los temas fundamentales que se abordan en esta recopilación es la praxis: el proceso cíclico de poner en práctica conscientemente las ideas y conocimientos propios, al tiempo que se reflexiona sobre la influencia que esos actos pueden tener en las propias creencias. Desde un punto de vista aristotélico, la finalidad de la praxis es aplicar el conocimiento consciente y la sabiduría práctica con la intención ética y política del buen vivir (Bernstein, 1999, p. xiv). En el caso de la fluidez del género, las personas que entienden el género de maneras alternativas, más complejas y diversas que la limitada categorización binaria cisgénero que prescribe la sociedad,[3] suelen aprender a desarrollar unos conocimientos vivenciales propios y una sabiduría práctica, y a confiar en sí mismos, en su afán por vivir de una manera que refleje su yo genuino. Sin embargo, lo hacen en un mundo que no respeta ni refleja su encarnación del género y no apoya su visión ni su práctica de la diversidad de género. En los capítulos de esta recopilación se expresan hábilmente estas ideas, quizá de manera más conmovedora en las numerosas exposiciones autoetnográficas que examinan detalladamente la angustiosa tarea de trasladar unas convicciones ideológicas firmes al confuso mundo de la crianza.

Al adoptar una praxis que se basa en la creencia de que las categorías y posiciones dicotómicas sobre el sexo/género no aluden a su realidad, las personas que no conforman las normas de género y sus aliadas complican la verdad sobre el género (Butler, 2004). El acto de hacer más compleja la verdad sobre el género suele requerir el uso de estrategias de resistencia y reajuste (Katz, 2004, p. 242; Schneider, cap. 8 de este libro), así como encontrar y crear lugares que, aunque no siempre están protegidos o son seguros, brinden oportunidades para que puedan aflorar las identidades a través de la *performance*, los modelos y el contacto con múltiples expresiones del género (Gregson y Rose, 2000; Schneider, p. 133 en este libro). Estas estrategias y estos espacios también ofrecen diversas ocasiones para que las personas desarrollen sus propios conocimientos vivenciales y confíen en ellos (Williams, 1992), y creen redes de apoyo y comunidades de aliados. En muchos capítulos se muestran ampliamente estos rasgos. Aunque puede cambiar la terminología (por ejemplo, examinando la crianza con una perspectiva feminista) y pueden variar sus circunstancias (por ejemplo, un estudio sobre las familias con criaturas que no conforman las normas de género), el tema de la praxis es válido, pese a estas diferencias.

Reajuste y resistencia

Según Cindi Katz y Sandra Schneider, el reajuste es el proceso por el que las personas, tras reconocer un problema, aplican conscientemen-

---

3. Cisgénero es un término inventado por Hugh Crethar y Laurie Vargas para definir a un individuo cuya autopercepción de género coincide con la de su sexo (2007, p. 61).

te prácticas que cambian sus condiciones de vida cotidianas, con la esperanza de facilitar una vida más agradable y crear una capacidad colectiva para un cambio más amplio. Mediante el acto de reajuste, los individuos aprenden a ser «sujetos políticos y actores sociales» (Katz, 2004, p. 205). También adquieren una «conciencia de oposición» (Katz, 2004, p. 251; Hossler, 2012, p. 106), que cuestiona, problematiza y rechaza las relaciones sociales restrictivas y opresivas que producen y mantienen ideologías y prácticas como la normatividad de género, la heteronormatividad y la cisnormatividad.[4] Tener una conciencia en oposición es «deliberadamente no normativa» y, en el contexto de la promoción de la fluidez de género, pretende intencionadamente mantener una distancia crítica respecto a las normas de género binario y cisgénero (Schneider, cap. 8).

Además del proceso dinámico de reajuste y de la práctica intencionada de la conciencia en oposición, la autodeterminación del género y la defensa de la diversidad de género exigen una resistencia activa a las identidades, los roles, los estereotipos, los ideales, las expectativas y las normas de género dualistas y dicotómicas (Jessica, 2013). Esta resistencia consciente y atenta está presente y se ejerce de múltiples maneras y desde distintos lugares, tanto en el mundo como en este libro.

Por ejemplo, las familias adoptan estrategias que incluyen, aunque no solamente, participar en prácticas discursivas y de comportamiento con el propósito de ayudar a ampliar el concepto de género, preservar las opciones de género, negociar identidades nuevas y ofrecer modelos múltiples (Moore y Moore, 2011). Entre estas estrategias puede figurar un examen crítico del lenguaje, el discurso, los mensajes y las imágenes que aparecen en los libros, las películas, los anuncios, los medios convencionales y alternativos y la cultura popular, así como los juguetes, la ropa, los juegos y las interacciones personales. Cuestionar las actitudes y los comportamientos de otras personas de diversas maneras también es un ejemplo de resistencia.

Sea cual sea su naturaleza, se pueden producir en entornos reducidos e íntimos mediante conversaciones privadas en persona, por teléfono y en internet, así como en actividades más concurridas y pú-

---

4. La cisnormatividad es el conjunto de normas sociales y culturales que consideran que la cisgénero es la orientación de género normal (Schilt y Westbrook, 2009).

blicas como los desfiles y manifestaciones, las *performances*, los campamentos o los actos mediáticos. Todos estos enfoques ilustran cómo piensan y responden intencionadamente las personas cuando oponen resistencia a los guiones y las expectativas de género normativos.

Comunidad

Para promover la praxis, el reajuste y la resistencia son fundamentales las comunidades y las redes basadas en la confianza. La confianza entre los individuos y las comunidades se adquiere con el paso del tiempo y se basa en las relaciones y los contactos personales entre quienes viven en una comunidad y se implican en ella. Las redes y las comunidades suelen desarrollarse de un modo específico a través de familiares, amistades y alianzas que pueden estar conectadas de diferentes maneras con individuos, grupos y/o colectivos locales o dispersos geográficamente. Sin embargo, como muestran algunos capítulos de este libro, el solapamiento de muchas comunidades de aliados diferentes a veces puede dar lugar a posturas contradictorias o negociaciones incómodas.

En estas comunidades, los individuos y las familias suelen encontrar aliados que comparten sus experiencias y sus puntos de vista, y que a menudo pueden ofrecer conocimientos, apoyo y estrategias. Es aquí donde se pueden conocer historias ocultas de discriminación y opresión (ver Schneider, en este libro), y cómo interiorizan la mayoría de las personas los mensajes perjudiciales de estas historias (Bishop, 2002), así como aprender lecciones valiosas acerca de cómo deconstruir estas ideologías y prácticas (Pharr, 2002).

Estas comunidades pueden crear espacios liminales, donde «el tiempo y el espacio entre un contexto de significado y acción y otro» puede brindar oportunidades a las personas para descubrir, forjar y celebrar que se explore y exprese un género subversivo (Turner, 1982, p. 54). Estos espacios pueden ofrecer «un modelo diferente para el pensamiento y la acción [que puede] ser aceptado o rechazado tras un examen minucioso», así como una serie de posibilidades «subjetivas» de observar y adoptar la fluidez de género (*ibid.*).

Para tener éxito, estos espacios liminales, y las personas que están en ellos, deben percibirse como dignos de confianza. También deben ofrecer lo que bell hooks llama «hogar»: una red de «espacios, lugares, personas, sucesos, historias, prácticas y cuidados que ofrecen un respiro y ayudan a las personas a recuperarse de un mundo normativo hostil» (Schneider, p. 133 de este libro). Como demuestran muchas de las autoras y autores de esta recopilación, las familias suelen recurrir expresamente a la comunidad para crear lugares más seguros para sus criaturas.[5] En una comunidad de alianzas, los individuos con género variante pueden encontrar espacios en los que pueden surgir ocasiones para relacionarse con otras personas de un modo que socave los roles, las normas, las expectativas y los estereotipos de género, además de brindarles oportunidades de forjarse a sí mismos de una manera que les resulte cómoda y auténtica.

Temor, riesgo y autenticidad

En tres capítulos de esta recopilación se sugiere que existe una estrecha relación entre pensar en el género y pensar en el riesgo. Los autores y autoras dejan claro que son conscientes del impacto que puede tener hacer elecciones no normativas y permitir que los jóvenes sean objeto de burlas. Por ello, documentan las complejas negociaciones entre la esfera pública y la privada. Otros capítulos destacan entre sus consideraciones las decisiones de las familias feministas y aquellas que tienen retoños con género diverso a la hora de negociar en su nombre y con las propias criaturas sobre su seguridad. Al mismo tiempo, esta recopilación consolida una perspectiva importante sobre el riesgo y la seguridad: los autores de este libro dejan muy claro que existe un grave riesgo de inacción, de afianzar los roles de género normativos para evitar el dolor a corto plazo, poniendo en riesgo la salud física, social y espiritual a largo plazo. En consecuencia, el libro sugiere que las negociaciones sobre la fluidez de género en la crianza pueden percibirse como un campo de minas.

Aunque en los capítulos se pone de manifiesto que la realidad

5. Véanse, como ejemplos, los artículos de Brenneman, Friedman, Green *et al.*, Goldberg, Pyne, Rahilly, Riggs, Sahagian, Schneider, wallace, Ward y Witterick dentro de esta recopilación.

del género no encaja en dos categorías estancas, ni para las familias ni para sus criaturas, las experiencias concretas de las familias muestran la tensión existente entre mantener a sus criaturas seguras y animarlas a traspasar los límites. Por supuesto, la conclusión general, una y otra vez, es que traspasar los límites, como infancia, familia y sociedad, es la única manera de mantenernos seguras y saludables individual y colectivamente. Es fácil de decir, pero las autoras y autores de este libro dejan claro que estas opciones no son para los débiles de corazón, ya que exigen una lucha constante y negociar entre la utopía a la que aspiramos y el mundo complejo, y a veces peligroso, en el que habitamos.

Aunque muchas familias de las que se habla en este libro están preocupadas por la seguridad física de sus hijos e hijas y por una posible reacción violenta contra la disconformidad, también se plantean el tema relacionado de la autenticidad y el diálogo crítico. Los autores reflexionan sobre cómo ser madres y padres teniendo en cuenta la fluidez de género puede formar parte de un continuo de decisiones familiares cruciales y comprometidas. Es cierto en el caso del género, pero también al considerar las culturas, las capacidades, las clases y la sexualidad: no es una casualidad que las autoras y los autores de este libro no consigan describir el género de una manera única. La conclusión que se extrae en muchas de las colaboraciones de esta recopilación es que el objetivo general es animar a nuestros hijos e hijas a que hagan elecciones auténticas y reales, y que el sistema del género binario nos impide a todos nosotros, personas adultas y menores, hacerlo.

Identidades frente a prácticas

Puede ser tentador examinar la fluidez de género desde el punto de vista de las identidades (a menudo en relación con la infancia y las personas adultas trans o que no conforman las normas de género) o de las prácticas, como en el caso de familias como la de Storm. Curiosamente, como ocurre con muchos otros discursos, en estos diálogos se suele presentar el elemento de la elección, de un modo que aparentemente valida determinadas subjetividades (pobrecitos, no pueden evitarlo), al tiempo que denigra determinadas prácticas (¡cómo se atreven!). Esta «elección» es habitual en los debates sobre la crianza desde la fluidez de género, cuando los medios muestran las biografías de jóvenes que no conforman el género o son trans, como parte del potencial humano posible. Al mismo tiempo, como demostró muy bien la reacción negativa que suscitó la decisión de mantener en privado el sexo de Storm, a las familias que adoptan prácticas que alientan la disconformidad de género se las considera peligrosas, descaminadas y ofensivas. La idea de la disconformidad de género como una identidad fija, independiente de las familias «radicales», sigue la línea de otros tropos desagradables (como la búsqueda del «gen de la homosexualidad» y del «gen de la obesidad» [LeBesco, 2009]), al sugerir que la fluidez de la experiencia humana no debería provocar una reacción negativa, por muy desagradable que sea. En cambio, el creciente hincapié en que las subjetividades no normativas son fijas y biológicas sitúa a las personas que habitan en márgenes borrosos como víctimas y sugiere que deberíamos amar a determinadas personas con determinadas afecciones pese a sus «aflicciones».

Al mismo tiempo, como este libro intenta transmitir, la disconformidad de género no es el resultado inevitable de una crianza con fluidez de género, como tampoco plantear una maternidad o paternidad sobre categorías fijas del sexo binario son un seguro contra el juego de género. Las autoras y los autores de este libro ponen de manifiesto las opresivas consecuencias de este enfoque, mostrando de forma positiva un continuo jubiloso y exuberante de conductas e identidades de género, invitándonos a considerar que los márgenes borrosos son, en cierto modo, los espacios que todos habitamos. Consideramos que el género no es fijo, es independiente de la biología y, al hacerlo, estamos profundamente comprometidos con que jugar con el género sea una práctica clave.

En *Buscando el final del arcoíris* se sugiere que, en algunos casos, las propias familias realizan una «transición» en relación con la exploración de género de sus hijos e hijas, mientras que, en otros, las criaturas pueden responder a las propias identidades y prácticas no normativas de sus familias y crecer pudiendo explorar con seguridad y confianza. En cualquier caso, esta recopilación sugiere que se deben apoyar con entusiasmo los modelos fluidos de identidad y fomentar la práctica creativa para que este proyecto de fluidez de genero gane terreno.

Los capítulos

La recopilación comienza con «Bailar en el ojo del huracán», de Kathy Witterick, donde la autora aborda las conexiones entre su historia personal y la política de género en general. Witterick expone de manera crítica las maquinaciones insertas en la conformidad de género y los sistemas en cuyo interés se asume explorando la praxis entre sus experiencias personales y el panorama político general. Siguiendo la estela de Witterick, en «¡Aparta tu género binario de mi infancia!: hacia un movimiento a favor de la autodeterminación de género de la infancia», Jane Ward presenta un marco basado en las ideas de la teoría *queer* y feminista para ayudar a las personas adultas a apoyar el potencial para la creatividad de género de toda la infancia. Ofrece a los lectores una serie de directrices prácticas que se basan en su propia experiencia de la maternidad *queer* para ayudar a las personas adultas a promover la autodeterminación de género de la infancia. Los cinco principios rectores se basan en cultivar activamente la familiaridad de las criaturas con la identidad y la cultura *queer*, y su aprecio por las mismas, y acoger con agrado la interacción de los niños y niñas con los significantes de género, sin realizar un diagnóstico de género.

Susan Goldberg ofrece en su texto autoetnográfico un sincero cálculo de los riesgos y los beneficios de apoyar la fluidez de género en los juegos y la vestimenta. Su capítulo, «El niño con el vestido rojo», aborda de manera crítica su propia experiencia a la hora de reforzar la exploración del género en su familia con dos madres. Al exponer sus propias experiencias, Goldberg nos obliga a enfrentarnos a las tensiones entre nuestros propios ideales y nuestra ambivalencia y nuestras preocupaciones por la seguridad de los niños y las niñas.

Damien Riggs examina a fondo temas similares a los de Goldberg y traza un mapa de las experiencias únicas de los hombres que dan a luz, en «Las autorrepresentaciones de los hombres transexuales que dan a luz después de la transición». Utilizando la bibliografía de las ciencias sociales y las autorrepresentaciones públicas de hombres transexuales que dan a luz, demuestra que estos hombres lidian con el rol de padre que excluye a los padres como gestantes y sostiene que el reconocimiento de estos hombres como padres pone en tela de juicio las normas sobre el embarazo, definido históricamente como una experiencia exclusiva de las mujeres. En «Estar atrapado en el cuerpo

equivocado y una vida inexplorada: anticipación e identidad en las narraciones sobre la crianza en a infancia trans que no conforman las
normas de género», Jessica Ann Vooris también examina la representación y la disconformidad de género, y explora el papel de la anticipación y de la identidad en las narraciones que aparecen en los documentales televisivos y los blogs sobre niños y niñas transexuales y de
género creativo. Sostiene que, pese a que es importante comprender
que las categorías identitarias son diversas, contextuales y cambiantes
cuando se analizan las narraciones acerca de la sexualidad y el género
de la infancia, se aprecia una tendencia a que las historias de la infancia transexual y gai sean más aceptables que las narraciones sobre niños y niñas que son más ambiguos.

«Vamos a tener un Stanley» es un relato autoetnográfico en el
que j wallace explica el viaje en la crianza que emprendió junto con su
marido. Su «Proyecto de adquisición de la persona pequeña» se centra
en los retos y los éxitos de facilitar a su retoño de dos años y medio
opciones de género y un espacio para la autoexpresión y la autoexploración, así como estrategias para participar con otras personas en la
creación de este tipo de oportunidades de fluidez de género.

May Friedman asume desafíos y adopta estrategias similares
desde el prisma de la etnicidad y la cultura. En «Entre el pueblo y los
Village People: negociar la comunidad, la etnicidad y la seguridad en
una crianza desde la fluidez de género», Friedman se pregunta sobre
los desafíos de honrar su herencia, su cultura y la relación con su familia de origen, respetando al mismo tiempo su propia manera de entender el feminismo y su enfoque de la crianza de un modo que aliente
y apoye su desarrollo y su expresión del género. Su sincera exploración revela las complejas formas en que las niñas y niños aprenden a
desarrollar y expresar su capacidad crítica para comprender que el género está interconectado con sistemas sociales como la etnicidad, la
religión y la clase.

«Hacer hogar: lugares estratégicos y espacios liminales para la
infancia con diversidad de género» documenta un estudio cualitativo
plurianual sobre aquellos progenitores que se identifican a sí mismos
como feministas, en el sur profundo y en la región de los Apalaches
de Estados Unidos. Sandra Schneider muestra las maneras complejas
en que estas familias apoyan la «salud de género» de sus hijos e hijas
explorando espacios liminales, espacios en los que las normas se con-

sideran lugares donde los compromisos son provisionales y cambiantes. Estas ideas también las explora Jake Pyne, en su capítulo acerca de un proyecto de investigación comunitario sobre madres y padres trans realizado en Toronto, en el que se centra en las ventajas explícitas que coexisten con la discriminación a la que se enfrentan muchas madres y padres trans. En «Complejizar el género: la alfabetización sobre el género y los mundos posibles que abren los progenitores trans», Pyne muestra cómo las familias que no pueden aceptar fácilmente que el género binario sea una verdad de sentido común, usan esta dinámica para garantizar a las criaturas a su cargo una mayor alfabetización en el género y unas opciones de género más abiertas.

En «Mariposas rosas y orugas azules», Arwen Brenneman reflexiona sobre temas similares y comparte sus experiencias al intentar averiguar qué quiere decir que ella y su marido, padres primerizos, se comprometieran a criar a «un chico de los buenos». Examina cómo ha tenido que reflexionar sobre su manera de entender y comportarse en relación con el género, cómo se ha sentido como una guarda fronteriza protegiendo el espacio en el que sus criaturas juegan con su autoexpresión y cómo sigue negociando con ellas y otras personas de su familia y su comunidad para impedir que se filtren los juicios.

Sarah Sahagian analiza cómo los modelos de crianza heteronormativos y de conformidad con el género pueden perjudicar la capacidad para la transmisión cultural interétnica. En su capítulo, «Ojalá supiera preparar rollitos de repollo: una explicación de por qué el futuro de la etnicidad depende de la fluidez de género», Sahagian lidia con la doble influencia de su herencia cultural materna (anglosajona) y su herencia paterna armenia, y reflexiona sobre sus complejas sensaciones de falta de autenticidad en ambas culturas. El capítulo explica cómo un enfoque más matizado y fluido de los roles paternales de género puede contribuir a una valoración más sincera de la subjetivación tanto del género como de la etnicidad.

El capítulo de Elizabeth Rahilly, «La transición parental: un estudio sobre las familias de niñas y niños con género variante», explora la intensa labor que llevan a cabo las madres y padres que apoyan a una hija o hijo que no conforma las normas de género y/o que está haciendo una transición de género. Rahilly examina las muchas transiciones que realizan las propias madres y padres, que incluyen un aumento de la politización y la conciencia crítica de las limitaciones del sistema de género binario. En consecuencia, las madres y padres a los que entrevistó ahora tienen lazos con comunidades LGBT, que de otro modo no existirían necesariamente. Este podría ser el caso de los últimos autores de esta recopilación. Fiona Joy Green y Barry Edginton escriben junto con su hijo, Liam Edginton-Green, un conmovedor texto que explora algunas de las repercusiones de una maternidad y paternidad feminista y comprometida con la fluidez del género en la edad adulta. «Nuestra familia es fluida: expresión, compromiso y feminismo» ofrece un relato íntimo de los diferentes puntos de partida de los miembros de esta familia y de cómo su compromiso con la exploración ha hecho que cambien las subjetividades de los tres. La recopilación concluye con las sinceras reflexiones de Liam Edginton-Green, un adulto que, al criarse con los valores de la fluidez de género, ha adquirido una autoexpresión sólida y dinámica.

Buscando el final del arcoíris: una exploración de las prácticas de crianza desde la fluidez de género aborda muchas ideas y temas y es la culminación de muchas historias profundamente personales y emocionales. Confiamos en que este libro desbarate «verdades» que se dan por sentadas y muestre la valentía, la firmeza y la angustiosa autorreflexión de muchas madres y padres comprometidos con la fluidez de género. Sin embargo, en última instancia, el libro trata, sobre todo, del amor y de las graves limitaciones impuestas a nuestra capacidad para amarnos genuinamente a nosotros mismos y los unos a los otros. En este sentido, ofrecemos esta recopilación con un espíritu de amor y esperamos que suscite conversaciones constantes sobre cómo podemos garantizar un compromiso con la autenticidad y la libertad en nuestras vidas como madres y padres y en otros ámbitos.

Referencias bibliográficas

Bishop, Anne (2002), *Becoming an Ally: Breaking the Cycle of Oppression in People*, Fernwood, Black Point, NS.

Beatie, Thomas (2008), *Labour of Love: The Story of One Man's Extraordinary Pregnancy*, Seal Press, Berkeley, CA.

Bernstein, Richard (1999), «Preface», *Praxis and Action: Contemporary Philosophies of Human Activity*, Filadelfia, University of Pennsylvania Press, pp. VIII-XIX.

Bornstein, Kate y Bear Bergman (eds.) (2010), *Gender Outlaws: The Next Generation*, Seal Press, Berkeley.

Butler, Judith (2004), *Undoing Gender*, Routledge, Nueva York [hay trad. cast.: *Deshacer el género*, Paidós Ibérica, 2006].

Catching Our Rainbows, web [consultado el 12 de febrero de 2013].

Crethar, Hugh. C. y Laurie A. Vargas (2007), «Multicultural Intricacies in Professional Counseling», en J. Gregoire y C. Jungers (eds.), *The Counselor's Companion: What Every Beginning Counselor Needs to Know*, Lawrence Erlbaum, Mahwah, NJ, pp. 52-71.

Desjardins, Cléa, «From Gender Identity Disorder to Gender Identity Creativity», EurekAlert.org, 11 de octubre de 2012, web [consultado el 29 de enero de 2013].

Gregson, Nicky y Gillian Rose (2000), «Taking Butler Elsewhere: Performativities, Spatialities and Subjectivities», *Environment and Planning D: Society and Space*, 18, pp. 433-452.

HE SPARKLES, web [consultado el 12 de febrero de 2013].

hooks, bell (2007), «Homeplace: A Site of Resistance» (1990), en Andrea O'Reilly (ed.), *Maternal Theory*, Demeter Press, Bradford, ON, pp. 382-390.

Hossler, Peter (2012), «Free Health Clinics, Resistance and the Entanglement of Christianity and Commodified Health Care Delivery», *Antipode*, 44 (1), pp. 98-121.

It's A Bold Life, Design is Good Blogspot, web [consultado el 12 de febrero de 2013].

It's Hard to Be Me: Parenting and Loving Our Gender Fluid Child, Gender Fluid Kid Blogspot, web [consultado el 12 de febrero de 2013].

Jessica, *The Politics of Gender Self-Determination: More Interviews with Captive Genders Contributors*, 26 de julio de 2011, Revolution by the Book,The AK Press Blog, web [consultado el 3 de febrero de 2013].

Katz, Cindi (2004), *Growing up Global: Economic Restructuring and Children's Everyday Lives*, University of Minnesota Press, Minneapolis.

Labels Are For Jars, web [consultado el 12 de febrero de 2013].

LeBesco, Kathleen (2009), «Quest For a Cause: The Fat Gene, the Gay Gene and the New Eugenics», en Esther Rothblum y Sandra Solovay (eds.), *The Fat Studies Reader*, New York University Press, Nueva York, pp. 65-75.

Lesbian Dad, web [consultado el 12 de febrero de 2013].

Life Uncharted, web [consultado el 12 de febrero de 2013].

Living An Examined Life, web [consultado el 12 de febrero de 2013].

Meadow, Tey (2011), «"Deep Down Where the Music Plays": How Parents Account for Childhood Gender Variance», *Sexualities*, 14.6, pp. 725-747.

Moore, Tom y Scott Moore (2011), *My Pregnant Dad 20/20 Interview*, 25 de agosto.

My Beautiful Little Boy, web [consultado el 12 de febrero de 2013].

Pharr, Suzanne (2002), *Homophobia: A Weapon of Sexism*, Chardon Press, Berkeley, CA.

Pink is For Boys, web [consultado el 12 de febrero de 2013].

Poisson, Jayme, «The "Genderless Baby" Who Caused a Storm of Controversy in 2011», *The Toronto Star*, 26 de diciembre de 2011, web [consultado el 27 de enero de 2013].

Raising My Rainbow, web [consultado el 12 de febrero de 2013].

Raising Queer Kids, web [consultado el 12 de febrero de 2013].

Sam's Stories, web [consultado el 12 de febrero de 2013].

Schilt, Kristen y Larel Westbrook (2009), «Doing Gender, Doing Heteronormativity: "Gender Normals", Transgender People, and the Social Maintenance of Heterosexuality», *Gender & Society*, 23 (4), pp. 440-464.

Turner, Victor (1982), «Acting in Everyday Life and Everyday Life in Acting», *en* Ronald Dworkin, Karl Miller y Richard Sennett (eds.), *Humanities in Review*, vol. 1, The New York Institute for the Humanities/Cambridge University Press, Londres, pp. 83-105.

Williams, Patricia J. (1992), *The Alchemy of Race and Rights: Diary of a Law Professor*, Harvard, Cambridge.

David Stocker, «Zenith», 2013, acrílico sobre tela, 40 × 71 cm.
Toronto, Ontario.

1.
Bailar en el ojo del huracán: el don de la diversidad de género en nuestra familia

Kathy Witterick

La ilustración de la página anterior la ha pintado mi compañero David.[1] Muestra a nuestro retoño Jazz en un columpio, cuando ha alcanzado la altura máxima y está a punto de emprender un emocionante descenso. Se trata de un momento prometedor. Fascina por la confianza de Jazz para afrontarlo con alegría. Mientras tomábamos un café, le pregunté a la académica de Princeton Tey Meadow qué aspectos en común tenían la infancia con género no conforme de su estudio. Lo entendí cuando dijo: «Valor». La revolución de nuestra familia es personal. Analicémoslo brevemente. Es personal, sí, pero también me doy cuenta de que no lo es.

Antecedentes

Cerca del solsticio de invierno de este año, Jazz quiso hablar de un cambio de pronombre. Habían transcurrido casi dos años desde que Storm había visto por primera vez la luz. Cuando nació, Storm tenía dos hermanos: Jazz, de cinco años, y Kio, de tres años, dos criaturas decididas que allanaron el terreno para las decisiones poco convencionales que ha tomado nuestra familia. Nuestros hijos nos habían ense-

---

1. El artista es David Stocker; también es mi compañero, mi cómplice y la persona y el activista con más talento y paciencia que conozco. Padre de Jazz, Kio y Storm, es profesor en una escuela alternativa y autor de un libro titulado *MaththatMatters: A Teacher Resource Linking Math y Social Justice*.

ñado que el género tiene que ver con la identidad y que se necesita tiempo para expresarlo, y habíamos advertido que pocas personas adultas fomentan la exploración del género más allá del statu quo. Decidimos no anunciar lo que no sabíamos. La inequívoca fisiología de Storm era algo de lo que se hablaba en la familia, pero no revelamos su sexo en público o sucumbimos a asignar un género en los globos o las tarjetas que anunciaron su nacimiento. Cuando algún desconocido les preguntaba, nuestros retoños respondían despreocupadamente: «Storm te lo dirá algún día». Unas semanas después de que David hubiera vuelto al trabajo tras el permiso de paternidad, contactó con nosotros una reportera. Animados por los beneficios inesperados que nuestra decisión podía reportar a la familia, le concedimos una breve entrevista una soleada mañana de primavera. El 21 de mayo, la sonrisa de Storm, de cuatro meses, iluminó la portada de un periódico en la que se anticipaba: «¿Es un niño o una niña? Solo siete personas en el mundo lo saben con certeza. Y no lo dicen» (Poisson, 2011, pp. 26-27). Las 80.000 visitas que recibió el primer día lo convirtieron en el artículo «más leído» del *Toronto Star* desde que inició su andadura digital.[2] A ello le seguiría el revuelo en los medios y en la opinión pública internacional, junto con debates que aún siguen abiertos.

Nadie es neutral en un tren en marcha (Zinn)[3]

El dueño envuelve nuestros falafels en papel encerado y dice: «No se preocupen, me aseguraré de que sepan cuál es el de cada uno». En el mío, garabatea con un rotulador la palabra "picante". Esbozo una sonrisa afectada. Voy a cumplir cuarenta años y no es esa la descripción que esperaba. Miro las otras dos etiquetas escritas con el mismo rotulador permanente de color azul: G (de girl, *«niña») y B (de* boy,

2.   En Thestar.com hay más información sobre la respuesta viral al artículo original sobre nuestra familia. Por ejemplo: «Anatomy of a Hit: How the Genderless Baby Story Became thestar.com's Most Read Story of All Time».
3.   Es el título de un libro autobiográfico de Howard Zinn, escrito en 1994, sobre sus años de lucha a favor de un cambio social. Es imposible resistirse a citarlo como una formulación de que cada elección influye en nuestro mundo. También es un alentador recordatorio de la necesidad de ser voluntarioso y apoyar la justicia.

«niño»). Jazz suelta de sopetón: «El mío tiene una G de grande». Kio pone cara de extrañeza: «¿Crees que la B es de bonito?». Pienso en ello mientras regresamos y cojo a Storm. «Creo que eso debes decidirlo tú», concluyo por fin. Es el comienzo de otra importante conversación. No hay forma de tener una cena tranquila.

Este momento no permite optar por una salida neutral. A ninguna madre y a ningún padre. La neutralidad no es posible cuando se trata de la crianza o del género. El género es un experimento social[4] y cada elección familiar, etiquetada o no, activa u omitida, sensacionalizada o consentida, perfila la visión del mundo de una criatura y afecta a su manera de crecer, aprender y definirse a sí misma y a los demás. Las pruebas indican que la limitada perspectiva de género actual tendrá un impacto negativo social y en la salud de toda la infancia[5] no

---

4.   La Organización Mundial de la Salud define el género como «los comportamientos, las actividades y los atributos que cada sociedad considera apropiados» en el artículo titulado «What Do We Mean by "Sex" and "Gender"?».
5.   Se han documentado repercusiones negativas sociales y para la salud en el caso de la infancia, tanto para los que se hayan dentro del sistema binario como para los no conformes con las normas de género. *Cinderella Ate My Daughter*, de Peggy Orenstein, examina el impacto en las niñas. Es interesante ver resultados que vinculan «la exposición a ideales femeninos sexualizados con la baja autoestima, el estado de ánimo negativo y los síntomas de depresión en chicas adolescentes» (Informe de la APA Task Force, p. 24). Además, «los estudios muestran que las adolescentes y las universitarias que tienen opiniones convencionales sobre la feminidad [...] son menos ambiciosas y tienen más probabilidades de estar deprimidas que sus iguales» (Orenstein, 2011, p. 16). La masculinidad tampoco es una bicoca. Jackson Katz es capaz de formular que la violencia, con consecuencias negativas obvias sociales y para la salud tanto del agresor como de la víctima, es un aspecto intrínseco de la socialización masculina. Su libro, *The Macho Paradox,* o su película anterior, *Tough Guise,* son convincentes, aunque no van tan lejos como la obra de Michael Kimmel, en concreto un artículo de 2006 escrito en colaboración que vincula la masculinidad, la homofobia y los tiroteos en escuelas. Por desgracia, hay demasiadas pruebas como para mencionarlas, el statu quo del género también está perjudicando a las personas que no conforman las normas de género. Por decirlo de manera sucinta, «en muchos lugares del mundo, tener una identidad trans todavía expone a una persona a sufrir discriminación, violencia e incluso la muerte» (Whittle, 2006, p. xi). La infancia no está a salvo. Una investigación de la Facultad de Salud Pública de Harvard halló que «la disconformidad de género en la infancia se ha asociado con una serie de factores estresantes psicosociales en la infancia, entre los que se incluyen unas peores relaciones con los progenitores, el rechazo de los compañeros, el acoso y el trato vejatorio físico y verbal» (Roberts *et al.*, 2012, p. 415). La destacada investigadora Andrea Roberts explicó en *The Toronto Star* que «la discriminación contra la disconformidad de género afecta a uno de cada diez niños, les afecta a una edad muy temprana y tiene un impacto duradero en la salud» (Findlay, 2012). Si alguien necesita convencerse de que la sociedad está imponiendo una categorización binaria restrictiva (en contraposición al despliegue de la biología innata), pue-

solo de los míos, que se autodeterminan de un modo que desafía la clasificación de niño o niña. Lo cierto es que la esencialización del género en un sistema binario perjudica a todos. Quiero atestiguar el impacto del juego al que nuestras criaturas se han apuntado. En palabras de Storm: «¡Nooo juuusto!». Mis retoños necesitan apoyo para hacer frente a una cultura que habla de inclusión pero tolera la homofobia, la transfobia, el sexismo, el racismo, el clasismo y el capacitismo. La pregunta es: ¿Cómo puedo criar a Storm de una manera que proteja su derecho a tener un futuro seguro, creativo y saludable?

Somos peces en las aguas de la conformidad

Su hija y mi hijo están mojados y no quieren marcharse. Juegan juntos en un puente sobre un arroyo. Es una desconocida que se queda atónita cuando rehúso asignar un género a mi bebé de seis semanas. Menciona, entre risas, que en la escuela infantil de su hija de 2 años en Montreal le pidieron que llevara faldas en lugar de leggings *para «encajar mejor con las niñas». Ahora, su hija luce enormes salpicaduras de barro y una inmensa sonrisa. Cuando su madre la sigue con la mirada, la niña ahoga un grito antes de zambullirse en el agua, borrando la sonrisa, mostrando una falda rosa con volantes.*

Uno de los paradigmas aceptados en la crianza es la enseñanza de la conformidad. La institución de la familia es la primera escuela infantil en la que se implanta el género en el cerebro socialmente sensible de una criatura; un cerebro que, según propone la ciencia, se conecta «en respuesta a su propia experiencia» (Eliot, 2009, p. 6). Las futuras madres canturrean a sus barrigas redondas, pero caracterizan involuntariamente atribuyen un significado incluso a los movimientos

---

de leer el libro de Cordelia Fine *Delusions of Gender*, en el que pone en evidencia las «lagunas, las suposiciones, las incoherencias, las metodologías deficientes y los actos de fe» (2010, p. xxvii) inherentes a las excusas neurocientíficas para los estereotipos de género. A continuación, expone la influencia, que altera el cerebro, de la socialización de género que imponemos a los bebés y a la infancia. En *Pink Brain, Blue Brain*, de Lise Eliot, hay más información acerca de que existen «sorprendentemente pocas pruebas sólidas de la diferencia entre los sexos en los cerebros infantiles» (Eliot, 2009, p. 5). Las investigaciones son claras: el género binario tiene consecuencias negativas y somos nosotros los que pilotamos (temerariamente) la máquina.

fetales, en función del sexo (Rothman, 1988, p. 130).[6] La convención social fomenta la asignación de género sin consulta previa, basándose en la fisiología y la constante repetición del género asignado (¡Es un niño! ¡Buena chica! ¡Qué chico tan grande! ¡Qué niña tan guapa!). Asigné un género a mi primer hijo recién nacido basándome en sus atributos genitales. Se lo comuniqué a mis amigos y familiares, incluso manteniendo conversaciones cordiales durante los primeros años. Me equivoqué. Puede que mi experiencia en la lactancia, que fue maratoniana, me debilitara a la hora de resistirme, como había planeado frente a la hipnótica sobrecarga de juguetes,[7] libros y ropa sexistas.

Jazz podía señalar, pero aún no podía hablar cuando eligió una boa de plumas rosa en una tienda de segunda mano. El cajero se negó a vender el artículo de dos dólares a un «chico». Pocos años después, el dueño de una tienda de barrio sonrió a Kio, le permitió ponerse detrás del mostrador y le soltó una perorata no pedida sobre su responsabilidad de proteger a su hermana mayor. Antes de que el joven cerebro pueda codificar recuerdos o recrear palabras, la conformidad con el género está lo suficientemente enraizada como para eludir un interrogatorio consciente. En el parque, los amantes de la disciplina de género de tres años creen que Jazz no puede autoidentificarse como un niño, llevar el pelo largo, adorar el color rosa o jugar a comadronas «porque no son cosas de chicos».

Lecciones sobre «amoldarse para llevarse bien»

En el verano de 2011, me vi abrumada por mensajes para engatusarme que venían de la NBC, ABC, Dr. Phil, Oprah Winfrey Network, de cadenas de televisión de Francia y de programas de radio de Austra-

---

6.   La socióbióloga Barbara Rothman halló que las madres describían los movimientos de los fetos de manera diferente, basándose en el conocimiento de su sexo: los varones eran «vigorosos» y «fuertes», y las niñas no eran «excesivamente enérgicas ni muy activas» (1988, p. 130).
7.   Véase Fine (2010, p. 198) para una descripción del inventario de juguetes de Alison Nash y Rosemary Krawczyk en 1994. Descubrieron que incluso en el caso de los bebés de entre seis y doce meses, los niños tenían más vehículos y máquinas mientras que las niñas tenían más muñecas y juguetes relacionados con las tareas domésticas.

lia, Al Jazeera y People Magazine, documentalistas e incluso un co-leccionista de Peoria, Illinois, que nos preguntó si vendíamos fotos firmadas. También recibí un mensaje de una madre local que buscaba apoyo. Quedamos en una cafetería y me habló de su hijo de ocho años, al que le gustaba llevar faldas y botas altas en casa. En el Día Rosa,⁸ establecido por la junta escolar para apoyar la diversidad, se armó de valor para ir glamuroso. Esa mañana, se puso un vestido de tirantes rosa y salió de casa sonriente. La directora de la escuela vi-sitó la clase del niño para reprenderle y decirle que se quitara el ves-tido.⁹ Cuando su madre convocó una reunión para hablar de la diver-sidad de género, las familias expresaron su apoyo a la directora, que no juzgó necesario pedir disculpas al conmocionado muchacho. Fue el primer contacto directo entre la directora y el niño, que nunca ha-bía tenido «problemas» con anterioridad.

Mis hijos no están escolarizados.[10] En parte se debe a que me preocupa que instituciones, como la escuela den una continuidad des-carada a la labor de las familias, a modo de matones sigilosos, como parte de una sociedad que impone la conformidad de género. En el desfile del Orgullo de Toronto, Canadá, una mujer que caminaba en

---

8.   En 2007, en Nueva Escocia, Canadá, dos alumnos de segundo de bachillerato mo-vilizaron a sus amistades (que corrieron la voz hasta que se sumaron centenares) para que se vistieran de rosa y así apoyar a un alumno más pequeño al que habían acosado en la escuela por llevar una camiseta rosa. Esto impulsó al Consejo Escolar del Distri-to de Toronto a establecer el Día Rosa, en el que se anima al alumnado a «vestir de rosa para apoyar la diversidad» y se invita a las comunidades escolares a «organizar actos y actividades que involucren a su comunidad y cuestionen los estereotipos de género» («International Day of Pink»).
9.   Este incidente se produjo en 2011 en una escuela de Toronto, Canadá. Se exigió al niño que abandonara la clase y se le obligó a quitarse el vestido. Aunque la directora admitió posteriormente que el niño no se estaba comportando irrespetuosamente, se-guía creyendo que esta decisión desencadenaría comportamientos inadecuados en otros alumnos.
10.   La no escolarización es un enfoque educativo que hace hincapié en las oportuni-dades del aprendizaje autodirigido y dirigido por los niños y niñas en el mundo real. Muchas personas lo tipifican como un tipo de escolarización en casa, pero la no esco-larización puede ser tan diferente de la escolarización en casa como de la escolariza-ción institucionalizada. El educador John Holt es un importante defensor de la in-fancia sin escolarizar y en su página web define la no escolarización como «permitir a la in-fancia tanta libertad para aprender en el mundo como sus familias puedan soportar fá-cilmente» (Farenga, 2013). La infancia sin escolarizar aprenden de la vida cotidiana, incluidos los juegos, las tareas del hogar, los intereses personales, el trabajo y la inte-racción y la contribución social, pero, tradicionalmente, no utilizan el papel y el lápiz, un plan de estudios escolar o los sistemas de evaluación.

nuestro pequeño grupo se dirigió a mi familia y nos dijo: «Aquí me siento sola». Quería estar con el centenar de personas que nos seguían en un camión con el lema: «El Consejo Escolar del Distrito de Toronto [TDSB en sus siglas en inglés] apoya la igualdad para todos». El TDSB es el mayor consejo escolar de Canadá y el cuarto de Norteamérica, y está formado por 600 escuelas, 260.000 alumnos y 37.000 empleados («About the TDSB»). No necesito la ayuda de mi compañero, que es matemático, para ver (y apreciar) que es una parte mínima de la comunidad la que patea el asfalto para mostrar al alumnado LGBTTIQQ2SA[11] que comparten su jornada escolar de seis horas con otras personas que celebran su diversidad.

Pese a que las investigaciones demuestran que «el desarrollo del niño y del cerebro en la primera infancia determina trayectorias en materia de salud, aprendizaje y conducta para toda la vida» (Mustard, 2011, p. 11), la enseñanza de la conformidad en las escuelas sigue socavando el desarrollo de las habilidades prosociales, menoscaba la valoración de la diversidad y el pensamiento independiente de la infancia. Ya desde muy pequeños, los pañales nos enseñan una estricta categorización: dibujos de camiones para los «niños» y princesas rosas para las «niñas». Una ruborizada empleada de la escuela infantil pidió disculpas farfullando a mi amiga y a su hija cuando se acabaron los pañales de «niña» y ésta volvió a casa con uno de «niño». En la escuela primaria, se hacen grupos basándose en el género binario, que se impone en las pausas para ir al baño o hacer fila. Mi familia visitó una escuela local en la que el alumnado de primero de primaria no tardaban ni cinco minutos en elaborar un listado exacto de los contenidos de las bolsas de sorpresas de las tiendas de todo a cien. Sabían, sin mirar, que la bolsa «para chico» tendría pistolas de juguete, vehículos rápidos y figuras de acción, y la bolsa «para chica» incluiría bisutería, muñecas y horquillas para el pelo.[12] Los estudiantes de seis

---

11.   Siglas en inglés de lesbianas, gais, bisexuales, transexuales, transgénero, intersexo, *queer*, en cuestionamiento, dos espíritus y aliados.
12.   En junio de 2011, nuestra familia (incluidos Jazz, Kio y Storm) visitó The Grove Alternative Community School de Toronto, Canadá, para hablar del género y llevamos bolsas de sorpresas «para chica» y «para chico» que habíamos comprado en una tienda de todo a cien. David y yo hemos repetido esta actividad en talleres con centenares de personas de todas las edades durante la última década. Siempre obtenemos los mismos resultados, lo que resulta un poco espeluznante.

años podían articular el mensaje: se supone que las niñas son cuidadoras y cultivan la belleza. Los niños tienen que cultivar la agresividad, el riesgo y la dominación para expresar la masculinidad. Cuando uno de los estudiantes de primero de secundaria de David tomó la iniciativa de buscar en internet ejemplos de «juguetes para niños», los resultados fueron enlaces a imágenes de chicas y mujeres con poca ropa. Joe Warmington, columnista del *Toronto Sun*, lo resumió sucintamente: los niños y niñas de ocho años tienen que «pensar lo que sus familias y sus profes les dicen que piensen». Da un poco de miedo.

La desventaja documentada de la conformidad

Jazz se yergue como una gimnasta que rozara la perfección. Ella (todavía utiliza el pronombre «él») presume de sus leotardos, que combina con una camisa con mangas de farol, poniendo de relieve los volantes, las rayas y las flores de punto de vivos colores. Balbuceó que los leotardos se llevan debajo de otras prendas. Jazz me explica que los leotardos son leggings *y calcetines a un mismo tiempo, y menciona que son un atajo práctico ante la molesta complejidad de vestirse. Después gira sobre sus talones, disipando mi temor a la respuesta de sus compañeros ante esta firme postura de autodeterminación. Se precipita por el pasillo detrás de Kio, que ríe tontamente. Está ayudando a Storm a elegir y a ponerse la ropa que ha escogido. Pese a que me surge inesperadamente la huella de mi propia educación en la conformidad de género, no he acabado con la alegre independencia que mis niños incorporan a tareas cotidianas como vestirse. Tengo otra oportunidad para (re)aprender.*

Lo que me ayuda a dejar de recurrir a la cantinela de «esto es lo que debes o no debes hacer» son nada menos que cincuenta años en los que la ciencia ha documentado el impacto negativo de la conformidad humana. El interés por que el pelo esté bien peinado y los calcetines emparejados también guarda relación con otras tendencias. Los famosos estudios pioneros de la psicología social demostraron hace décadas que las personas cuando estamos en grupo imitamos la agresión (Bandura, 1955), asimilamos el error que comete la mayoría incluso cuando saben más (Asch, Ross y Ross, 1961), acatamos instrucciones violentas de quienes representan la autoridad (Milgram, 1974), hacemos daño a otros basándose en una asignación de roles arbitraria (Haney, Banks y Zimbardo, 1973) y nos inclinamos por tener una conducta discriminatoria (Tajfel, 1970) e incluso llegamos a lesionar a otros (Sherif *et al.*, 1961). Si con ejemplos reales, muy actuales y conocidos de hechos violentos como linchamientos, violaciones en grupo o genocidio no resultan convincentes sobre el hecho que enseñamos a los niños a seguir el ejemplo del grupo, recurriré a las investigaciones de Meier, Hinsz y Heimerdinger (2007). Su estudio halló que los grupos cometen más agresiones que los individuos *que piensan por sí mismos* (estas palabras y la cursiva son mías).

Los contextos en los que un grupo se enfrenta a otro son donde se generan las agresiones más graves (Meier y Hinsz, 2004), razón por la cual la categorización binaria que se impone a la infancia es peligrosa (y lo es para todas las personas). La categorización niña/niño no es sino una falsa dualidad que tergiversa la diversidad mediante una simplificación excesiva: joven/viejo, hetero/gay, rico/pobre, capacitado/discapacitado y blanco/negro son otros ejemplos. La afirmación de que clasificar en función de la fisiología (o el «sexo») crea una realidad inmutable de dos categorías es un poco ridícula. Dicho esto, ¿por qué no enseñamos en la infancia que el género hace referencia a las expectativas «que una sociedad determinada considera adecuadas?» (OMS, www.who.int). El género es un conjunto de normas arbitrarias establecidas por las personas adultas con más poder con el objeto de mantener sus privilegios. En la infancia ya pueden apreciar que la mayor parte se asigna a los chicos y mucho menos a las chicas, y que es temerario (o muy valeroso) definirse fuera del sistema binario. Deben aprender que el statu quo del género cambia dependiendo del período histórico, la geografía, el entorno familiar, la comunidad, la cultura y el contexto. Es válido cuestionarse por qué no puede ser el individuo quien lo defina.

En la oscuridad

Una noche de invierno, mi vecina llama al timbre de nuestra puerta después de anochecer. Está henchida de orgullo y ofrece la mejilla

*para recibir un beso de agradecimiento mientras pone en las manos
de Jazz un traje de cuatro piezas que nadie le ha pedido. Dice con
toda naturalidad: «Ponte esto y te sentirás como un hombrecito».
Jazz se encoge de hombros: «¿Por qué querría hacerlo?». A estas alturas, Jazz sabe que nadie te da un traje a cambio de nada.*
Mis niveles de preocupación se disparan. Vivimos en una sociedad que considera que la expresión de la diferencia supone «ir demasiado lejos» y responde de manera punitiva o, demasiado a menudo,
con violencia. Incluso en la escuela infantil, los compañeros exteriori-
zan «respuestas claramente más frías» hacia los niños que juegan «de
manera inapropiada para su género» (Fine, 2010, p. 218). Unos investigadores de Harvard han documentado que el riesgo de abusos «per-
petrados por la familia u otros adultos en el hogar» (Roberts *et al.*,
2012) contra niños y niñas que se expresan de manera diferente a lo
que se espera de su sexo biológico es de uno de cada diez. Cuando
entrevistaron a la autora principal, Andrea Roberts, reconoció que hay
un «impacto duradero en la salud» (Findlay, 2012), asociado a un elevado riesgo de síndrome de estrés postraumático en la infancia que no
conforma las normas de género; al fin y al cabo, hay más probabilidades de que experimenten «peores relaciones con sus progenitores rechazo de sus compañeros, acoso y victimización física y verbal» (Roberts *et al.*, 2012, p. 415). Estando en un mercado agrícola comunitario,
Jazz y yo nos abrazamos cuando en mitad del juego de pilla-pilla al
que se había unido, de pronto, se paró. Una niña con coletas y una falda amarilla con vuelo tuvo un repentino ataque de indignación, rom-
piendo el vestido favorito de Jazz (porque los chicos no deben llevar
faldas). Ninguna familia desea mandar a sus criaturas, armados sólo
con un beso, a enfrentarse a la intolerancia e incomprensión, ¿verdad?[13]

13. No quiero contribuir a la confusión social que mezcla la sexualidad y el género,
pero me parece importante incluir aquí una nota. Es una idea popular (no factual) que
la represión del género o la sexualidad que los jóvenes desean expresar les protegerá.
Se basa en que la expresión abierta de conductas minoritarias vuelve a los jóvenes
vulnerables al daño. Por eso resulta interesante un artículo publicado recientemente en
el *Toronto Star* (y la investigación que menciona). Demuestra que, en comparación
con las personas que no han «salido del armario», «las lesbianas, los gais y bisexuales
declarados tienen niveles hormonales de estrés más bajos y menos síntomas de ansiedad, depresión y apatía». El estudio «también concluye que los hombres gais y bisexuales están más sanos que sus homólogos heterosexuales» (Boyle, 2013, p. A15).
¿Por qué? El destacado autor Robert-Paul Juster postula que puede deberse a que «el

Mantengo mi compromiso de respetar las elecciones que hace mi criatura, recordando que la conformidad con el género binario no les va a proteger. La infancia no está a salvo dentro del sistema binario. Según una estadística, «el 80 por 100 de los adolescentes» experimentarán «algún tipo de acoso por motivos de género antes de terminar la enseñanza secundaria», un problema que está asociado con «un aumento de los índices de depresión, ansiedad, abandono escolar, bajo rendimiento académico y suicidio» (Anagnostopoulos *et al.*, 2009). La televisión, las vallas publicitarias, los anuncios de las revistas infantiles, los envases de los alimentos y los anuncios de las páginas de internet para preescolares comercializan el género como si fuera una designación que plantea una «disyuntiva», que limita la amistad (chicas o chicos), la preferencia de colores (rosa o azul), los intereses (deportes o compras), las aspiraciones (princesa o héroe de acción) y la indumentaria (volantes o pantalones militares). Es aún peor cuando las familias, educadas como si fueran vendedores futuros de las normas de género, se sienten obligadas a transmitir unas expectativas de género limitadas y jerárquicas. Los investigadores sugieren que la infancia «que cree que tiene que cumplir con determinadas condiciones para obtener la aprobación de sus familias pueden acabar no gustándose a sí misma» (Kohn, 2005, p. 23). En la fiesta de cumpleaños del hijo de tres años de un amigo, celebrada en un gimnasio, un padre salió disparado (sonriendo) a coger a su hijo cuando este echó a correr hacia un balón de fútbol rosa: «¡A fin de cuentas, es un chico! ¡Y los hay azules!». Las criaturas saben que la asignación de género también define la valía. En un estudio de 2001, aquellas niñas y niños a los que les mostraron imágenes de personas que realizaban trabajos poco conocidos consideraron invariablemente que los realizados por hombres eran «más difíciles, mejor pagados y más importantes» (Liben, Bigler y Krogh, 2001). El género binario representa un desafío para la libertad, la seguridad y la realización personal de toda la infancia.

Al igual que en *The Dark*, un cuento que le gusta a Kio sobre un espeluznante borrón que cae sobre la mesa de la cocina una mañana,

---

estrés de salir del armario puede favorecer la resistencia al estrés en el futuro» (*ibid.*). Debo admitir que la investigación trata de la sexualidad y no de la expresión del género. Sin embargo, sugiere que ser uno mismo es importante para la salud. Y aunque es difícil ser diferente, ser quien uno es resulta más saludable que mantener un «yo falso» (Kohn, 2005, p. 23).

el género binario ha ido creciendo de manera incontrolable engullendo todas las sombras de la vecindad. En el cuento de Robert Munsch, la oscuridad se cierne sobre todos, incluso las familias que andan a tientas por el patio y no pueden encontrar el camino de vuelta, hasta que Jule Ann, una niña inteligente y valerosa, engaña a la oscuridad para encerrarla de nuevo en un tarro de galletas y la arroja a un camión de la basura, sellada con pegamento y cinta adhesiva. Así pues, ¿qué estrategias saludables pueden seguir las familias que sustituya el statu quo existente? Mis inteligentes y valerosos niños que no conforman las normas de género tienen algunas ideas, por suerte (porque yo aún sigo andando a tientas por el patio). Tuve que ayudar a Jazz con la ortografía cuando, a los cuatro años, tuvo la idea de escribir un libro y venderlo en la librería local para recaudar fondos para un centro de acogida de mujeres. En la última página ponía: «Deja que tus hijos sean quienesquiera que sean». Como estamos a oscuras, creo que la única salida segura es escuchar atentamente. Y amar mucho.

Varias veces a la semana vamos en bicicleta a gimnasia para que mis tres criaturas puedan asistir a una clase con una entrañable entrenadora, que se llama Suzi. Suzi sonríe con picardía a Storm porque «está impaciente por saber». A veces hace que me sienta como la concursante de un programa de TV o el sujeto involuntario de un *reality show*. Un día, a Storm, que acababa de dejar los pañales, se le bajó el pantalón de chándal rojo al dar una voltereta. Suzi espetó con un grito alborozado: «¡Ajá! ¡Ropa interior de chica!». Me reí con ganas. Storm llevaba ropa interior de Jazz, que la había sisado de nuestra gigantesca cesta común de ropa interior. Volví a contar la historia más tarde y Jazz dijo con una risita tonta: «¡Dile a Suzi que no juzgue un libro por su ropa interior!».

Un destello de esperanza, no una hoguera

Si la historia es un digna maestra, parece que nuestros críos inconformistas tienen cosas importantes que decir. Entre las cosas de las que pueden alardear los inconformistas del pasado figuran logros que nos han aportado más justicia, una mejor salud y una mayor calidad de vida. Sin ellos, no tendríamos los antibióticos. Ni fines de semana.

Las mujeres aún seguirían sin derecho a voto. La desigualdad racial seguiría institucionalizada con la esclavitud. Nadie estaría hablando de cómo poner freno al calentamiento global. Las lesbianas y los gais no se casarían. Habría menos música, arte y poesía, y no habría tantas películas o actuaciones en vivo innovadoras. Habría más personas trans ocultándose. El progreso surge de pensar sin prejuicios.

Y lo que es más importante: cuando las personas desafían lo convencional, las reacciones viscerales exponen la realidad del statu quo. Una semana después de que irrumpiéramos en el escenario mediático con Storm, un miembro de la vigilante población local frenó su coche al pasar junto a mí y mi familia para soltar una teoría: «¡NIÑO!». Los momentos tragicómicos de la maternidad pueden ser transformadores. Como una campana de meditación, a mis hijos les sonó como una prueba de que los adultos a veces cometen errores. Kio frunció el ceño y comentó: «¿Esa persona le ha llamado niño a Jazz?». Todo el mundo se rió. Más tarde, en el banco de una parada de autobús, nos preguntamos más a fondo por qué esa persona con la que nos habíamos cruzado estaba enfadada. Practicar perspectivas alternativas es una actividad de la que disfrutamos. Primero, compartimos nuestra experiencia sobre una situación. Después, exploramos una multitud de posibles explicaciones para las decisiones que ha tomado la otra persona. Crear historias enrevesadas sobre la vida de la gente es una diversión asegurada para mis criaturas. Disfruto de esa elaboración de historias porque favorece una compleja compresión de las situaciones y menoscaba el hábito de tomarse las cosas personalmente. Es una práctica excelente para pensar de manera independiente. Por esa época, nos estaba llegando (hábil y torpemente) toda clase de opiniones desde lugares muy sorprendentes. Como pronosticó Barbara Colouroso,[14] parecía una crisis, pero, en realidad, era una oportunidad encubierta podrá llegar a descubrir una comunidad (de chavales y adultos) con ideas afines. Fue un regalo inconmensurable, que prueba que a veces

---

14.   Barbara Colouroso es una experta en crianza que goza de reconocimiento internacional y es autora de cinco libros, incluidos cuatro éxitos de ventas. Me llamó por teléfono para ofrecerme su apoyo en las primeras semanas de revuelo mediático en torno a nuestra familia y me ofreció su sabiduría sobre cómo sobrevivir a una respuesta social organizada llevándome a defender la paz, sobre todo cuando intervienen los medios. Su libro *Kids are Worth It*, es una guía sobre crianza a la que recurrimos en nuestro hogar.

es necesario meterse en el ojo del huracán para encontrar aliados inesperados. En resumidas cuentas, puede que el camino del inconformista no sea fácil, pero tiene mucho mérito.

Mis primeros dos hijos aprendieron las palabras «papá», «perro» y varias docenas más antes de que surgiera un nombre para mí, por lo que fue una inesperada oda a la maternidad cuando oí a Storm entonar «mamá» poco después de cumplir un año. Mi corazón se llenó de gozo. La historia es aún más bonita. A los dieciocho meses, Storm ya llevaba varias semanas diciendo «papá» cuando un día vi con una mezcla de diversión y de atónita curiosidad que Storm se dirigía a David: «Mamá, ¿otra teta?». ¡Storm estaba pidiéndole a David que le diera de mamar! Sin dudarlo, colocó a Storm en la posición de mamar y una boquita diminuta empezó a succionar el pecho desnudo de David. El adulto y el bebé, con los ojos cerrados, se sumieron en un estrecho abrazo durante dos minutos. Después Storm se bajó para marcharse a toda velocidad e ir en busca de una nueva aventura. Desde ese día, Storm utiliza la palabra «mamá» no para dar a entender un rol de género, sino para describir una fuente de alimento que puede provenir de cualquier adulto con una mente lo bastante abierta como para ofrecérsela. A ninguno de mis críos les sorprendió mucho. No formularon ninguna molesta explicación psicológica de por qué es imposible que un padre amamante. Espero que sea una señal de que se sienten capacitados para salirse de las normas si resulta que hay una manera más sana de satisfacer sus necesidades.

Hay un enorme poder creativo sin explotar en la diversificación que hace la infancia del panorama del género. Nos dedicamos a generar etiquetas nuevas (como fluidez de género, género creativo o género independiente), a organizar grupos de trabajo y a debatir la disconformidad de género como si fuera una epidemia. Mientras que surgen profesionales que se han formado en el siglo XXI que escriben «sí, tenemos un nuevo problema pediátrico» (Meyer, 2012, p. 571), se despliega la valentía de la infancia que es creativa con el género. La disconformidad de género no es un problema que haya que solucionar. Estas criaturas eluden un status quo peligroso y se arriesgan a ser censuradas cuando expresan una diversidad que augura poder transformar el género binario, que se parece al columpio del balancín y que puede llegar a ser más como un carrusel, a todas luces más inclusivo. La agencia y la libertad de expresión son *muy* importantes para los seres humanos, y la infancia que conforma las normas de género defiende precisamente que todos tengamos estos derechos. El Instituto Search ha señalado los elementos fundamentales del desarrollo, con cuarenta indicadores para un desarrolllo saludable en la infancia, entre los que figuran la autoestima, la integridad, la franqueza y el poder personal (Scales *et al.*, 2004). Las investigaciones empíricas a su vez indican que la infancia que posee estos elementos internos (y elementos externos como el respaldo familiar) tienen más probabilidades de prosperar.

Veo a mis criaturas que no conforman las normas de género observar el statu quo (lo que está fuera), reconocer con confianza sus preferencias personales, pensamientos, sentimientos e intereses (lo que está dentro) y sintetizar ambos en elecciones responsables y respetuosas consigo mismas. No siempre es así, pero me basta para comprender que estas habilidades serían útiles para toda la infancia. Es novedoso ver a personas tan pequeñas que se empoderan de tal manera que no necesitan basarse en negar a otros lo que les corresponde. Me asombra ver a jóvenes que no conforman las normas de género practicar un lema para prevenir la violencia de la Cruz Roja y que yo solía enseñar a los adultos: habla (defiende aquello en lo que crees), camina (busca un lugar seguro) y protesta (busca a alguien que te apoye). Estas habilidades son la base de los mejores recursos, contra el acoso, escritos por personas adultas, que compran las familias, el profesorado y los miembros de la comunidad, desesperados por frenar un daño innecesario. Y resulta que nuestras criaturas con género independiente ya las tienen. A montones.

Yo también, por favor

Mis tres criaturas se ríen sin parar. Storm viene a la cocina, me agarra del brazo y me arrastra hasta el cuarto de juegos, diciendo: «Mamá, miraaa». Cuando entro dando traspiés, brincan, siseando como pitones y simulando trazar gigantescos arcos de pis por toda la habitación. «¡Haz pis!», dice Storm, mientras el falso concurso de pises se transforma en risotadas. Las lágrimas corren por sus mejillas cuando su mamá se une a ellos.

Agradezco que Jazz Kio y Storm me hayan reservado un lugar

en su revolución. No es un punto muerto. Cambiar a punto muerto es una medida de urgencia cuando te precipitas hacia un accidente de tráfico o cuando están cayendo por un puente hacia el agua gélida. Es un bandazo vano para obtener una pizca de control. Este momento, en el que cobra intensidad el debate sobre la creatividad de género, es importante. Si nos equivocamos, corremos el riesgo de salirnos de la carretera. Por tanto, ahora es el momento de adoptar una postura y creer en nuestra propia agencia, pero, sobre todo, en la de nuestras criaturas. Las familias se sitúan en la primera línea de la influencia social, que, sin duda, es un lugar caótico para ser intencionado. Sin embargo, proponemos que ejercer como madres y padres debe ser el futuro, donde se materializan nuestros principios y el ejemplo que damos. ¿Cuáles? La crianza de hijos e hijas feministas que aborda las desigualdades, pero quizá depende demasiado de una base formada por dos equipos, una simplificación excesiva que hace que resulte más fácil la asignación de diferencias de poder. Además, ¿dónde están las estrategias de la crianza feminista para el que antes era un hijo y ahora es una hija? La crianza desde la neutralidad de género parece un oxímoron, ya que sugiere la idea imposible de que el género es imparcial. Esta es mi «estrategia radical de crianza»: intento escuchar. Suena aburrido, así que David y yo nos hemos inventado un nombre rebuscado. Lo llamamos *crianza comprometida con el género.*

Manos a la obra

La crianza comprometida con el género facilita el intercambio consciente entre una criatura y su mundo, y su objeto es incrementar su capacidad para tomar sus propias decisiones saludables. Como advierte John Taylor Gatto: «Eliminar la participación [de un niño o niña] en la sociedad, por razones psicológicas débiles y engañosas, es un crimen imperdonable» (2013, p. 11).[15] El género es una parte importante

---

15. He sustituido la palabra «estudiante» por la palabra «niño» en aras de la claridad. La cita procede del nuevo libro de John Taylor Gatto, *The Guerilla Curriculum: How to Take Education in Spite of Schooling*, según aparece mencionada en *Home Education Magazine*.

del mundo real. Es un espacio relevante socialmente en el que la infancia tiene derecho a expresar su verdadero ser de una manera responsable y desde el repeto. Para proteger su agencia, necesitan practicar el cuestionamiento de los límites cotidianos impuestos a su expresión, límites que están por todas partes. La compra de unas botas de agua en un mundo rosa o azul, Dora o Diego, los héroes de acción o las princesas pueden desembocar en una conversación acerca del control capitalista sobre la libertad de una criatura para expresar una identidad única. Necesitan saber que son potenciales consumidores en el lucrativo juego de convertir en marcas el statu quo social que incluye el género.

Cuando Kio quiso un vestido rosa con dibujos de la Campanilla de Disney, nos sentamos en el polvoriento suelo de la tienda para hablar de las multinacionales, el marketing y las representaciones mediáticas de las mujeres. Tras la charla, se gastó todo el dinero y llevó puesto el vestido durante cuatro semanas seguidas, hasta que los dibujos se desvanecieron por completo. Para mantener un espacio abierto para que tomen sus propias decisiones es necesario permitirles que piensen por sí mismos, en lugar de resaltar que los adultos saben más. Más tarde, Kio tuvo paciencia (incluso puso atención) cuando leímos juntos fragmentos de *Cinderella Ate My Daughter*, de Peggy Ornstein, aunque lo cierto es que sigue adorando a Campanilla. El género brinda multitud de oportunidades para satisfacer el interés de tienen las criaturas en cuestionar los límites y comprender los porqués de todo. ¿Es niño realmente lo contrario de «niña»? ¿Hay que limitarse a tener que elegir? ¿Qué posibilidades ofrece la conjunción? Cuando las familias fomentan la implicación con aspectos reales del mundo, las elecciones que antes estaban ocultas en el monolítico statu quo se tornan visibles. La indagación curiosa pone de manifiesto la verdadera diversidad de opciones que existe más allá de categorías binarias restrictivas como chica/chico. ¡Ah, la libertad!

Jazz sujeta No Ordinary Day, *un libro que fue un regalo de cumpleaños, y dice: «Quiero escribir a Deborah Ellis». «¿Por qué?», le pregunto. «Para decirle que me gustan sus historias», responde Jazz. «¿Qué te gusta de sus historias?», le digo. «Me gusta que son reales: hablan de Afganistán. Hablan de los talibanes. Hablan de la lepra. Hay personas de verdad. Puedo aprender sobre ello y hacer algo».*

Para fomentar una toma de decisiones positiva y saludable es necesario ayudar a comprender y subvertir el mal uso del poder. Si no saben cómo funciona el género binario a la hora de mantener un poder desigual injusto y la agresividad que implica, la infancia seguirá conformándose con un statu quo del género que erosiona su libertad y limita su potencial. Creerán que los adultos dicen bobadas cuando hablan de que «los niños y las niñas pueden ser lo que quieran.[16] No es cierto (ni siquiera en el caso de quienes se identifican como niño o niña).

Si la autodeterminación fuera una realidad, ¿qué explicación podríamos ofrecer de la influencia que tiene la asignación de género en el estatus socioeconómico, la probabilidad de sufrir violencia y, con franqueza, la probabilidad de supervivencia? Si las niñas y los niños pueden ser lo que ellos quieran y si está bien que uno sea quienquiera que sea, entonces ¿por qué los medios de comunicación internacionales y un sinfín de psicólogos, asesores morales y trabajadores sociales alarmistas se muestran preocupados durante semanas por que se haya «permitido» a un niño de cinco años llevar un vestido o se haya otorgado a un bebé la privacidad y la agencia para revelar su sexo y género cuando lo elija? Cuando se da a entender que el género es un juego justo se les arrebata la posibilidad real de entender los desafíos que el género binario les planteará. Asimismo, cuando se ofrecen opciones «neutras en cuanto al género», no se explica el desequilibrio de poder que existe. Cuando no saben que los comportamientos de género más normativos son el sostén de un sistema que divide a las personas (opresores u oprimidos) no tienen fácilmente la posibilidad de elegir de una manera diferente. Un conocimiento claro les capacita para protegerse a sí mismos (y a otros) negándose a acatar un statu quo pernicioso.

La libertad es el derecho a decirle a la gente aquello que no quiere oír[17]

Hay veces en las que estoy convencida de que es imposible estar más exhausta, veces en las que incluso mis conductos lacrimales están de-

---

16. Este mantra de que «los niños y las niñas pueden hacer cualquier cosa» lo mencionaba recientemente un artículo del *Globe and Mail* (Balkissoon, 2013) y se identifica de manera frustrante como el objetivo para todas las familias que apoyan a sus retoños que no conforman las normas de género.
17. Esta cita se atribuye a George Orwell.

*masiado fatigados para funcionar. En uno de esos momentos, Storm
me mordió el pecho mientras mamaba. Fuente. Se oyó un sonoro
«¡NO!». Jazz ha leído esta viñeta y me ha señalado una omisión en
ella, por lo que admito (a regañadientes) que le dejé caer a mi lado
en el sofá, sin demasiada suavidad, a aquel bebé de dieciocho meses
con grandes dientes. Jazz, con los ojos como platos, me preguntó:
«¿Por qué has hecho eso?». «¡Porque DUELE mucho!», fue la mala
excusa que alegué. Pensó en ello durante un minuto y después me dijo
con firmeza: «Mamá, ojo por ojo y el mundo acabará ciego». Exaspe-
rantemente cierto.*

Enseñar a la infancia acerca del poder les permite cuestionar su
mal uso. Es el siguiente paso para democratizar la familia y rechazar
el desequilibrio de poder institucionalizado entre adultos y menores.
Una infancia empoderada exige el fin de los episodios en los que la
familia se instala en un autoritarismo cómodo. Empieza la ardua tarea
de la colaboración y la resolución de problemas basándose en los principios. El resultado es un ejercicio *queer* consciente de la crianza, firmemente anclado en los derechos y responsabilidades importantes e
inalienables tanto de las personas adultas como de las más pequeñas.
A los detractores les gusta calificarlo de incapacidad para establecer
límites (Porter, 2011), pero, en realidad, se trata de mantener límites
firmes en ámbitos de la máxima importancia (la salud, la seguridad y
la amabilidad) y fomentar de alguna manera la agencia. Como ejemplo, todos tenemos que respetar dos reglas en nuestra familia: 1) ser
amable con los demás y 2) hacer cuanto puedas por el bien común (de
la familia, la comunidad y el mundo). Para facilitar estos límites tenemos que movilizar toda la energía de los adultos que podamos, incluso
considerar la eliminación de luchas de poder en torno a cortarse el
pelo, comer todo lo que haya en el plato o pedir perdón cuando no se
quiere hacerlo. En el ámbito del género, se traduce en proteger el derecho de cada persona a la autodeterminación. Evitamos decirle a
cualquier miembro de la familia qué debe sentir, quién debe ser o qué
aspecto debe tener. Por sí solo, esto ya es un trabajo a tiempo completo.

Llamamiento a la acción

La semana pasada, mientras dirigía a un grupo de apoyo a la lactancia, Jazz me hizo un collar. Cuando me lo puse, señaló las letras MOM, en el centro. Durante unos instantes, Jazz se sintió decepcionada porque las letras estaban al revés, hasta que se dio cuenta de que en el collar ponía MOM para mí cuando miraba hacia abajo y WOW para todos los demás. «Eso es lo que el mundo piensa de ti, mamá: WOW». Durante tres días lucí una sonrisa de gato de Cheshire. Ojalá se lo hubiera dicho. No me importa lo que piense el mundo, Jazz. Me importa lo que piensas tú.

Busqué «paternidad» en el diccionario. Me sorprendió descubrir que ponía «sustantivo». Es el momento de revisarlo. La crianza comprometida con el género es claramente un verbo. A corto plazo, tiene que ver con respetar la agencia de mis criaturas. A largo plazo, espero que contribuya a convertir la paternidad en el gozoso movimiento social que debe ser, con potencial para crear un mundo más justo. Cuando estoy aterrada, y siento que estoy en lo alto de un columpio y se me revuelve el estómago, miro el dibujo de David (o recurro a su paciencia y dedicación). Recuerdo a Deborah Ellis, una joven autora a la que admiro, diciendo: «Cuando soy capaz de considerar que el trabajo que quiero hacer es más importante que el miedo que tengo a hacerlo, entonces soy capaz de seguir adelante y hacer lo que creo que necesito hacer» («Shannon Skinner»). Los pequeños riesgos pueden tener grandes repercusiones. Por ejemplo, dar a tu bebé un pequeño respiro del embate del género.

La investigación de Jost y sus colegas descubrió que las familias son ligeramente más propensas a publicar en un periódico el anuncio del nacimiento de un niño que el de una niña, pero es la nota a pie de página la que me hace tener esperanza. La diferencia significativa estadísticamente desaparecía en las familias en las que la madre no había adoptado el apellido del padre (Jost, Pelham y Carvallo citado en Fine, 2010, p. 195). Aunque esta correlación tiene poca importancia especulativa para los científicos, para mí representa valorar que los pequeños actos con profundas raíces filosóficas tienen mucho poder. En lo alto del viaje en columpio, me agarro a las cadenas recubiertas de plástico y sigo las indicaciones de los inteligentes escépticos del género de mi hogar. Necesito ser firme. Cuando elijo experimentar la euforia del viaje, celebrar y apoyar a mis criaturas, estoy apostando por que el impulso me eleve primero hacia el cielo para después aterrizar en el mundo que sueño para ellas. Y para las tuyas.

Referencias bibliográficas

«About the TDSB» (2013), *Toronto District School Board*, web, 25 de agosto.

«Anatomy of a Hit: How the Genderless Baby Story Became thestar.com's Most Read Story of All Time» (2011), *The Toronto Star*, 28 de mayo, p. IN4.

Anagnostopoulos, D., N. T. Buchanan, C. Pereira y L. F. Lichty (2009), «School Staff Responses to Gender-Based Bullying as Moral Interpretation: An Exploratory Study», *Educational Policy*, 23.4, pp. 519-553.

Asch, S. E. (1955), «Opinions and Social Pressure», *Scientific American*, 193, pp, 31-35.

Balkissoon, Denise (2013), «How Do You Parent a Transgendered Kid?», *Globe and Mail*, 11 de enero de 2013, web, 12 de enero.

Bandura, A., Dorothea Ross y Sheila A. Ross (1961), «Transmission of Aggression through Imitation of Aggressive Models», *The Journal of Abnormal and Social Psychology*, 63.3, pp. 575-582.

Boyle, Theresa (2013), «Coming out of the closet a healthy choice, study finds», *The Toronto Star*, 30 de enero, pp. A1, A15.

Canadian Red Cross, *Challenge Abuse Through Respect Education (C.A.R.E) Resource Guide*, RespectED: Violence and Abuse Prevention Program, 200, Vancouver.

Colouroso, Barbara (1994), *Kids Are Worth It! Giving Your Child the Gift of Inner Discipline*, W. Morrow, Nueva York.

Eliot, Lise (2009), *Pink Brain, Blue Brain: How Small Differences Grow into Troublesome Gaps and What We Can Do about It*, Houghton Mifflin Harcourt, Boston.

Ellis, Deborah (2011), *No Ordinary Day*, Groundwood, Toronto.

Farenga, Pat (2013), «Unschooling», *Growing Without Schooling*, John Holt, web, 26 de enero.

Findlay, Stephanie (2012), «Children Who Are Gender Nonconforming at Greater Risk of Abuse: Harvard Study», *The Toronto Star*, 20 de febrero de 2012, web, 15 de julio.

Fine, Cordelia (2010), *Delusions of Gender: How Our Minds, Society, and Neurosexism Create Difference*, W. W., Nueva York Norton.

Gatto, John Taylor, «We Need Adventure More Than We Need Algebra», *Home Education Magazine*, 30.1 (enero-febrero de 2013), pp. 10-11.

Haney, C., W. C. Banks y P. G. Zimbardo (1973), «A Study of Prisoners and Guards in a Simulated Prison», *Naval Research Review*, 30, pp. 4-17.

«International Day of Pink», *Toronto District School Board*, web, 2 de enero de 2013.

Juster, Robert-Paul, Nathan Grant Smith, Emilie Ouellet, Shireen Sindi y Sonja J. Lupien (2013), «Sexual Orientation and Disclosure in Relation to Psychiatric Symptoms», *Psychosomatic Medicine*, 75, pp. 1-14. American Psychosomatic Society, 29 de enero de 2013, web, 1 de febrero de 2013.

Katz, Jackson (2006), *The Macho Paradox: Why Some Men Hurt Women and How All Men Can Help*, Source, Naperville, IL.

Kimmel, Michael S. y Matthew Mahler (2003), «Adolescent Masculinity, Homophobia, and Violence: Random School Shootings, 1982-2001», *American Behavioural Scientist*, 46.10, pp. 1.439-1.458.

Kohn, Alfie (2005), *Unconditional Parenting: Moving from Rewards and Punishments to Love and Reason*, Atria, Nueva York.

Liben, Lynn S., Rebecca S. Bigler y Holleen R. Krogh (2001), «Pink and Blue Collar Jobs: Children's Judgments of Job Status and Job Aspirations in Relation to Sex of Worker», *Journal of Experimental Child Psychology*, 79.4, pp. 346-363.

Meier, Brian P. y Verlin B. Hinsz (2004), «A Comparison of Human Aggression Committed by Groups and Individuals: An Interindividual-intergroup Discontinuity», *Journal of Experimental Social Psychology*, 40.4, pp. 551-559.

Meier, Brian P., Verlin B. Hinsz y Sarah R. Heimerdinger (2007), «A Framework for Explaining Aggression Involving Groups», *Social and Personality Psychology Compass*, 1.1, pp. 298-312.

Meyer, Walter J. (2012), «Gender Identity Disorder: An Emerging Problem for Pediatricians», *Pediatrics*, 20 de febrero de 2012, web, 2 de abril.

Milgram, Stanley (1974), *Obedience to Authority: An Experimental View*, Harper & Row, Nueva York.

Munsch, Robert (1997), *The Dark*, Annick Press, Toronto.

Mustard, J. F. (2011), «A Message from the Authors», prólogo a Margaret Norrie, McCain y Stuart Shanker, *Early Years Study 2: Putting Science into Action*, Council for Early Child Development, Toronto, marzo de 2007, web, 10 de agosto.

Orenstein, Peggy (2011), *Cinderella Ate My Daughter: Dispatches from the Front Lines of the New Girlie-girl Culture*, HarperCollins, Nueva York.

Organización Mundial de la Salud (OMS), «What Do We Mean by "Sex" and "Gender"?», web, who.int., 22 de enero de 2013.

Poisson, Jayme (2011), «Footloose and gender-free», *The Toronto Star*, 21 de mayo, pp. A1, 26-27.

Porter, C. (2011), «Firestorm of judgment», *The Toronto Star*, 25 de mayo, p. E1.

Report of the APA Task Force on the Sexualization of Girls, American Psychological Association (2010), web, 15 de septiembre de 2012.

Roberts, A. L., H. L. Corliss, K. C. Koenen y S. B. Austin (2012), «Childhood Gender Nonconformity: A Risk Indicator for Childhood Abuse and Post Traumatic Stress in Youth», *Pediatrics*, 129.3, pp. 410-417.

Rothman, Barbara Katz (1988), *The Tentative Pregnancy: Prenatal Diagnosis and the Future of Motherhood*, Pandora, Londres.

Scales, Peter, Arturo Sesma y Brent Bolstrom (2004), *Coming into Their Own: How Developmental Assets Promote Positive Growth in Middle Childhood*, Search Institute, Minneapolis, MN.

«Shannon Skinner Interviews Author Deborah Ellis», ThatMedia, 2012, web, 29 de enero de 2013.

Sherif, M., O. J. Harvey, B. J. White, W. Hood y C. W. Sherif (1961), *Intergroup Conflict and Cooperation: The Robbers Cave Experiment*, The University Book Exchange, Norman, OK, pp. 155-184.

Tajfel, H. (1970), «Experiments in Intergroup Discrimination», *Scientific American*, 223, pp. 96-102.

Warmington, Joe (2012), «Kids Should Be Educated, Not Indoctrinated», *The Toronto Sun*, 8 de mayo de 2012, web, 22 de junio.

Whittle, Stephen (2006), «prólogo a» Susan Stryker y Stephen Whittle (eds.), *The Transgender Studies Reader*, Routledge, Nueva York, pp. xi-xvi.

2.
¡Aparta tu género binario de mi infancia!: hacia un movimiento a favor de la autodeterminación de género en la infancia

Jane Ward

La fluidez del género en la infancia recibió una atención considerable en los medios entre 2011 y 2012. *The Boston Globe* publicó la historia de Nicole, un niño transexual cuya familia al principio estaba desolada y ahora acepta la identidad de género de Nicole (English, 2011). *New Yorker Magazine* publicó un reportaje sobre cuatro familias con retoños trans, entre ellos Molly, a la que se asignó el género masculino al nacer y quien comenzó a decirles a su familia que era una niña a los tres años (Green, 2012). Varios medios de comunicación importantes también hablaron de Storm, un bebé nacido en Toronto cuya familia decidió no asignarle un sexo o un género, sino dejar que Storm decidiera, según lo fuera sintiendo, cómo identificarse.

Como madre *queer* y como académica, me impresionó leer estas historias por lo que revelan acerca de cómo las familias, los médicos y los psicoterapeutas, que en su mayoría están poco o nada familiarizados con las críticas trans, *queer* y feminista del género binario, están (mal)interpretando y aplicando los discursos del movimiento *queer* y trans. Basándose en la hipótesis cada vez más popular de que la orientación sexual está determinada por la biología, el discurso dominante sobre la infancia con un género variante está ahora firmemente arraigado en la sociobiología y la patología médica. Por ejemplo, en el artículo del *Globe*, el médico de Nicole, el doctor Norman Spack, explicó a los padres de Nicole que: «se trata de un problema médico y [...] tiene sentido una intervención temprana» (English, 2011). Desde esta óptica, las familias sensibilizadas deben reconocer que los niños transexuales nacen con identificación de género cruzado. Lo compasivo y adecuado desde un punto de vista médico, según Spack y otros médicos que trabajan con la infancia trans, es ayudarles a conseguir el reconocimiento del género que anhelan. Sostienen que es algo especialmente importante dadas las posibles consecuencias que podría tener no hacerlo: depresión, aislamiento y suicidio.

En realidad, *todos* merecen el reconocimiento del género que anhelan y deben tener acceso a las herramientas (médicas, terapéuticas, estéticas y políticas) para lograr dicho reconocimiento. Sin embargo, el problema radica en la opinión cada vez más generalizada de que tanto la fluidez de género como la normatividad del género son reflejos de la constitución innata e inmutable de la infancia. El discurso dominante sobre la fluidez de género en la infancia sugiere que aunque existe un grupo especial de niños y niñas que han nacido con el don de la identificación de género cruzado, la mayoría tienen un género normativo. Los especialistas en la infancia trans y de «género creativo» sugieren, además, que el papel de los adultos con empatía es permitir que su género se vaya desarrollando con naturalidad, al tiempo que se buscan señales incipientes de identificación de género cruzado o fluidez de género. Se nos dice que es de suma importancia permitir que *sean quienes son* (véase Ehrensaft, 2011).

Sin embargo, ¿qué señales esperamos encontrar cuando buscamos un caso potencia de creatividad de género en la infancia? El artículo de *The Boston Globe* sobre Nicole, por ejemplo, presenta las siguientes pruebas de que Nicole (nacida Wyatt) era una niña: le gustaban las Barbies, los tutús rosas y los abalorios (English, 2011). También se sentía una niña y quería ser una niña. El problema radica en la primera parte de esta formulación y no en la segunda. Es necesario que a todos los niños puedan gustarles el color rosa, los tutús y los abalorios sin que eso indique un género fijo o primordial. Pero también es necesario que todos los niños puedan decir: «Quiero que entiendas que soy una niña (o un niño, una niña-niño o un robot)», y que esa identificación se respete. Ser madre me ha aclarado esta distinción. Ofrecer a tu criatura la autodeterminación de género significa no hacer suposiciones sobre si los colores, los objetos, los estados de ánimo, los sentimientos o las habilidades tienen un significado de género para ella. Significa que cuando tu hijo diga «soy una niña», tú digas: «Sí, perfecto. ¿Solo hoy o todo el tiempo?». Y haces que sea posible, dependiendo de su respuesta. Puede que tu hijo cambie de género al día siguiente o que se identifique con toda seguridad como trans y a la larga quiera recibir terapia hormonal. En todos los casos, le prestas tu apoyo. Sin embargo, no supones que su afición por los camiones o por el rosa significa *algo*, a menos que te lo diga. El relato que exponen con tanta frecuencia las familias con niños o niñas trans («Supe que mi hijo era transexual porque le gustaba jugar con xx juguetes y llevar ropa xx») supone una injusticia para todos la infancia y para el proyecto de autodeterminación de género en general. Solo sabes que tu hijo es transexual o no tiene género, si te lo dice.

Por ejemplo, cuando los niños varones no se identifican con el género asignado y les apasionan las princesas, eso no significa que hayan *nacido* con una obsesión por las princesas rosas y una femineidad intacta, ni tampoco que tengan un problema médico. Se debe a que los géneros y sus significantes se han inventado como punto de partida y en la infancia aprenden sobre qué géneros están disponibles, sus significados e implicaciones culturales e históricas específicas, y después eligen entre todas esas posibilidades, sometidos a una presión considerable y en función de su capacidad para la rebelión. Nacemos con partes del cuerpo, incluidos penes y vaginas, cromosomas y hormonas que tienen efectos diversos y complejos, y que a menudo se malinterpretan. Y eso es todo lo que sabemos. Eso es, sencillamente, todo lo que sabemos sobre el sexo y el género de los bebés y de las niñas y niños pequeños. Si queremos permitir que «sean ellos mismos», sería difícil justificar la imposición o la suposición de otra cosa. Cuando nace un bebé, podemos decirnos: «Bueno… a ver… veo que mi bebé tiene una vagina» y después quizá sería aconsejable hacer planes *queer*/feministas para contrarrestar todo el sexismo y toda la misoginia que probablemente el mundo va a dirigir contra ese bebé que posee una vagina. Llamar a ese bebé una «niña» ya es una imposición; este término presupone mucho más de lo que sabemos sobre ese bebé. En el momento en el que le llamamos niña, invitamos al mundo a ver a una hermosa princesa y pretender que siempre lo fue. Esta cuestión es algo que enseñamos en la asignatura «Introducción a los Estudios de las Mujeres», pero es algo que también olvidan incluso las mejores feministas y, sin duda, es algo que actualmente muy pocos se atreven a aplicar en la crianza.

El hecho de que los artículos sobre niños y niñas trans como Nicole hayan tenido una acogida mucho más favorable que los artículos sobre la decisión de Kathy Witterick y David Stocker de no asignar un género a Storm es en sí mismo muy revelador. Aunque al público en general le puede resultar confuso y escandaloso imaginar la crianza de un niño transexual, la historia de la infancia trans se vuelve narrable si se equipara ser transexual con tener una discapacidad. Desde esta perspectiva, tener un hijo o una hija trans no es lo ideal, pero no se puede evitar y existe un tratamiento que hay que seguir. En cambio, la idea de que padres como Kathy y David optaran intencionadamente por ofrecer a Storm la autodeterminación de género suscitó mucha más inquietud cultural, y por eso la decisión que tomaron Kathy y David sobre la crianza fue objeto de ataques tan virulentos. Psicólogos expertos citados por *ABC News* (James, 2011), *The Daily Mail* («Are These the Most PC Parents in the World?») y *The Toronto Star* (Poisson, 2011) los tildaron de radicales egoístas, mentirosos, impulsivos y manipuladores que utilizaban a su retoño para poner en práctica un pernicioso experimento social. Fueron objeto de una investigación desde el organismo de protección de la infancia de Canadá y cuando cualquier persona desconocida reconocía a Kathy y Storm en los parques y supermercados, les increpaban airados: «¡Sé que es un chico!» o «¡Sé que es una chica!». Kathy y David estaban sorprendidos de que nadie pareciera escucharles cuando decían que Storm acabaría teniendo un género, pero que no iban a ser ellos (los padres de Storm) los que decidieran cuál.

A la familia de Storm también les sorprendió que expertos que apoyan a la infancia trans y que no conforma las normas de género, como la psicóloga Diane Ehrensaft, expresaran en público su preocupación por la salud mental de Storm, que por entonces tenía diez meses. Ehrensaft dijo en *The Toronto Star*: «Creo que a este bebé no se le está brindando la oportunidad de descubrir su verdadero género, basándose en lo que hay en su interior» (citado en Poisson, 2011). Siguiendo su ejemplo, los periodistas acusaron a Kathy y David de ocultar «la verdad» sobre Storm. Según *The Daily Mail*, los padres de Storm estaban manteniendo «si este bebé es un niño fuerte o una niña tímida [...] en secreto» («Are These the Most PC Parents in the World?»). Y, sin embargo, el bebé Storm no estaba viviendo aislado; quienes quisieran saber si Storm era fuerte o tímido, o conocer cualquier otro aspecto de la personalidad de Storm, ¡simplemente podían haber prestado atención a la personalidad de Storm! (en la medida en que los bebés de un año la tengan). En este caso, como sucede con el género binario en general, lo único que las personas adultas querían saber sobre Storm era qué genitales tenía. Al no revelar lo que sabían sobre los genitales de Storm, Kathy y David fueron acusados de ocultar la propia individualidad de Storm. De hecho, era algo mucho más amenazador que un artículo sobre un niño atrapado en el cuerpo equivocado, a quien, con el apoyo de unos padres heteronormativos afectuosos, puede tratar un grupo de médicos.

La autodeterminación de género para toda la infancia

Cuando aplicamos las ideas de la teoría *queer* y feminista a la labor de crianza, nos comprometemos a proporcionar a todas las niñas y niños (no solo a aquellos que «muestran señales» de disconformidad de género) las herramientas sociales, culturales y políticas que pueden usar para trabajar, simultáneamente, con y contra el género binario, un proceso al que denomino «autodeterminación de género». Para ofrecer a la infancia una autodeterminación de género son necesarios dos esfuerzos: 1) cultivar activamente la familiaridad de la infancia con el imatinario, el lenguaje, los cuerpos, la política y la subcultura *queer*, y su apreciación, y 2) acoger con agrado su interacción con los significantes de género (colores, juguetes, objetos, imágenes, sentimientos y modos de relacionarse generizados) sin realizar un «diagnóstico de género» o imponer un significado a lo que las propias criaturas están queriendo decir, a sus identidades o su naturaleza. La autodeterminación de género les permite descubrir los placeres relacionales y arraigados en la cultura asociados con los juegos de género, sin concretar una individualidad de género. Supone reconocer que ni la infancia ni el mundo tienen un «género neutro». Ninguno de nuestros géneros es «independiente» de las culturas en las que vivimos; de ahí que el término «independiente al género», que está cobrando impulso entre los defensores de la infancia de Toronto, no logre reflejar del todo lo que significa el proyecto *queer*. Y además, reconoce que ningún niño o niña tiene más capacidad innata para la creatividad o la fluidez de género que otro. Todos tienen este potencial y, por tanto, nuestro proyecto no debe centrarse en prestar apoyo a unos niños o niñas que son especiales, sino en construir un movimiento a favor de la autodeterminación de género de toda la infancia.

Es un reto aplicar estas ideas en nuestras interacciones con la infancia porque el mundo nos pone obstáculos a cada paso. Tenemos muy pocos modelos de cómo relacionarse con la infancia de una manera *queer*, es mucho lo que está en juego y los riesgos son extremadamente elevados. Alguien podría llamar a los servicios de protección de la infancia y denunciar que estás llevando a cabo un «experimento social» *queer* con tus criaturas, como si «experimentar» prácticas de crianza liberadora fuera algo en lo que todos estaríamos de acuerdo en evitar.

En tanto que madre que llevo a cabo mi propio experimento de crianza *queer*, propongo aquí una modesta serie de directrices:

1) No te refieras a las criaturas como chicos y chicas

Por suerte, muchas familias están empezando a resistirse a los estereotipos de género y a permitir una exploración transversal del género, a menudo proporcionándoles ropas para «disfrazarse» que les permitan ampliar el abanico de juegos (niños con vestidos de princesas, niñas con disfraces de Spiderman, etc.). Pero la inmensa mayoría de las familias se refieren de manera irreflexiva a sus criaturas como niñas y niños, y lo hacen varias veces al día sin tener en cuenta que esto convierte el sexo/género en un componente esencial de cómo estas criaturas se conciben a sí mismas, comprenden a su grupo social y se ven a sí mismos a través de los ojos de sus familias. Cuando las propias personas adultas en los que más confían les etiquetan como chicos o chicas, estos acuden al mundo social en busca de información sobre qué significan esas identidades. Para contrarrestar la rigidez del género binario, las familias a menudo esperan redefinir el significado de la condición de niño o niña. Pero incluso este proyecto progresista está sustentando el género binario, al reforzar la idea de que los humanos presentan dos formas determinadas por la biología, y sugerirles que no pueden escapar a su constitución de género básica.

Solo se me ocurren dos razones para referirse a la infancia como si se conociera su identidad de género: 1) Forma parte de una estrategia feminista/*queer* para combatir los límites a los que se van a enfrentar según se perciba su género. 2) Necesitas hablar de sus cuerpos por motivos médicos o por otras razones prácticas, lo que, en realidad, no tiene nada que ver con el género. Si necesitas hablar de vaginas o penes, simplemente hazlo.

Asimismo, cuando hables de más de una criatura, no los llames «los chicos» o «las chicas». No utilices términos como «amigote», «tío» o «querida» a menos que uses estas palabras para describir a toda la infancia, independientemente de cuál sea tu percepción de su género, o a menos que los combines de un modo divertido (por ejemplo, «un princesito») o los alternes (por ejemplo, llámales «tío» el martes y «princesa» el miércoles).

2) Familiarizarle con lo queer

Compra prendas de vestir o consigue ropa heredada que se comercialice tanto para niños como para niñas. Si tienes un hijo con pene, no te refieras a la ropa que se comercializa para niñas como los vestidos, como «especial» o «disfraz»; esto refuerza su rareza o la diferencia. Para ofrecer la autodeterminación de género en la infancia es necesario intentar no imponerles una relación adulta con los objetos que se asignan por género, aun cuando esos objetos tengan mucha carga de género o conlleven asociaciones de género para nosotros (y estén claramente situados dentro de estructuras de opresión de género). Hasta que tu hijo sea lo suficientemente mayor para crear su propio estilo en relación con su género, opta por la androginia o alterna la estética masculina y femenina de diferentes maneras. Si tu criatura tiene una vagina, el mundo espera que lleve el pelo largo, por lo que podrías ofrecerle la posibilidad de llevar el pelo corto antes de que le caiga el peso del género binario en la escuela infantil. Esto, junto con los pantalones, hará que todo el mundo le trate como un chico. Puedes escoger hacerlo, puedes alternarlo, puedes evitar la tentación de rescatarle de lo que tal vez imagines que es un «reconocimiento erróneo», pero en realidad no tienes ni idea de cuál es su género hasta que te lo diga, por lo que tranquilízate, respira hondo y observa. Lo que sí sabes es que no va a tardar en encontrarse con el género binario, así que lo que puedes ofrecerle mientras tanto es que se familiaricen pronto con la fluidez del género.

3) No le diagnostiques

No vayas anunciando que, a pesar de todo tu esfuerzo feminista/*queer*, es una «niña muy femenina» o un «niño muy masculino». No crees una narrativa sobre su género y no creas que su propia narrativa es fija o tiene el mismo significado que puede tener para ti, como persona adulta. Digamos que tienes una criatura con vagina que está obsesionada con las princesas. Evita la tentación de decir cosas como «hemos intentado mantenerla alejada de las cosas de princesa, pero es una niña muy femenina, hagamos lo que hagamos». Si tienes una criatura con pene que a cada paso convierte los rollos de papel de cocina en armas, no digas: «¡Cielos, odio admitirlo, pero creo que la testosterona realmente tiene todos los efectos que dicen que tiene!». Este comentario podría invisibilizar o silenciar erróneamente el significado *queer* o feminista que pudieran surgir cuando juegan a atacarte con el rollo de papel de cocina, no tiene en cuenta que su género evolucionará con el tiempo y que las preocupaciones y etiquetas asignadas por las personas adultas más próximas podrían frenar esa evolución. Reoriéntale para que se aleje de la violencia y opte por conectar con las personas, pero no vincules estos hechos con el género.

4) Cambia las palabras de los libros infantiles

Rara vez leo un libro a mi criatura, que tiene 2 años sin cambiar alguna de las palabras. Mientras leo, suelo cambiar «él» por «ella», ya que se abusa enormemente del primero en los libros infantiles y se utiliza como un pronombre universal para describir a todos los animales y a la mayoría de las personas. También uso «él» en una página y «ella» en la siguiente para describir al mismo personaje, ya que algunas personas se identifican como hombre y mujer a un tiempo. Cambio hombre/mujer y niño/niña por «persona», «colega», «peque», «nuestro protagonista», «futbolista», etc. (por ejemplo, tenemos un libro que llamamos «Frosty the Snow Friend»). Cambio «juguetes de niña» por «juguetes comercializados para niñas». Para introducir el género *queer* cuando no está presente, a veces denomino «papás» a las personas que parecen ser las madres en una historia concreta (¡lo aprendí, al que le gustan mucho las mezclas!). Sé que parece pretencioso cambiar el pronombre «él» por una palabra como «protagonista» o hablar de marketing con alguien tan joven, pero me gusta cómo les enseña que estamos recurriendo al género, cuando en realidad, queremos referirnos a algo mucho más específico o concreto.

5) Cuando una persona adulta cercana crea que necesita saber su género, pregúntale por qué

En estos tiempos, es menos popular de lo que era antes que las escuelas segreguen en la infancia por género o hablen abiertamente sobre las diferencias de género en la infancia, pero es habitual que hablen con orgullo de la importancia que haya «una paridad o equilibrio de género» como una forma de diversidad (es decir, «en nuestra escuela infantil, velamos por que haya el mismo número de chicos y de chicas»). Sin embargo, necesitamos preguntarnos por qué esto es importante. Para mí, revela que las escuelas esperan que los niños y las niñas tengan un género claramente definido y que consideran que el género revela algo importante acerca de quiénes son. Tenemos que impedir que se extienda esta idea. Cuando fui a *Toys 'R' Us* y le pregunté al vendedor dónde podía encontrar una piscina de plástico y la respuesta fue «¿para un niño o para una niña?», me resultó totalmente ridículo. Sin embargo, aún son más insidiosos los historiales médicos y las solicitudes para la escuela infantil que nos hemos encontrado, en las que se nos exige que etiquetemos a nuestro retoño como chico o chica y plantean esta pregunta como si fuera fundamental para su bienestar. Hemos empezado a preguntarnos: «¿Tenemos que responder a esta pregunta? Y si es así, ¿por qué?». A menudo, nos presionan para que respondamos, pero al menos hemos planteado la cuestión.

En resumidas cuentas, pocas familias han sido tan valientes y han estado tan comprometidas con la autodeterminación de género como Kathy y David, pero todos podemos avanzar en esta dirección siendo mucho más específicos sobre lo poco que sabemos, y lo mucho que no sabemos, acerca de la infancia y el género. Como madre de una criatura de dos años con pene, solo puedo decir que aún no sé nada sobre el género que desea. Sé que a mi retoño le gustan los parques, el sushi, las galletas, los rompecabezas, los libros, los arrumacos, fingir que duerme y los chistes de caca. Nos quiere, a mi pareja y a mí. Y estoy convencida de que nada de ello tiene que ver con las partes de su cuerpo o el género/los géneros futuro/s que tenga.

Referencias bibliográficas

«Are These the Most PC Parents in the World?» (2011), *The Daily Mail*, 24 de mayo, web.

Ehrensaft, Diane (2011), *Gender Born, Gender Made: Raising Healthy Gender-Nonconforming Children*, The Experiment, Nueva York.

English, Bella (2011), «Led By the Child Who Simply Knew», *The Boston Globe*, diciembre, web.

Green, Jesse (2012), «S/He», *New York Magazine*, mayo, web.

James, Susan Donaldson (2011), «Baby Storm Born Genderless is Bad Experiment, Says Experts», *ABC News*, 26 de mayo, web.

Poisson, Jayme (2011), «Parents Keep Child's Gender Secret», *The Toronto Star*, 21 de mayo, web.

3.
El niño con el vestido rojo

Susan Goldberg

Lo lleva puesto otra vez hoy. Nadie podría decirlo mientras, en esta mañana de martes, camina con dificultad entre la nieve hacia la escuela infantil, cogido de mi mano. En estos momentos es un niño de cuatro años vestido con unos pantalones para la nieve negros y una chaqueta de esquí de un color rojo intenso, con la capucha puesta. Ahora mismo, está protegido del frío y a salvo de los cruces de las calles, con mi mano lista para apartarle si de repente sale disparado o, lo que es más probable, avance distraído hacia un coche que se acerca.

Pero debajo de la chaqueta de esquí roja y de los pantalones para la nieve negros, lo lleva puesto.

En su taquilla, le ayudo a quitarse la chaqueta, le ayudo a liberarse de los tirantes de los pantalones y a colgarlos en el gancho, al que apenas llega. Debajo de las prendas de abrigo lleva un pantalón de chándal negro y una sudadera azul con capucha, abrochada hasta arriba. De la mano, nos acercamos a su profesora.

—Hemos ido a *Value Village* este fin de semana —le digo, quizá demasiado sonriente.

Me devuelve la sonrisa y ladea la cabeza.

—Y Rowan eligió un vestido —prosigo— (7,99 dólares: ¡una ganga!).

Arquea las cejas y asiente lentamente con la cabeza:

—Vale...

—Y lo lleva puesto hoy.

Debajo de la sudadera, y metido por dentro del pantalón del chándal, lleva un vestido: el vestido. Si le quitas todas las capas de ropa, aparece: es de un algodón de color rojo vivo, con manga larga y un luminoso corazón blanco serigrafiado en el centro del pecho. Su pecho. Lo ha tenido puesto todo el fin de semana, ha dormido con él, lo llevó a casa de su canguro el lunes y no nos deja lavarlo. Se ha metido el vestido por dentro del pantalón del chándal o, más exactamente, se lo he metido yo, aparentemente para que se pusiera encima las prendas de abrigo. No le he ayudado a sacárselo.

Le explico a su profesora, como él me ha pedido, que le gustaría que hablara a los alumnos de que los chicos y las chicas pueden llevar cualquier color, cualquier ropa que les guste.

—Vale —responde otra vez, con las cejas aún arqueadas, y mi hijo corre a reunirse con sus amistades.

Sin que él lo oiga, le digo a la profesora que tiene una muda en la mochila, por si necesita cambiarse en caso de que se sienta incómodo. Le explico que nosotras, y con «nosotras» me refiero a mí y a Rachel, que es la otra mamá de Rowan, le hemos explicado que es muy probable que algún estudiante se ría de él o le diga que los chicos no llevan vestidos, y que no tiene ningún problema al respecto. Mis palabras surgen atropelladas: falta poco para que suene el timbre y está ocupada.

Le digo que le hemos explicado que si necesita ayuda, puede acudir a ella. Puede hacerlo, ¿verdad?

—Vale —dice por tercera vez. No consigo adivinar lo que piensa.

Hace una pausa y sonríe:

—Es mi primera vez.

«Mi primera vez.» No es eso lo que quería oír. ¿Qué tal esto?: «¡Ningún problema! ¿Chicos con vestidos? ¡Los he visto a montones! ¡A los niños les encantan!»

—Bueno —farfulló—, supongo que me honra que sea tu primera vez.

No se ríe del chiste y la situación se vuelve aún más embarazosa.

—Creo que me voy a ir —le digo.

He puesto una camiseta de manga larga con rayas azules y rojas en la mochila de Rowan por si acaso. Por si acaso —le explico— decide que estaría más cómodo y le gustaría cambiarse. Le he enseñado lo que denomino un «truco»: si quiere llevar el vestido en privado, solo para él, puede metérselo por dentro del pantalón de chándal y abrocharse hasta arriba la sudadera que lleva encima. Pero no quiere cambiarse, no quiere mantener su vestido como una cuestión/algo privada, oculto, y mientras le sugiero todo esto con la esperanza de que lo haga, me siento indigna.

Me doy cuenta de que tiemblo mientras acompaño a Rowan por el pasillo hasta la clase en la que iniciará su jornada. Todavía lleva el vestido metido por dentro del pantalón. Aún lleva puesta la sudadera y jugueteo con la cremallera, mientras se la subo lentamente un poco. Nadie podría decir lo que lleva debajo.

—Te quiero —le digo—. Estoy orgullosa de ti. Que pases un buen día.

—Mamá —me dice, mientras tira de la cremallera de la sudadera—, ¿puedo quitármela?

—Sí, si es lo que quieres —le digo.

—No, me la dejo puesta —me dice al cabo de un instante.

—Vale —le respondo—, como quieras.

Me despido con un beso, le digo que le quiero y le dejo mientras camino en dirección a la puerta de la escuela para observarle: un niño de cuatro años con un pantalón de chándal negro y una sudadera azul que aún ocultan el corazón que lleva en el pecho. Se queda quieto mientras que la chiquillería entra como un torbellino correteando de un lado a otro, mientras él toquetea con la mano la cremallera de su sudadera. No sabría decir si me sentiría peor si se la dejara puesta o si se la quitara.

Sí, estoy orgullosa de él.

Pero ¿estoy orgullosa de mí misma?

Todo empezó, como sucede con estas cosas, de manera bastante inocente. En estos últimos meses estaba fascinado con el color rosa y nosotras, sus madres, feministas y *queer*, le habíamos complacido: unas *crocs* rosas, un pijama rosa, un polo rosa y ribetes rosas en sus botas de invierno. Y entonces dijo que quería un vestido. A lo que respondimos: «Claro, ¿por qué no?». Pusimos el disco *Free to Be… You and Me* (de verdad, pusimos *Free to Be… You and Me*) y el sábado fuimos a una tienda. Compramos dos vestidos: uno rojo con un corazón para Rowan y un vestido de fiesta de terciopelo granate con una faja para su hermano pequeño, Isaac.

También compramos alas de hada: una malla de tul que viene en una estructura de alambre que lleva unas cintas para meter los brazos.

Cuando llegamos a casa, les faltó tiempo para quitarse la ropa de calle. Subimos cremalleras, abrochamos botones, atamos las fajas y les ayudamos a pasar los bracitos por las cintas de las alas. Mientras Rowan bajaba por la escalera, desfilando con su nuevo disfraz, tenía ese aspecto que tiene cuando está muy satisfecho de algo, satisfecho y orgulloso: una sonrisa tímida y amplia, y la mirada ligeramente baja, como si mirar directamente fuera una carga demasiado pesada.

Conocía esa mirada. La reconocía en mis fotografías de bebé, en mis fotos de cuando mi abuela vino a la ciudad y consiguió hacerme siendo un bebé dos coletas de cuatro pelillos, una hazaña que en casa no habían logrado por falta de destreza o tal vez de paciencia. Mi padre me hizo fotos mirándome fijamente en el espejo, estupefacta por la alegría, moviendo un hombro y luego el otro hacia delante, ladeando la cabeza a ambos lados.

Así que sí, conozco esa alegría. Conozco, íntimamente, la euforia ante algo tan bueno, tan hermoso, como tener, por fin, el aspecto que siempre has querido tener, cuando la ropa y el peinado coinciden con la imagen interior que se tiene de uno mismo y se deja de ser una oruga para convertirse en una mariposa. Darías cualquier cosa por tener esa sensación.

La euforia era contagiosa y estuvo presente todo aquel fin de semana invernal. Rowan insistió en que Rachel y yo nos pusiéramos también faldas y lo hicimos: ella se puso una camiseta rosa y una falda vaquera y yo, que por entonces no era una persona muy aficionada a acicalarme, pero soy flexible, una falda negra y una camiseta con la bandera británica bordada con lentejuelas. El domingo vinieron a almorzar las madrinas de los niños, Judy y Jill. Rowan las había llamado por teléfono para comentarles el nuevo código de vestimenta y ellas, que tampoco son personas que se acicalen mucho, pero son flexibles, también vinieron con faldas. Fue una mañana de cumplidos, una constante sucesión de «¡me gusta tu ropa, mamá! ¡Estás muy guapa!».

—¡Gracias! ¡A mí también me gusta tu vestido!

—¡Gracias! ¿Y qué te parecen mis alas?

¿Que qué me parecían sus alas? Me encantaban. Adoraba que disfrutaran. Amaba a esos dos niños girando con sus vestidos, abrazándose en el sofá. Rowan canturreaba, una y otra vez, a Isaac: «¿Quién es mi hermanito hada? ¿Quién es mi pequeña Blancanieves? Te quiero, mi princesita».

El domingo por la tarde Rowan había quedado para jugar con un amigo de la escuela. Cuando resultó evidente que no se iba a quitar el vestido, mis niveles de ansiedad se dispararon un poco. Llamé por teléfono a casa de su amigo y hablé con su madre para advertirle. Porque nunca se sabe, ¿verdad? No puedes dejar a tu hijo de cuatro años en un lugar nuevo, con una familia desconocida, con un vestido rojo que tiene un corazón en el pecho.

—Ah, ningún problema —me dijo—. Keegan lleva ahora mismo las uñas pintadas de rosa. Justo esta mañana hemos estado hablando de que los niños y las niñas pueden llevar cosas rosas.

Keegan se rió al principio cuando vio lo que llevaba Rowan y luego no volvió a mencionarlo. Su hermana pequeña pensó en un primer momento que Rowan era una chica y después le preguntó por qué llevaba un vestido. «Porque hoy todo el mundo en mi casa llevaba falda», respondió mi hijo.

Pensé que era una buena respuesta.

Así, primero fue nuestra casa. Nuestra casa es el centro y después el círculo se amplía como las ondas en un estanque: la casa de un amigo. El lunes, la casa de la canguro. Todos ellos lugares seguros.

Y como ya he dicho, empezó, como sucede con estas cosas, de manera bastante inocente. Lo que me preocupaba era cómo iba a terminar.

Quisiera dejar clara una cosa por si acaso. Para que quede constancia: no me preocupa que Rowan, que alguno de mis hijos, sea gay. No me preocupa que alguno de ellos sea transexual o transgénero. No me preocupa la posibilidad de que uno de ellos o ambos puedan salir vestidos con ropa de niña o de mujer.

Seré más explícita: cuando digo que «no me preocupa», no me refiero a que no crea que mis hijos sean o vayan a ser gais o trans. Es cosa suya. Lo que quiero decir es que si, en caso de que sean gais o trans, no pueden identificarse claramente con una categoría de género reconocible, no considero que esto sea algo preocupante.

Voy a ser absolutamente clara: si uno de mis hijos o los dos son gais, transexuales o transgénero, no «seguiré queriéndolos» o «los querré de todos modos» o «los querré a pesar de». Si uno de mis hijos o ambos al crecer trastocan de algún modo los límites y el sistema binario de la identidad sexual, del género, estaré emocionada. Por ellos, por el mundo. Estaré eufórica, llena del intenso tipo de gozo del progenitor que observa cómo su hijo descubre y persigue su pasión. Estaré tan feliz como aquella niñita que se contemplaba a sí misma con coletas en el espejo.

Eso es lo que me digo a mí misma.

Sin embargo, en el pasillo de la escuela primaria de mi hijo, el círculo se ha ampliado hasta el punto de que no puedo garantizar su seguridad. Aquí es uno entre ochocientos niños y los mayores son ya adolescentes. Aquí, no puedo seguirle como si fuera una empresa de relaciones públicas unipersonal, imprimiendo un giro positivo y protector a su atuendo. Aquí, yo no dicto los códigos sociales, no puedo evaluar previamente cada interacción para garantizar que nadie le insulte, le atormente, le escupa, se orine en su taquilla o le golpee.

Y aunque sé que la escuela infantil es normalmente un lugar bastante seguro, que la escuela de mi hijo es en general un lugar bastante seguro, me sigue viniendo a la mente la oleada de suicidios cometidos por adolescentes *queer*, por personas consideradas *queer*. Pienso en Lawrence King, de catorce años, que acudía con zapatos de tacón y maquillaje al instituto en California, y lo mató a tiros un compañero en febrero de 2008. Pienso en el proyecto «It Gets Better» y no quiero que mis hijos sepan que puede ir a peor, a mucho peor. Y, sin embargo, no quiero que oculte su alegría, desdeñar el centro rojo brillante de su ser. Pienso en Shiloh Jolie-Pitt y en Constance queriendo llevar a su novia al baile de fin de curso y en cuánto apoyó a esa niña con su traje y a ese niño, este niño, con su vestido.

Sin embargo, esa mañana en el pasillo de la escuela primaria, quiero desesperadamente que esa niña, ese niño, sea de otra persona.

Así pues, nuestra casa, la casa de un amigo, la casa de la canguro y la escuela. Y ahora la clase de música.

Siempre me siento incómoda en la clase de música: hay algo en su vehemente salubridad que me revuelve el estómago y, sin embargo, inscribimos a Rowan cuando era un bebé y le gusta, por lo que seguimos yendo con la esperanza de que se cumpla la promesa de que bailar en grupo con tu bebé en un estudio de música situado en el sótano de un centro comercial garantice su admisión en Harvard. La propietaria del estudio es una cristiana evangélica que siempre se ha mostrado increíblemente cordial con nuestra familia, con mis hijos, pero en mi cabeza siempre está presente su fe y hace que me pregunte qué piensa en realidad. Mis dudas se extienden a las demás familias de la clase: ¿qué piensan de mí, de mi familia?

Hasta que Rowan no se desabrocha la chaqueta no me percato de que ha llevado el vestido a la clase de música. Por un momento me siento desconcertada, pero no hay vuelta atrás. Antes de que pueda preocuparme demasiado por los comentarios o juicios que podría provocar el atuendo de mi hijo, otro niño, Matty, entra dando brincos. Lleva un pijama. Su madre pone los ojos en blanco y se acomoda con su libro.

Y entonces aparece James. James, cuyo padre es una montaña, es inmenso y fornido; su hijo de cinco años le escala, literalmente, se encarama sobre su enorme cabeza calva y se tumba sobre sus hombros como si fueran una cama. El padre de James parece incómodo en la clase de música y no sabe qué hacer en medio del tintineo de campanillas, el repiqueteo de panderetas, los falsetes y las canciones infantiles. He oído a la madre de James hablar de su marido, de que no entiende muy bien todo este asunto de la música. «Es demasiado de chicas para él», me dijo en una ocasión, riendo.

James está resplandeciente con un jersey de rayas azules y verdes que no solo lleva al revés, sino con las costuras por fuera. La etiqueta, con su nombre escrito con rotulador, sobresale airosamente debajo de su clavícula.

Pero el jersey de James es lo de menos. James también luce dos ojos intensamente negros. Y tiene un hematoma azul verdoso del tamaño de un huevo en la frente. Parece como si alguien le hubiera golpeado, con fuerza. «Se estaba columpiando en la puerta que hay entre la cama y una cómoda —dice su padre, de manera repentina y desesperada, a modo de saludo; y añade con precipitación, como si no hubiera tiempo—: y se golpeó la cara contra el suelo de madera.»

En ese momento me doy cuenta de que, probablemente, el padre de James se ha pasado el fin de semana temblando de miedo cada vez que alguien ha mirado a su hijo, preocupado de que un transeúnte pudiera llamar a la *Children's Aid*. Al padre de James le preocupa muchísimo que la gente pueda creer que es un monstruo. El padre de

James vio a su hijo volar por el aire y aterrizar, de bruces y ensangrentado, contra una superficie que no perdona.

Me doy cuenta de que al padre de James le importa un cuerno el vestido de mi hijo estampado con un corazón rojo en el centro del pecho.

Sin embargo, mi hijo, mis dos hijos, siguen llevando vestidos en público. Cuando estoy con ellos, empiezo a adoptar la personalidad de una madre leona: relajada pero vigilante, protectora. Ando al acecho de mofas, de preguntas. Irradio, o al menos espero irradiar, una actitud de «no te metas conmigo o con mis hijos» que enmascara mi nerviosismo.

Ampliamos el círculo. Y al hacerlo, mis temores y mi estado de alerta empiezan a remitir. A veces, como suele ocurrir con la mayor parte de las cosas relacionadas con la infancia, parece que formamos parte de un grupo demográfico más amplio. Vamos a cenar a casa de una amiga y su hijo de cinco años, que también tiene dos mamás, nos recibe en la puerta con un vestido. Isaac viene con su vestido de terciopelo morado a la escuela hebrea; al llegar, nos encontramos a su compañero de clase, Simón, de tres años, con un disfraz de Alicia en el País de las Maravillas. «¿No recibisteis la circular?», les pregunto a la familia del tercer niño de tres años de la clase. Me miran sin comprender.

—A Shea le gusta llevar vestidos —comenta de improviso mi hermanastro sobre su propio hijo de tres años, mientras observamos a nuestra prole colectiva lanzarse desde lo alto de la litera—. Está muy guapo con ellos.

«¿Por qué lleva Rowan un vestido?» Son las criaturas las que formulan estas preguntas, normalmente a su familia, a veces a mí y muy de vez en cuando directamente a él. «Porque quiero», es invariablemente su respuesta. «Porque quiere», es la mía, también invariablemente. La respuesta de las demás familias suele ser «porque los niños pueden llevar vestido si quieren», que algunas veces lo enmiendan añadiendo «y creo que hoy está muy guapo».

—Ah, mi sobrino lo llevó durante dos años —dice mi amiga Mel—. A veces se reían de él y él simplemente respondía: "No me importa. Me encanta mi vestido". Era increíble.

—Hola, señoritas —nos dice la camarera del *Scandinavian Home Restaurant* mientras coloca los cubiertos y las servilletas, y llena los vasos de agua—. Estáis preciosas hoy. —En su voz no hay el menor rastro de algo que no sea amabilidad. Y mis hijos sonríen y alisan sus faldas. En el fútbol, el peque de mis amigos Sue y Derek lleva otra vez su falda amarilla; su mayor problema es que se niega a llevar debajo cualquier tipo de ropa interior.

—¡Me encanta tu vestido! —exclama el hijo de siete años de nuestro amigo al encontrarse con Isaac en el mercado agrícola—. Yo solía ponerme vestidos todo el tiempo.

¿Chicos con faldas? A montones. Nada nuevo.

¿Verdad?

Ya que estoy inmersa en un proceso de superación de los límites de género, no puedo dejar de constatar que son los chicos los que parecen más sinceramente curiosos, ligeramente confusos y quienes se muestran en su mayoría benévolos. La mayoría de las veces son las chicas las que se ríen tontamente, las que señalan las normas y nuestro evidente desprecio de las mismas. «Pero ¿por qué? —me pregunta una niña de su clase casi a diario cada vez que me ve—: ¿Por qué lleva un vestido? ¿Por qué tiene botas rosas?» «Por la misma razón que tú: le gustan», le respondo sonriendo con los dientes apretados.

«Tanto a los niños como a las niñas les gusta jugar a disfrazarse y suelen vestirse como el género opuesto, sobre todo durante los años de la escuela infantil —afirma un artículo que me encuentro en una revista para familias a la que nos suscribimos hace años y de la que todavía no podemos borrarnos—. Las niñas y los niños aprenden sobre los roles de género identificándose con las personas importantes que hay en su vida y, normalmente, se adaptará a los comportamientos y las preferencias que se corresponden con su sexo biológico aproximadamente a los seis años. Si dice que quiere ser una chica, evita participar en actividades estereotipadas de "chico" o expresa sentimientos negativos sobre su anatomía sexual, se debe consultar a un especialista cualificado en salud mental infantil» (Sabbagh, 2012).

«No, no creo que se deba consultar a un especialista cualificado en salud mental infantil.»

Pero ¿a quién estoy hablando en mi cabeza? Sin duda, no a mis hijos, estables y felices con sus elecciones de indumentaria. ¿Qué pensamientos tengo que evaluar? ¿Qué ocurre con los educadores que intentan invalidar las alianzas entre gais y heterosexuales, que insisten en que las niñas deben llevar vestidos y los niños esmoquin al baile de graduación? Por supuesto, es el mundo en general (las editoriales de libros infantiles, los medios de comunicación, el gobierno, las iglesias, los hospitales y los especialistas en salud mental, quienes diseñan juguetes y ropa) el que necesita replantearse estas cosas, ampliar los círculos de seguridad y regocijo que rodean a nuestras criaturas y cómo se presentan a sí mismos en este mundo.

¿Qué me pasa? ¿Qué sucede con mis propios miedos, con mis puños apretados? ¿Qué ocurre conmigo, que subo la cremallera de la sudadera de mi hijo, ocultando su corazón? ¿Qué decir de mi constante vigilancia, de que centre mi atención en algo que pueda herirlos en lugar de en las decenas de ejemplos de amabilidad que mi comunidad nos ha brindado a mí, a mi familia y a mis hijos? ¿Qué les estoy enseñando cuando dejo que mi miedo sea tan palpable como para casi anular su belleza? ¿Cuál es el equilibrio adecuado entre protegerlos y hacerles daño?

Pienso en Rowan, que ahora tiene siete años y medio, fuerte, rápido y apasionado por el fútbol y los Pokémon, con el pelo que le llega a la mitad de la espalda, con opiniones contundentes y una gran confianza en sus capacidades. Pienso en él desde hace aproximadamente un mes, en la piscina pública, haciendo acopio de valor para saltar desde un trampolín por primera vez. Sube por la escalera y retrocede. Vuelve a subir, camina hasta el borde del trampolín y duda. Obviamente, podría ahogarse. Podría caer en picado, tragar agua y hacerse daño, no emerger de nuevo. Claro que podría. Lo observo apretando las manos, aguantando la respiración, mientras espero y espero, y entonces salta, vuela por los aires, cae en el agua salpicando y se sumerge. Le veo salir a la superficie, sonriendo, buscándome frenéticamente con la mirada y riéndose. «¡Lo he hecho!», grita, y asiento con la cabeza y aplaudo, emocionada. A su alrededor, el agua se expande en círculos concéntricos, cada vez más anchos y más grandes, y estoy sin aliento, feliz, mientras lo observo nadar hasta la escalera para intentarlo de nuevo. El agua baña su pecho palpitante y, si miras con atención, jurarías que puedes verlo, justo debajo de su piel: el latido de su hermoso y luminoso corazón.

Referencia bibliográfica

Sabbagh, Ruwa (2012), «Playing Dress-up: Some Pointers on How to Delicately Handle the Situation», *Today's Parent*, noviembre de 2009, web [consultado el 7 de junio de 2012].

4.
Las autorrepresentaciones de los hombres transexuales que dan a luz después de su transición

Damien W. Riggs

Desde que en 2008 los medios publicaron artículos sobre el embarazo de Thomas Beatie, la visibilidad de los hombres transexuales que dan a luz después de la transición ha aumentado considerablemente. Pese a que se podría argumentar que esta visibilidad ha suscitado una atención negativa hacia los hombres transexuales que optaron por tener descendencia (y hacia los hombres transexuales en general), también se podría afirmar que las representaciones de los hombres transexuales que procrean han llamado la atención útilmente sobre las complejas negociaciones que entablan al tener descendencia. Tras estas negociaciones subyace lo que a menudo se formula como un antagonismo entre la masculinidad de los hombres transexuales y su asunción de un papel que históricamente han desempeñado las personas que se identifican como mujeres (es decir, la procreación). Sin embargo, lo que demuestran reiteradamente las propias autorrepresentaciones de los hombres transexuales sobre sus embarazos después de la transición es que son hombres, incluso cuando su masculinidad se ve cuestionada por una sociedad que identifica la procreación con las mujeres.

Este capítulo parte de las autorrepresentaciones de los hombres transexuales para tratar de explicar cómo concilian su masculinidad con la procreación. Con ello, en este capítulo se intenta aportar una bibliografía desde las ciencias sociales sobre los hombres transexuales que se embarazan después de su transición, junto con las autorrepresentaciones públicas de dichos hombres, para realizar un mapeado de experiencias de hombres que conciben. Aunque los hombres transexuales pueden ser padres de muchas maneras (por ejemplo, mientras aún viven de acuerdo con el sexo asignado al nacer, gracias a los embarazos de sus parejas y mediante formas de parentesco sin relación genética como la adopción), aquí se argumenta que, en vista del relato no normativo de la masculinidad que realizan los hombres transexuales que procrean, este tipo concreto de formación familiar requiere que se le preste más atención. En los siguientes apartados de este capítulo se exponen en primer lugar los dos principales desafíos que los hombres transexuales que procrean han mencionado en investigaciones de las ciencias sociales anteriores, para después pasar a explorar cómo describen su masculinidad y sus embarazos en los medios de comunicación. Explorar estas representaciones públicas es importante porque pone de manifiesto y descarta a un mismo tiempo la supuesta disonancia que se cree que existe en el caso de los hombres transexuales que se quedan embarazados, como explica muy bien Paisley Currah:

> Algunos cuerpos se modifican mediante hormonas, varios tipos de cirugía de reasignación de género, o ambas, para crear cuerpos que concuerden culturalmente con las identidades de género. En estos casos, la aparente incongruencia proviene únicamente del conocimiento de la *historia* del cuerpo de ese individuo. Sin embargo, otros cuerpos poseen configuraciones inesperadas y sus geografías particulares (por ejemplo, pechos y penes en unos, pechos masculinos y vaginas en otros) producen una disonancia. (Por decirlo claramente, esta disonancia no tiene que ver con el cuerpo trans, sino con quienes lo contemplan con expectativas de género convencionales.) (Currah, 2008, p. 331)

Como sugiere Currah, muchas personas trans son capaces de vivir sus vidas sin que otras personas tengan conocimiento de su condición de trans. En cambio, a los hombres transexuales embarazados se los trata *a priori* como cuerpos que requieren una explicación. El hecho de que dichos hombres se enfrenten la petición de explicar su corporeidad masculina se debe en gran medida, como señala Currah tan acertadamente, a las normas corporales cisgénero.

No obstante, es importante comprender cómo los hombres transexuales explican sus experiencias corporales para orientar a quienes se relacionan con hombres transexuales que paren, además de para reconocer las experiencias de los propios hombres transexuales.

Investigaciones anteriores

Hasta la fecha se han efectuado muy pocas investigaciones sobre los hombres transexuales que tienen descendencia después de la transición. Esto puede deberse a varias razones, entre las que posiblemente figuran las siguientes: 1) la relativa novedad de la conciencia pública sobre los hombres transexuales que procrean (y esto incluye la conciencia de los propios transexuales de que tienen esta opción), 2) el deseo (o no) de los hombres transexuales de hablar en público de sus embarazos, y 3) la prematuridad relativa que tienen los estudios trans con un enfoque no patologizador. Las investigaciones existentes sugieren dos ámbitos principales en los que los hombres transexuales que dan a luz deben negociar cuestiones asociadas con su masculinidad corporal, como se explica a continuación.

El embarazo

El embarazo plantea a los hombres transexuales dos retos que son producto principalmente de la suposición normativa de que solo las mujeres se quedan embarazadas. El primero de ellos tiene que ver con cómo se ven a sí mismos como hombres mientras están embarazados. Investigaciones anteriores sugieren que algunos hombres transexuales aceptan sus embarazos bajo la perspectiva de que son simplemente los «anfitriones» del bebé. Así, como sugería uno de los participantes en la investigación de Sam Dylan More: «No consideraba que el feto fuera parte de mi persona, sino más bien un huésped» (Matt citado en More, 1998, p. 321). Parece que establecer una distinción entre el feto y ellos mismos permite a algunos hombres transexuales tracen una línea entre el papel que desempeña su cuerpo y su identidad como hombres.

El segundo reto al que se enfrentan los hombres transexuales embarazados está relacionado con tener que interactuar con médicos, como ilustra claramente el siguiente ejemplo extraído de la investigación de More:

> Tener que someterme a un examen pélvico me repugnaba de un modo exagerado. Tener que sentarme en el consultorio médico que atendió mi

parto, a mi madre y a Zac también era humillante desde el punto de vista del género y de la procreación: aquel espacio era un espacio para mujeres y básicamente, en la superficie de mi piel, no encajaba (Del citado en More, 1998, p. 322).

Aquí Del habla de que tener que relacionarse con los médicos le obligaba a regresar a su propio cuerpo, un cuerpo que la profesión médica y la sociedad en general señalaban como femenino por su embarazo.

Sin embargo, la investigación de Maura Ryan con hombres transexuales que han dado a luz después de la transición sugiere que «[Los hombres transexuales que han dado a luz] se conceptualizaban a sí mismos como hombres que tenían la oportunidad única de quedarse embarazados» (Ryan, 2009, p. 145). Retóricamente, este tipo de conceptualización construye a los hombres transexuales que tienen descendencia como *hombres únicos*, en lugar de cómo hombres con cuerpos femeninos. Se podría argüir que esto contrarresta los retos a los que se han enfrentado los hombres de los dos ejemplos anteriores.

La lactancia

Una vez que los hombres transexuales habrían dado a luz, se enfrentaban al siguiente reto: la lactancia. Es interesante que las investigaciones anteriores sugieran que los hombres transexuales adoptan una actitud pragmática o utilitaria hacia la lactancia, en la que se considera que amamantar sirve para algo (y, por tanto, que el pecho tiene un uso). Los participantes en la investigación de Henry Rubin señalaban que, para ellos, amamantar era el único momento en el que sus pechos no les parecían una parte no deseada de su cuerpo (ya que estaban cumpliendo una función), algo que también mencionaba uno de los participantes de More:

> Cuando estaba solo, no tenía problemas para dar de mamar; era algo muy natural, casi animal. Pero cuando tenía compañía, me consideraban una mujer, aunque no lo dijeran. Era extremadamente incómodo (Matt citado en More, 1998, p. 325).

Como señala Matt, la lactancia no le planteaba ningún problema salvo cuando tenía compañía, en cuyo caso, como en el ejemplo anterior de Del, Matt se ve devuelto a la fuerza a un cuerpo que es tratado como si fuera femenino, en lugar de a un cuerpo masculino único. Sin embargo, pese al reto que representaban las opiniones de otras personas sobre sus cuerpos, More sugiere que, en general, los participantes, cuando consideraban la lactancia un aspecto «técnico» o funcional de su corporeidad, podían aceptarla como una actividad de «"género neutro" elegida por necesidades anatómicas» (*ibid.*, p. 326).

Las autorrepresentaciones de los hombres transexuales

En este apartado se describen cinco ejemplos en los que hombres transexuales hablan en público de sus experiencias durante el embarazo. Estos ejemplos fueron hallados realizando una búsqueda en Google de las palabras clave «embarazo transexual», «progenitor masculino trans», «paternidad transexual» y «padre trans». Por supuesto, huelga decir que, como en cualquier reportaje de los medios, es probable que solo se hayan formulado determinadas preguntas y que el enfoque de los reportajes normalmente pretende generar interés en el lector mediante el sensacionalismo. No obstante, cabe suponer que gran parte de lo que aparece en los documentales, las noticias y los blogs que se examinan aquí son descripciones que hacen los hombres transexuales de sus embarazos, unas descripciones en las que se repite mucho lo que se ha descubierto en investigaciones anteriores.

En relación con el embarazo, algunas de las autorrepresentaciones halladas repetían la idea de que los hombres que dan a luz son simples «anfitriones»:

> Nunca me sentí su madre. Le amamanté durante once meses, casi doce, durante su primer año, pero no me sentía una madre; solo pensaba, vaya, los tíos pueden tener bebés. Supongo que soy una especie de incubadora (Terry citado en Rosskam, 2005).

> Ni siquiera se me ocurrió que [el embarazo] me estuviera sucediendo a mí. Era yo, mirando a esa otra persona que estaba embarazada. Era

como si lo estuviera manejando por control remoto desde una sala de control, en algún lugar (Jarek citado en Rosskam, 2005).

Aunque se podría argüir que, en algunos casos, esta retórica de distanciamiento podría exponer a algunos hombres transexuales al riesgo de no afrontar las cuestiones relacionadas con el embarazo (es decir, a no considerar las respuestas fisiológicas), esto no aparecía en ninguna de las autorrepresentaciones examinadas. Más bien, estos hombres parecían utilizar técnicas de distanciamiento para mantener determinados aspectos del embarazo separados de su identidad como hombres. En otras palabras, se consideraban muy responsables del embarazo, pero el embarazo no era suyo *per se*.

En cuanto a la lactancia, una de las autorrepresentaciones encontradas aparecía en un blog escrito por Trevor MacDonald, quien habla explícitamente como hombre transexual que amamantó a su bebé, pese a haberse sometido a una mastectomía:

> La palabra «amamantar» no me molesta. Tanto los hombres como las mujeres tienen tejido mamario y, por desgracia, pueden padecer cáncer de mama. Todos tenemos pezones y mamas, hasta cierto punto. Además, amamantar no tiene que ver con el sexo, sino con alimentar a un bebé. Alimentar a Job no hace que me sienta femenino o que me sienta una mujer. No obstante, también uso a menudo el término «lactancia» (FAQ).

Aquí MacDonald opta claramente por una descripción de la lactancia que se basa en la utilidad: dar de mamar no compromete su masculinidad, ya que las «mamas» no son específicas de un género y, como aduce más ampliamente a lo largo de todo el blog, cree que la lactancia es importante para los bebés y, por tanto, era algo que tenía que hacer.

Como sucedía en investigaciones anteriores, algunos hombres identificaban los retos que plantea tener que tratar con las clínicas durante su periplo:

> Es realmente alucinante observar lo que ocurre cuando una persona trans muestra una tarjeta [de la Seguridad Social de Ontario] durante una visita médica. La «M» de la tarjeta borra milagrosamente cualquier efecto de la testosterona, la mastectomía, la vestimenta y la elección de

nombre. Según el Gobierno de Ontario, yo *era* una mujer. El recepcionista de la entrada simplemente seguía la directiva tácita impresa en mi tarjeta sanitaria y me decía: «Señora, hoy hay mucho retraso, así que acompañe al técnico para cambiarse y después siéntese con las demás mujeres al final de la sala» (Ware, p. 69).

Este ejemplo pone de relieve el hecho de que, independientemente de las propias negociaciones de la masculinidad de los hombres transexuales en el contexto del embarazo, también tienen que lidiar con cómo les tratan otras personas (y cómo les asignan un género equivocado). Este aspecto tiene una importancia especial, ya que el problema que plantea Syrus Ware no es necesariamente transfobia *per se* (aunque esto no significa que los hombres transexuales embarazados no encuentren transfobia explícita en los profesionales de la salud), sino más bien que la imposición mundana de las normas de género a los hombres transexuales puede agudizar los retos a los que ya se enfrentan al lidiar con su embarazo (Riggs, 2014).

Pese a los retos de tener que lidiar con las percepciones públicas de sus embarazos, un tema recurrente en las autorrepresentaciones examinadas aquí era la sensación de que el embarazo permitía a los hombres transexuales ver que sus cuerpos tenían una razón de ser, como explica Scott Moore:

No creo que fuera afortunado por poder estar embarazado de Miles. Creo que, durante mucho tiempo, mi cuerpo y ser transexual fue algo muy negativo para mí y me hizo sentir muy incómodo. Y aunque el proceso del embarazo y de dar a luz no es la cosa más reconfortante, me hizo apreciar más lo que tengo y darme cuenta de que, aunque no es el ideal de lo que me gustaría ser, sigue siendo hermoso (Moore y Moore, 2011).

Así pues, haciéndome eco de lo que afirma Ryan en la investigación anterior, la descripción de Moore de su embarazo pone de relieve que la experiencia única de ser un hombre embarazado contrarresta de alguna manera la experiencia marginadora y, para muchas personas, angustiosa de vivir en un cuerpo que no coincide con su identidad. Dos participantes del documental *TransParent* hacían una afirmación similar y sugerían que «Ese momento durante el embarazo fue la única vez, fue claramente la única vez que me sentí bien en un cuerpo feme-

nino» (Alex citado en Rosskam, 2005) y «Ha sido la única vez en mi
vida en que me he sentido bien en mi cuerpo. Cuando estaba embarazado y mientras di de mamar durante casi nueve meses, mi cuerpo
hacía lo que se suponía que tenía que hacer, lo hacía por sí solo, y estaba muy bien» (Joey citado en Rosskam, 2005). Esta lógica de que,
paradójicamente, el embarazo fortalece una identidad transmasculina
estable, en lugar de debilitarla, se pone de relieve en la siguiente y
última cita de Thomas Beatie:

> ¿Qué se siente al ser un hombre embarazado? Es increíble. Pese al he-
> cho de que mi vientre esté creciendo con una vida dentro, estoy estable
> y me siento seguro de mí mismo siendo el hombre que soy. En un sen-
> tido técnico, me veo a mí mismo como un vientre de alquiler, aunque
> mi identidad de género como varón es constante.

Así pues, parece que a algunos hombres transexuales el embarazo, en
lugar de hacerles sentirse *menos* hombres, les confirma que *son* hombres precisamente porque no se sienten como una mujer embarazada.

Conclusión

Obviamente, la última observación formulada en el análisis anterior
plantea la cuestión de si los relatos de los hombres transexuales sobre
su embarazo se basan siempre en una categorización binaria normativa, de qué es una mujer y qué es un hombre, y el papel que se espera
que desempeñe cada uno de ellos.

Judith Halberstam lo resume bien al decir:

> Beatie, como confirman muchos de los artículos publicados sobre él,
> participó de joven en certámenes de belleza en Hawái, por lo que no le
> resulta incómodo ser el centro de atención. Se desenvolvió bien ante los
> focos de las cámaras en general, pero, en lugar de promover una narra-
> tiva *queer* sobre la diferencia y los cambios de género, su historia acabó
> apoyándose en una narración de sobra conocida sobre la humanidad y
> la universalidad: es algo universal querer un hijo y es algo exclusiva-
> mente humano querer dar a la luz. En otras palabras, los Beatie solo
> querían lo que supuestamente quiere todo el mundo: una buena vida,

poder reproducirse, un poco de dinero extra y, además, algo de publicidad. No cabe duda de que el embarazo público de Beatie les reportó a él y a su familia una buena cantidad de fama y de fortuna, pero nos equivocaríamos mucho si creyéramos que la reconfortante imagen de la Madonna varón que sonríe, acuna su barriga y asegura a los espectadores estadounidenses que todo está en su debido lugar ha impulsado alguna transformación política (Halberstram, 2010, p. 78).

Sin embargo, al mismo tiempo, este capítulo subraya el hecho de que es posible desligar el embarazo de su relación normativa con identidades corporales concretas (femeninas) y volverlo a conceptualizar como una función que puede desempeñar cualquier identidad corporal (siempre que sea una que ocupe un cuerpo capaz de procrear). Por tanto, lo que los hombres que se mencionan aquí están negociando es un guión para ser padres, en una sociedad que no considera que los padres puedan procrear y, además, etiqueta unos comportamientos concretos como maternos (el embarazo, la lactancia) y otros como paternos (todo lo que no es materno).

Así pues, los hombres transexuales cuyas autorrepresentaciones se recogen en este capítulo se enfrentan a la cuestión fundamental que aborda Andrea Doucet en su libro, un estudio sobre si los hombres que son los padres primarios son madres o, en realidad, se convierten en madres. Aunque la investigación de Doucet se centraba en los hombres cisgénero, se podría decir que sus conclusiones también son aplicables a los hombres transexuales, a saber, que habida cuenta de las atribuciones que se hacen sobre la categoría «madre» (que está estrictamente regulada en relación con las normas de género), los hombres (cisgénero o transexuales) no pueden ser madres. Por tanto, es un hecho fisiológico que algunos hombres dan a luz. Sin embargo, no podemos deducir de este hecho nada sobre la identidad de esos hombres (es decir, que no son hombres).

Más bien, las experiencias de los hombres transexuales nos recuerdan que la biología y la identidad son dos cuestiones diferentes y que para apoyar y reconocer a los hombres transexuales que procrean es necesario un enfoque que incluya el propio cuerpo (es decir, los problemas concretos que experimentan los cuerpos embarazados), pero que lo haga involucrando conjuntamente a la persona que ocupa el cuerpo (es decir, en este caso un hombre). Para ello es preciso reconocer que los profesionales de la salud deben admitir que las normas de género determinan las necesidades sanitarias individuales y que aunque puedan existir ciertas similitudes entre los hombres embarazados y las mujeres embarazadas (el embarazo), también habrá grandes diferencias dependiendo de la experiencia de un individuo cuyo cuerpo tiene género, así como de las diferencias fisiológicas hormonales, físicas y psicológicas. Por tanto, para interactuar con los hombres trans que procrean es necesario un enfoque específico que reconozca a dichos hombres como hombres y no recurra a las normas para el embarazo definidas históricamente por las experiencias de las mujeres.

Referencias bibliográficas

Beatie, Thomas (2008), «Labour of Love», *Advocate*, 3 de abril.

Currah, Paisley (2008), «Expecting Bodies: The Pregnant Man and Transgender Exclusion», *Women's Studies Quarterly*, 36, pp. 330-336.

Doucet, Andrea, *Do Men Mother?*, University of Toronto Press, Toronto.

Halberstam, Judith (2010), «The Pregnant Man», *The Velvet Light Trap*, 65, pp. 77-78.

MacDonald, Trevor, blog *Milk Junkies*, web [consultado el 6 de noviembre de 2012].

Moore, Tom y Scott Moore (2011), «My Pregnant Dad», entrevista en *20/20*, 25 de agosto.

More, Sam Dylan (1998), «The Pregnant Man-An Oxymoron?», *Journal of Gender Studies*, 7, pp. 319-328.

Riggs, Damien (2014), «What Makes a Man? Thomas Beatie, Embodiment, and "Mundane Transphobia"», *Feminism and Psychology*, 24 (2), pp. 157-171

Rosskam, Jules (2005), director de *TransParent*, documental.

Rubin, Henry (2003), *Self-Made Men: Identity and Embodiment Among Transsexual Men*, Vanderbilt University Press, Nashville.

Ryan, Maura (2009),«Beyond Thomas Beatie: Trans Men and the New Parenthood», en Rachel Epstein (ed.), *Who's Your Daddy? And Other Writings on Queer Parenting*, Sumach Press, Toronto, pp. 139-150.

Ware, Syrus Marcus, «Boldly Going Where Few Men Have Gone Before: One Trans Man's Experience», en Rachel Epstein (ed.), *Who's Your Daddy? And Other Writings on Queer Parenting*, Toronto.

5.
Estar atrapado en el cuerpo equivocado y una vida inexplorada: anticipación e identidad en las narraciones sobre la crianza en la infancia trans que no conforma las normas de género

Jessica Ann Vooris

En mayo de 2011, una familia de Toronto fue noticia en los medios cuando declaró que no iba a revelar el sexo de su bebé para liberarle de las expectativas de género de las personas de su entorno. La historia la publicó por primera vez *The Toronto Star*, «Parents Keep Baby's Gender a Secret» (Poisson, 2011a), pero pronto se difundió por todo el mundo y acaparó titulares como «Canadian Mother Raising "Genderless" Baby Storm, Defends Her Family's Decision» (Davis, 2011). Kathy Witterick y David Stocker escribieron una carta a sus amistades y familiares para explicarles su decisión: «Hemos decidido no compartir de momento el sexo de Storm, como tributo a la libertad y a la elección en lugar de a la limitación, una defensa de en qué podría convertirse el mundo en el transcurso de la vida de Storm (¿un lugar más progresista?...)» (Poisson, 2011a). La cobertura mediática de su decisión desató una polémica en la blogosfera y en la sección de comentarios de los artículos, y mucha gente criticó a Witterick y Stocker argumentando que el bebé crecería confuso (Poisson, 2011b). También hubo numerosos comentarios sobre otras decisiones sobre la crianza tomadas por Witterick y Stocker, como que permitieran a sus criaturas elegir su ropa y sus peinados y optaran por «no escolarizarlos».[1] Aunque en otros aspectos son una familia convencional (blancos, heterosexuales, casados y de clase media), estas prácticas de crianza se examinan a la par que su decisión sobre el género del bebé

---

1. Un tipo de escolarización en casa que no sigue un plan de estudios establecido, sino que sigue la iniciativa/los intereses de las criaturas, con la idea de que aprenderán las habilidades necesarias a lo largo del camino.

y se consideran una prueba de un mal ejercicio de la paternidad y la maternidad. Tanto en las decisiones de Witterick y Stocker, como en las críticas a las mismas, se apela a las posibilidades futuras en la vida de este bebé, una vida en la que el mundo se convertirá en un lugar más progresista o en un lugar en el que se verá perjudicado por las decisiones que ha tomado su familia.

En este capítulo sostengo que el trabajo de anticipación, en el que los padres y madres se preparan para lograr el mejor resultado posible en lo que respecta al bienestar y la felicidad de sus criaturas, impregna las narraciones sobre la crianza de la infancia trans/que no conforman las normas de género/*queer*. La sexualidad y la identidad de género se atribuyen normalmente a un sujeto adulto y, durante el siglo xx, la idea de un «niño gay» se contemplaba desde la perspectiva de un adulto con mirada retrospectiva (Stockton, 2009). No obstante, esta idea está cambiando y, a medida que aumenta la cantidad de chavales, familias y profesionales que se (auto)identifican y/o denominan a esta infancia como gay o transexual, vemos que en sus identidades y sus cuerpos influyen las ideas que tienen sobre el género y la sexualidad. Utilizo la idea de anticipación y hago una crítica a las políticas identitarias para examinar las narraciones creadas en los medios y en los blogs de las familias sobre las identidades de género, las sexualidades potenciales y los cuerpos con género de la infancia. En estas narraciones se hace hincapié en cómo la infancia se identifican con una identidad o una expresión de género concreta desde una edad temprana. Esta identificación con las normas de género elegido será más o menos sólida, y también se fijan en la angustia que experimentan, cuestiones que influyen en si las familias permiten a sus criaturas expresarse. Sostengo que, en cada una de estas narraciones sobre los cuerpos y las identidades de los niños, vemos una labor de anticipación que refleja interpretaciones particulares del pasado para dar sentido al presente e incluye prepararse para el futuro, al tiempo que se abordan la ambigüedad de las identidades y las posibilidades futuras (Adams, Murphy y Clarke, 2009).

El artículo sobre el bebé Storm fue solo uno de varios reportajes que, en 2011, abordaron la cuestión de la identidad y la expresión de género de la infancia. También hubo artículos en los medios sobre niños princesas (Dube, 2012) y niños transexuales (Park, 2011; Ling,

2011), así como una controversia en torno a una fotografía que publicó *J. Crew* de una madre pintando de rosa las uñas de los pies de su hijo (Donaldson James, 2012). Esta atención mediática se intensificó en 2012, cuando *The Washington Post* (Dvorak, 2012), *LA Times* (Gorman, 2012) y *New York Magazine* (Green, 2012) publicaron una serie de artículos sobre familias con retoños trans, así como artículos que examinaban el fenómeno de los chicos que llevan vestidos (Padawer, 2012). Todos ellos describían a familias que están criando a sus retoños de una manera que va en contra de las normas sociales sobre cómo se supone que deben actuar los niños y las niñas y, en su lugar, siguen las indicaciones de las propias criaturas acerca de cómo quieren expresar su género. Un artículo reciente publicado en Alemania muestra a un padre que va un paso más allá, cambia su propio comportamiento y se pone una falda para apoyar la preferencia de su hijo por las faldas (Pickert, 2012). En los dos últimos años, también ha aumentado la cantidad de blogs escritos por progenitores (en su mayoría madres) de niños transexuales, que no conforman las normas de género y gais que relatan sus experiencias de crianza y que, a menudo, reflejan realidades más complejas y matizadas que las que se muestran en los medios.

Aunque los artículos en torno a la disconformidad de género, y a la transexualidad en particular, siempre han despertado el interés del público, como señalaba Joanne Meyerowitz en *How Sex Changed: A History of Transsexuality in the United States*, estos reportajes indican un incremento de la sensibilización y la atención a la disconformidad de género en la infancia y la necesidad de corregir su conducta o si apoyar las decisiones infantiles. Estos artículos y blogs reciben muchos comentarios positivos sobre el apoyo que brindan las familias a sus criaturas, pero también existen reacciones negativas y presiones sociales para que se amolden a lo que se consideran los roles de género adecuados. Por ejemplo, en febrero de 2012, un predicador de Carolina del Sur defendió que los padres pegaran a los niños que muestran una conducta afeminada para enseñarles a actuar como hombres, aunque posteriormente se retractó diciendo que solo era una broma (Hooper, 2012; Murdoch, 2012; Harris, 2012). En vista de la violencia a la que se enfrentan la mayoría de la infancia, juventud e incluso las personas adultas al desafiar las normas de género, así como del elevado riesgo de suicidios y autolesiones de los jóvenes con identidad

LGBTQ,[2] es importante disponer de información que nos ayude a comprender mejor las narraciones trans/*queer* y las prácticas de crianza relacionadas con el género.

Gran parte de las investigaciones sobre la disconformidad de género o la variación de género en la infancia se ha centrado en la feminidad de los chicos. En los años cincuenta y sesenta del siglo XX, los psicoanalistas comenzaron a prestar cada vez más atención al fenómeno de los niños femeninos y elaboraron marcos para prevenir las conductas disconformes con el género, a fin de evitar resultados en los adultos como la homosexualidad, la transexualidad y el travestismo (Bryant, 2006). Aunque estas investigaciones no desestimaban por completo a las chicas y se señalaba que las niñas poco femeninas corrían el riesgo de convertirse en lesbianas, se prestaba mucha más atención a los chicos, y los críticos han teorizado que se debe a las inquietudes generales en torno a la masculinidad, así como a la infravaloración de la feminidad (Bryant, 2006). Karl Bryant sostiene que «Dado que para la infancia de género variante existen múltiples trayectorias posibles (y las trayectorias para quienes son muy pequeños son difíciles de predecir), uno de los objetivos de los trabajos realizados durante cincuenta años sobre la infancia con género variante, a veces explícito pero con mayor frecuencia tácito, ha sido intentar fomentar unos resultados y desalentar otros. Una consecuencia sintomática de este objetivo ha sido una jerarquía implícita de resultados preferidos, aceptables e inaceptables en cuanto a la orientación sexual y la identidad de género» (2008, p. 465). Aunque la infancia que es transexual o gay es cada vez más aceptada, todavía se favorecen una narraciones concretas frente a otras y la gestión de futuros concretos frente a otros más ambiguos.

La interpretación de la homosexualidad y el transexualidad como categorías separadas está contextualizada históricamente y se debe a las concepciones contemporáneas (siglo XX) del «género» y la «sexualidad» como categorías ontológica y especialmente diferentes (Valentine, 2007; Meyerowitz, 2002; véase también Foucault, 1998; y D'Emilio, 1993). Como escribe Meyerowitz, muchas de las personas a las que antes se incluían en la categoría general de «invertido» em-

---

2. Siglas de lesbiana, gay, bisexual, trans, queer/en cuestionamiento.

pezaron a «dividirse. En cada grupo, quienes aspiraban a la respetabilidad esperaban evitar la etiqueta de bicho raro o la condición de marginado» (2002, p. 184). Los transexuales intentaron distanciarse de los homosexuales y de los *queers* y, a su vez, los gais y las lesbianas hicieron hincapié en las identidades de género «normales». El propio término transgénero surgió en los años setenta para denominar a aquellas personas a las que se identificaba a medio camino entre los transexuales y los travestis, pero ahora se ha convertido en un término colectivo para describir diversas identificaciones (adultas): travestis, transformistas, mujeres y hombres trans que han realizado la transición del género que se les asignó al nacer, lesbianas *butch* y un largo etcétera.[3] En el caso de la infancia, «transgénero»[4] se refiere a un niño al que se identifica con el género opuesto, aunque se usa una gran variedad de etiquetas, como que no conforma las normas de género variante, género creativo, marimacho, *tomgirl*, niño rosa y niño princesa para describir a quienes expresan su género de una manera diferente.[5]

Las representaciones en los medios: la expresión de género y estar atrapado en el cuerpo equivocado

El primer programa de televisión monográfico sobre la infancia transexual fue el del programa *20/20* de ABC, «My Secret Self: A Story

3. Para un examen más detallado del término «transgénero», véase Valentine (2007); Namaste (2000); Ekins y King (2006); Meyerowitz (2002).
4. Podría entenderse como infancia «transexual» en la medida que se refiere a la expresión más aceptada e inclusiva, la cual, en el contexto del Estado español, es transexual o trans. *(N. del T.)*
5. Las expresiones «no conformar las normas de género» y «género variante» son habituales en el entorno psicológico, médico y académico. «Género creativo» o con «creativo con respecto al género» es una descripción más positiva o, al menos, neutral en términos de valor, que introduce Diane Ehrensaft en *Gender Born, Gender Made*, quien explica que es «una posición del desarrollo en la que la criatura trasciende las definiciones culturales normativas de hombre/mujer para entretejer creativamente un sentido del género que no proviene del todo del interior (el cuerpo, la psique), ni tampoco proviene del todo del exterior (la cultura, las percepciones que tienen otros del género del niño o niña), sino que reside en algún lugar intermedio» (Ehrensaft, 2011, p. 5). Niño rosa y niño princesa son expresiones que he visto utilizar a algunas familias, como hace Cheryl Kilodavis, y que se encuentran también en el blog de Sarah Hoffman *(Sarah Hoffman's Blog).*

of Transgender Children», que se emitió en 2007 y cuenta las historias de tres individuos y sus familias: Jazz, de seis años, y Riley, de diez, que son niñas trans, y Jeremy, un chico trans de dieciséis años.[6] Desde entonces, hemos visto a niños trans en *The Tyra Show*, *Dr. Oz*, *Anderson Cooper's 360* y *Our America with Lisa Ling*. Por lo general, estos programas muestran retratos favorables y sirven para educar a los espectadores sobre la infancia trans. Las familias aportan pruebas del interés de sus hijos por ropa y juguetes concretos y los documentales muestran que las habitaciones infantiles son adecuadamente masculinas o femeninas, para que concuerden con su identidad de género. Se presta mucha atención al hecho de que la expresión de lo que es el género no conforme se produce con anterioridad al momento en que, según se considera habitualmente, la infancia tiene un concepto de género. Por ejemplo, se cuenta que Jazz, que aparecía en el especial de *20/20* de ABC, se desabrochó el *body* para hacerse un vestido cuando tenía dieciocho meses. También se presta atención a escenas en las que los niños se visten, se maquillan (las chicas) y en las que les cortan el pelo (los chicos).

Aunque educan a los espectadores acerca de que el sexo es diferente de la identidad de género, las historias de estos niños y niñas cosifican de muchas maneras las normas de género, sin tener en cuenta la anatomía biológica; a las niñas le gusta el rosa y llevan vestidos, y a los niños les gustan los deportes y llevan el pelo corto. Jane Ward afirma en su capítulo de este libro algo similar a lo que estoy exponiendo: que estas preferencias se consideran una prueba de que existe un género innato y no tienen en cuenta los significados sociales, históricos y culturales de la ropa, los peinados y los juguetes concretos. El reconocimiento de la identidad de género y de la autonomía de la infancia es importante, sobre todo si se tiene en cuenta que, en general, el género y la sexualidad se entienden como subjetividades de las personas adultas. Estoy de acuerdo con el argumento de Jane Ward de que se debería conceder la autodeterminación de género a todas la in-

---

6. En general, los programas de televisión y los documentales tienden a centrarse más en niños que se identifican como chicas que en niñas que se identifican como chicos. Además, normalmente las chicas son preadolescentes, mientras que la mayoría de los chicos son ya adolescentes. Para más información acerca de datos demográficos generales sobre las personas trans y una explicación de las dinámicas de género/edad, véase Beemyn y Rankin (2011).

fancia, no solo a quienes manifiestan que no conforman las normas de género.

El foco en la *performance* de género en los documentales televisivos sirve para acreditar la identidad y también para mostrar cómo se usa el pasado para comprender el presente y planear el futuro. En los documentales, la narración salta del pasado al presente, ya que se muestran fotografías del antes y el después, y se hace hincapié en el cambio de los nombres antiguos por otros nuevos y en las historias sobre la angustia de estas niñas y niños en el pasado y se enfatiza su felicidad en el presente. Aquí vemos cómo el pasado forma parte del presente y aparece de la idea de un futuro (Adams, Murphy y Clarke, 2009).

En estos documentales, los debates se centran en la trayectoria y la experiencia de cada familia de forma individual, sin ubicarlas dentro de una narración histórica más amplia de la vida de las personas trans y las presiones sociales en torno a la conformidad de género. Emily Manual sostiene que a la infancia transexual se la trata con más comprensión que a los adultos trans porque se les considera inocentes, naturales y no sexuales, pero «[a]unque es maravilloso ver que se trata a la infancia trans como seres humanos reales que viven y respiran, y no cabe duda de que un aumento de las representaciones positivas ayudará a que puedan acceder a bloqueadores y hormonas, ¿qué ocurrirá cuando crezcan?». Además, ¿qué ocurre con las desigualdades raciales y de clase que no se abordan en estos documentales, centrados principalmente en familias blancas y de clase media? Es importante pensar en el futuro, no solo teniendo en cuenta las vidas individuales de estas criaturas, sino también la (futura) conceptualización de una igualdad social más amplia.

Además de la expresión género, los documentales se centran en sus cuerpos y en algunos de los problemas médicos y psicológicos que tienen. Esto incluye un examen de los traumas del pasado, así como de las posibilidades de recurrir a las hormonas y la cirugía en el futuro. Cuando se enfrentan a la oposición a sus identidades y se les ha dicho que su cuerpo/biología es su identidad, estas niñas y niños suelen reaccionar de manera extrema, con automutilaciones y/o ideas suicidas. La madre de Hailey, a la que entrevistó Lisa Ling para el programa de TV monográfico aparecido en *Our America*, describe cómo su hija echó a correr en una calle muy concurrida y después le dijo que estaba intentando morir. En *20/20* y «I Am Jazz», la madre de Jazz cuenta que ésta le explicó que le gustaría no existir, porque así no tendría que enfrentarse al dolor y su mamá no estaría triste. En el programa de 2011 emitido en *20/20*, «Boys will be Girls», la doctora Joanne Olsen, del Hospital Infantil de Los Ángeles, menciona la necesidad de que la familia apoye a sus retoños y reconozca que la disconformidad de género es diferente para cada persona. Sostiene que «hay algunos niños que no pueden funcionar en absoluto, a menos que efectúen una transición social» y pregunta a las familias si «preferirían tener un hijo muerto a una hija viva», ya que «la tasa de suicidios de estos niños es astronómica».

Parece que para poder satisfacer, justificar y explicar las peticiones de estos niños y niñas, sus historias deben incluir los extremos. Aunque puede que reflejen sus realidades concretas, sostengo que hacer hincapié en los extremos también invisibiliza a aquellas criaturas que no sienten una necesidad urgente de cambiar sus cuerpos. Además, dan a entender que la capacidad de la infancia para tomar decisiones acerca de su identidad de género solo está justificada por la amenaza de muerte. Meyerowitz explica que el aumento de la información y la cobertura mediática sobre los transexuales en la segunda mitad del siglo XX proporcionó a las personas el lenguaje para describir sus deseos y les permitió saber que no estaban solos. No obstante, las cuestiones relacionadas con la cirugía y la atención médica solían plantear problemas de control y autoridad. Las personas trans aprendieron a contar las historias que sus médicos querían oír: se aseguraban de encajar en las categorías diagnósticas, mostraban un comportamiento respetable y una feminidad o masculinidad apropiados, y también insistían en la urgencia de someterse a la cirugía, hablando sobre el suicidio.

Las representaciones que reflejan los medios utilizan los marcos de «estar atrapado en un cuerpo equivocado» y «tener un defecto de nacimiento» para comprender estas experiencias infantiles. Se acepta que el género está relacionado con la mente, en lugar de con la anatomía sexual física de uno, y se considera algo innato. Como escribe la activista trans Janet Mock: «"estar atrapado en el cuerpo equivocado" es un enunciado general que hace que las variadas trayectorias y narraciones de las personas trans sean aceptables para las masas». Suprime la diversidad de la experiencia trans y presenta el cuerpo trans como un cuerpo discapacitado, un cuerpo con una deformidad física. Aunque comprende las realidades y las experiencias vitales de esta infancia a los que no les gusta su anatomía y desean cambiarla, yo cuestiono esta narrativa de la discapacidad. En su libro *Crip Theory*, Robert McRuer explica que la «heterosexualidad obligatoria está estrechamente ligada a la capacidad física obligatoria; ambos sistemas actúan para (re)producir el cuerpo capacitado y la heterosexualidad» (2006, p. 31). Asimismo, estas cirugías actúan para crear un cuerpo capacitado donde había uno discapacitado.

Obviamente, también está el hecho de que aunque en estos documentales se presenta a estos niños y niñas como normales, siguen necesitando que se les diagnostique un trastorno de identidad de género para recibir tratamiento y, por tanto, se les patologiza e identifica con un trastorno mental. La quinta edición de *Diagnostic and Statistical Manual of Mental Disorders* (DSM), que recientemente publicado por la Asociación Estadounidense de Psiquiatría, cambia el diagnóstico de «trastorno de identidad de género», que se centra en el desajuste entre la identidad y la conducta de un individuo y el que se supone que es su género correcto basándose en su cuerpo generizado, por «disforia de género», que define la angustia y la incongruencia que experimentan muchas personas trans debido a la diferencia entre su identidad de género y sus cuerpos generizados. Además, en la edición actualizada del DSM se elimina la «disforia de género» del apartado de trastornos sexuales. Aun cuando este cambio es un paso en la dirección correcta, ya que suprime el término «trastorno» del nombre y se centra en la angustia que siente la persona, sigue siendo un diagnóstico psicológico.[7] Aunque se prefiere mantener algún tipo de diagnóstico, algunos, como el endocrinólogo Norman Spack, del Boston Medical Center, sostienen que, para garantizar la atención durante la transición a los individuos transexuales, se debería considerar que la fluidez de género es un problema médico en lugar de psicológico (Swartzapfel, 2012). Las familias (y la infancia) manejan las narraciones médicas/psicológicas dentro de estos marcos mientras intentan no solo explicar las identidades de sus retoños, sino también planear un futuro en el que estos tengan acceso a las hormonas y a la cirugía si así lo desean.[8]

7.   Para un análisis y una explicación más detallados sobre los cambios, veáse Winters (2012).
8.   Para más información sobre las narraciones de las familias sobre las identidades de género de sus hijos, véase Meadows (2011).

Los blogs: historias alternativas y abordar la ambigüedad

Las familias que muestran los medios suelen alegar que una de las razones por las que participan en los documentales es por la necesidad de educar. En los últimos años, los reportajes de los medios han mencionado a menudo que el programa de TV monográfico *20/20* u otros programas sobre la infancia transexual facilitan que una familia acceda a la información que necesita para comprender a su propio hijo. En diciembre de 2011, *The Boston Globe* publicó un reportaje titulado «Led By the Child Who Simply Knew», que sirvió como catalizador para que un niño de diez años de Massachusetts le comunicara a su madre que él era Jessie (English, 2011). En enero de 2012, la madre de Jessie, Julie Ross, inició un blog, *George.Jessie.Love*[9] para narrar el periplo de su familia. Este blog, al igual que los otros once blogs escritos por familias con niños y niñas trans que he leído, ofrece relatos sobre las identidades trans en la infancia y sobre algunas de las maneras en que sus familias se desenvuelven en una sociedad que no siempre las acepta.[10]

Julie Ross reconoce que es probable que muchas personas estén interesadas en su historia por el factor «sensacionalista». También admite que «de repente, me di cuenta de que aunque la parte transexual es claramente inusual, en realidad habla de la sensación que todos tienen en algún momento de que ellos, o quizá lo que es más importante, sus retoños, son, a su manera, clavijas redondas que tratan de encajar en agujeros cuadrados» («For Now»). Aunque apoya plenamente la nueva identidad de Jessie, Ross nos muestra las complejas negociaciones que surgen en relación con la escuela, la ropa y las amistades, así como los matices de sus propios sentimientos hacia la identidad de Jessie, en

9.   Nombre ficticio utilizado en el blog.
10.   Blogs de familias con niñas y niños trans: *Cammie's Song, George.Jessie.Love, GirlyBoy Mama's Open Salon Blog, «It's Hard to Be Me», My Kennedy's Story, Pasupatidasi's Blog, Today You Are You Blog, Transcendent, Trans*Forming Family, Transforming Love, Transparenthood, Wayne Maine's Huff Post*. Estos blogs se han ido recopilando a lo largo de varios años de investigaciones sobre los niños y niñas de género creativo/*queer*/trans, y se encontraron a través de la página web Trans Youth Family Allies, búsquedas en Google y alertas de Google, así como a través de las redes entre blogs formadas por los *blogrolls* y las secciones de comentarios. La mayoría los escriben familias de preadolescentes, aunque algunas tienen hijos e hijas que actualmente están entrando en la pubertad o acaban de iniciar la adolescencia.

especial sobre la ambigüedad que entraña la identidad de género de un niño o una niña. Es difícil saber cómo terminará la historia.

Esta incertidumbre no está tan claramente definida en los documentales sobre menores transexuales, aunque las familias tienen claro que aceptarían cambios y permitirían que sus hijos e hijas volvieran a identificarse con el sexo que les fue asignado al nacer, si así lo desearan. La manera en que se construye la narración y se presentan las identidades hace que esta posibilidad parezca escasa.[11] Además, el apoyo a estos niños y niñas parece depender de que no cambien de idea. Los blogs, como *George.Jessie.Love*, constituyen un espacio para demostrar que tener un retoño transexual forma parte de una narrativa más amplia: una vida familiar, las relaciones, la escuela, crecer y desarrollar identidades y personalidades. No se trata solo de la identidad de género, la transición o las necesidades médicas de sus hijos e hijas.

La blogosfera también ofrece una amplia variedad de identidades y de ejemplos de disconformidad de género, y existen muchos blogs que abordan de manera más exhaustiva cómo las familias a veces tienen que esperar para descubrir cómo se acabarán identificando sus hijos.[12] Bedford Hope, cuyo alias es *Accepting Dad*, escribe un blog sobre un hijo que no conforma las normas de género y examina el problema de cómo las narraciones de los medios suelen excluir las experiencias de la infancia y las familias que se encuentran en mitad del espectro terapéutico. Escribe:

> Al enfrentarse a conductas de género no conforme, algunas familias al principio intentan reprimirlas, sufren con sus retoños las consecuencias y después pierden los estribos; su hijo tiene un defecto de nacimiento. Es un problema médico. Es la identidad de género. Y no tiene nada que

---

11. «Becoming Me», en *In The Life's*, es una excepción, ya que se centra en las familias y sus vidas con sus hijos trans y de género no conforme desde un punto de vista no sensacionalista ni medicalizado.

12. Blogs de familias de criaturas con un género creativo o que se identifican como gais: *Amelia's Huff Post Gay Voices Blog, Catching Our Rainbow, HE SPARKLES, It's a Bold Life, Labels Are for Jars, Lesbian Dad, Living an Examined Life, My Beautiful Little Boy, Pink Is for Boys, Raising My Rainbow, Raising Queer Kids, Sam's Stories, Sarah Hoffman*. Dos de los blogs sobre la infancia transexual, *It's Hard to Be Me*, y *GirlyBoy Mama*, figuraban originariamente en esta lista de padres de jóvenes gais y de género creativo, pero desde entonces sus hijos han llevado a cabo una transición a una identidad de género diferente a la que se les asignó al nacer.

ver con la sexualidad. Esta es la historia dramática e inequívoca sobre los derechos civiles que todos los periodistas cuentan. En todos los reportajes, el niño nació en un cuerpo equivocado; es algo biológico. Hay cerebros de chico y cerebros de chica, cuerpos de chico y cuerpos de chica. Las familias son fervorosos conversos involuntarios, gente normal que se enfrenta a un extraordinario desafío.

Hope está de acuerdo con que «esta historia suele ser cierta», pero no muestra toda la realidad de la complejidad de la fluidez del género. «Otras pruebas de todo el espectro terapéutico nos dicen que algunos de estos niños se identificarán como trans; otros se identificarán como gais y otros acabarán en *algún lugar intermedio*». Aquí se incluye su hijo, que Hope supuso que iba a ser su hija y ahora ha elegido atravesar la pubertad como varón. Tal vez su hijo sea gay, tal vez no; aún no ha manifestado una preferencia. Hope habla de la importancia que tiene que las familias escuchen a sus retoños, se abstengan de hacer suposiciones y sigan el ejemplo de estos. Admite que «es difícil lidiar con la ambigüedad» y que es importante reconocer que, para muchas familias, no está claro cómo se van a identificar sus criaturas en los próximos cinco años (Hope, 2010).

Junto con el problema que supone para las personas lidiar con la ambigüedad, propongo que también se considere que esta narrativa de la ambigüedad es potencialmente peligrosa. Si los niños y niñas trans pueden cambiar de idea, ¿por qué permitirles la transición? ¿Por qué no intentar condicionar su conducta para que estén más conformes con su género? El doctor Zucker, un médico canadiense especializado en la disconformidad de género, defiende una terapia que intenta alinear la conducta de género de los niños con su sexo, porque los estudios han mostrado que la mayoría de los que no conforman las normas de género acaban siendo gais o lesbianas en lugar de trans (Rosin, 2012). Sin embargo, según la doctora Olson («I Am Jazz») y el doctor Spack (Swartzapfel, 2012), es perjudicial para aquellos niños y niñas que necesitan llevar a cabo una transición social para sobrevivir. En el fondo, la narrativa de la ambigüedad no es en sí misma peligrosa para la infancia; es problemática en un marco en el que el tratamiento depende de unas definiciones nítidas de la identidad de género, la expresión de género y la sexualidad.

La anticipación y la planificación del futuro siempre forman parte de estas narraciones, tanto en los medios como en los blogs, pero la idea de que existen posibilidades es más evidente en unos que en otros. *Raising My Rainbow: Adventures in Raising a Fabulously Gender Creative Son* es un blog que muestra cómo se puede ayudar sin conocer el resultado de la identidad de género o la sexualidad de una criatura y la importancia de brindarles posibilidades y permitirles planear su propio viaje por la vida. Los blogs como *Today You are You* y *Life Uncharted*, de familias con niños y niñas trans, también insisten en la importancia de escucharles y no excluir posibilidades.

Esta es la naturaleza de la crianza con diversidad de género, sobre la que Arwyn Daemyir, autora de *Raising My Boychick*, escribe en su post «10 Myths About Gender Neutral Parenting»: «El rol de la familia en la crianza en un género neutro actual no tiene que ver con suprimir el género (si es que lo fue alguna vez), sino con *suprimir muchas de las presiones malsanas en torno al género* y *otorgar a nuestros retoños la libertad para que averigüen lo que el género significa para ellos*» (la cursiva es suya). Aquí la anticipación inherente a la narrativa no consiste necesariamente en evitar resultados concretos, sino más bien en plantear opciones para todos la infancia.[13] De un modo similar, Jane Ward aboga por unas prácticas de crianza *queer* que enseñen que la «autodeterminación de género permite a estas criaturas descubrir los placeres relacionales y arraigados en la cultura asociados con los juegos de género, sin concretar una individualidad de género». Sostiene que «nuestro proyecto no debe centrarse en prestar apoyo a una infancia especial, sino construir un movimiento a favor de la autodeterminación de género de toda la infancia» (ver p. 61).

Conclusión

Este capítulo explora el papel de la anticipación y la identidad en las narraciones sobre la infancia trans y con un género creativo. En mi análisis de los documentales y los blogs, sostengo que es importante mantener abiertas opciones y considerar las múltiples trayectorias e

13. Véase también Diane Ehrensaft (2011).

identidades posibles a medida que van creciendo. Aunque los documentales cuestionan los supuestos relacionados con la biología, siguen sosteniendo ideas particulares en torno a normas de género para los niños y las niñas. Además en las explicaciones psicológicas y médicas de la expresión del género, los cuerpos generizados y las identidades de la infancia transexual presentan una narración singular que no tiene en cuenta la multiplicidad de identidades, narrativas y futuros que pueden tener. En comparación, los blogs de las familias con niños y niñas transexuales y de género creativo contienen narraciones ubicadas dentro del contexto más amplio de la vida familiar y ofrecen una exploración más matizada de sus identidades infantiles, de las experiencias y decisiones de las familias.

Es especialmente importante entender que las categorías identitarias se ubican en un contexto histórico, son múltiples y no son estáticas al considerar las narraciones en torno a la sexualidad y el género de la infancia. La manera de entender identidades concretas como «gay» o «transexual» y la deseabilidad de cada una de ellas influirán en los posibles futuros que imaginamos para las y los jóvenes que no conforman las normas de género. Incluso cuando se acepta a la infancia transexual y gai, se siguen prefiriendo las narraciones concretas frente a otras más inciertas o ambiguas.

Por último, sostengo que una de las maneras de abordar las necesidades de la infancia trans es ejerciendo una crianza en el género diverso/*queer*, sobre todo con prácticas que reconozcan la fluidez de la identidad y las innumerables posibilidades futuras de esta infancia. Cuando Kathy Witterick y David Stocker decidieron mantener en privado el sexo de su bebé, lo hicieron imaginando un futuro de libertad y elecciones en torno al género, y no de limitaciones. Espero que el mundo en el que va a crecer Storm sea un mundo que se nutra de las identidades y el propio sentido que generen los niños y niñas sobre sí mismos, que les permita expresarse con libertad.

Referencias bibliográficas

Adams, Vincanne, Michelle Murphy y Adele E. Clarke (2009), «Anticipation: Technoscience, Life, Affect, Temporality», *Subjectivity*, 28, pp. 246-265.

Amelia's Huffington Post Gay Voices Blog, web [consultado el 17 de diciembre de 2012].

Beemyn, Genny y Susan Rankin (2011), *The Lives of Transgender People*, Columbia University Press, Nueva York.

Brill, Stephanie A. y Rachel Pepper (2008), *The Transgender Child: A Handbook for Families and Professionals*, Cleis Press, San Francisco.

«Boys Will Be Girls», ABC *20/20*, episodio televisivo, 2011, web [consultado el 17 de diciembre de 2012].

Bryant, Karl (2006), «Making Gender Identity Disorder of Childhood: Historical Lessons for Contemporary Debates», *Sexuality Research & Social Policy*, 3.3, septiembre, pp. 23-39.

— (2008), «In Defense of Gay Children? "Progay" Homophobia and the Production of Homonormativity», *Sexualities*, 11.4, agosto, pp. 455-475.

Cammie's Song, web [consultado el 17 de diciembre de 2012].

Catching Our Rainbows, web, 17 de diciembre de 2012.

Daemyir, Arwyn (2011), «10 Myths About Gender Neutral Parenting», *Raising My Boychick*, 7 de junio de 2011, web [consultado el 19 de diciembre].

Dangling Possibilities, web [consultado el 17 de diciembre de 2012].

Davis, Lindsay (2011), «Canadian Mother Raising "Genderless" Baby, Storm, Defends Her Family's Decision», *ABC News*, web [consultado el 19 de diciembre].

D'Emilio, John (1993), «Capitalism and Gay Identity», en Henry Abelove, Michele Aina Barale y David M. Halperin (eds.), *The Lesbian and Gay Studies Reader*, Nueva York, Routledge, pp. 467-476.

Donaldson James, Susan (2011), «J. Crew Ad With Boy Painting Toenails Pink Stirs Up Transgender Debate», *ABC News*, 13 de abril, web [consultado el 29 de octubre de 2012].

Dube, Rebecca (2012), «The Mom of a "Princess Boy" Speaks Out», *Today Moms*. 3 de enero, web [consultado el 2 de octubre de 2012].

Duggan, Lisa (2004), *The Twilight of Equality? Neoliberalism, Cultural Politics, and the Attack on Democracy*, Beacon Press, Boston.

Dvorak, Petula (2012), «Transgender at Five», *The Washington Post*, 21 de mayo, web [consultado el 2 de octubre de 2012].

Ehrensaft, Diane (2011), *Gender Born, Gender Made: Raising Healthy Gender Non-conforming Children*, The Experiment, Nueva York.

Ekins, Richard y Dave King (2006), *The Phenomenon of Transgender*, Sage, Thousand Oaks.

English, Bella (2011), «Led By the Child Who Simply Knew», *The Boston Globe*, diciembre, web.

Fitzpatrick, Laura (2007), «The Gender Conundrum», *Time*, 8 de noviembre, web [consultado el 25 de abril de 2012].

Foucault, Michel (1978), *The History of Sexuality: An Introduction, Vol. 1*, Random House, Nueva York [hay trad. cast.: *Historia de la sexualidad 1: la voluntad de saber*, Siglo XXI, 2005].

GirlyBoy Mama's Open Salon Blog, web [consultado el 17 de diciembre de 2012].

Green, Jesse (2012), «s/he», *New York Magazine*, 27 de mayo, web [consultado el 17 de diciembre de 2012].

Gorman, Anna (2012), «Transgender Kids Get Help Navigating a Difficult Path», *Los Angeles Times*, 15 de junio.

Harris, Sean (2012), «Official Statement of Retraction», 2 de mayo, web [consultado el 17 de diciembre de 2012].

HE SPARKLES, web [consultado el 17 de diciembre de 2012].

Hooper, Jason (2012), «Video: Amendment 1 Pastor Gives Parents "special dispensation" to use violence against LGBT Kids», 1 de mayo, web [consultado el 2 de octubre de 2012].

Hope, Bedford (2009), «Trans kids, the Media, and the Excluded Middle», *Accepting Dad*, 22 de septiembre, web [consultado el 19 de diciembre de 2011].

— (2010), «When the Girliest of Girls Turn Out To Be Men», 4 de marzo, web [consultado el 19 de diciembre de 2011].

«I am Jazz: A Family in Transition», dirigido por Jennifer Stocks, *OWN*, emitido el 27 de noviembre de 2011, Figure 8 Films.

It's A Bold Life, web [consultado el 17 de diciembre de 2012].

It's Hard to Be Me: Parenting and Loving Our Gender Fluid Child, web [consultado el 17 de diciembre de 2012].

Kilodavis, Cheryl (2010), *My Princess Boy*, ilustrado por Suzanne DeSimone, Aladdin, Nueva York [hay trad. cast.: *Mi princesito* y catalán: *El meu fill princesa*, Edicions Bellaterra, Barcelona, 2015].

Labels Are for Jars, web [consultado el 17 de diciembre de 2012].

Lesbian Dad, web [consultado el 17 de diciembre de 2012].

Life Uncharted, web [consultado el 19 de diciembre de 2011].

Ling, Lisa (2011), «Transgender Lives», *Our America*, The Oprah Winfrey Network, 22 de febrero.

Living An Examined Life, web [consultado el 17 de diciembre de 2012].

Manual, Emily (2011), «Guest Post: Why Does the Media Show Transgender Children more Sympathetically?», *Raising My Boychick*, 2 de octubre, web [consultado el 19 de diciembre de 2011].

Meadows, Tey (2011), «Deep Down Where the Music Plays: How Parents Account for Childhood Gender Variance», *Sexualities*, 14.6, pp. 725-747.

Meyerowitz, Joanne (2002), *How Sex Changed: A History of Transsexuality in the United States*, Cambridge, Harvard University Press.

McRuer, Robert (2006), *Crip Theory: Cultural Signs of Queerness and Disability*, New York University Press, Nueva York.

Mock, Janet (2012), «Trans Media: Unlearning the "Trapped" Metaphor and Taking Control of Our Bodies», *Fish Food for Thought*, 9 de julio, web [consultado el 31 de octubre de 2012].

Murdoch, Cassie (2012), «Horrible Pastor Advocates Beating The Gay Out of Young Kids», *Jezebel Blog*, 2 de mayo, web [consultado el 15 de octubre de 2012].

My Beautiful Little Boy, web [consultado el 17 de diciembre de 2012].

My Kennedy's Story, web [consultado el 17 de diciembre de 2012].

«My Secret Self: A Story of Transgender Children», ABC *20/20*, episodio televisivo emitido el 27 de abril de 2007.

Namaste, Vivian K. (2000), *Invisible Lives: The Erasure of Transsexual and Transgendered People*, Chicago University Press, Chicago.

Padawer, Ruth (2012), «What's So Bad About a Boy Who Wants to Wear a Dress?», *New York Times*, 8 de agosto, web [consultado el 2 de octubre de 2012].

Park, Madison (2011), «Transgender Children: Painful Quest to Be Who They Are», cnn.com, 27 de septiembre, web [consultado el 19 de diciembre de 2011].

Pasupatidasi's Blog, web [consultado el 17 de diciembre de 2012].

Pickert, Nils (2012), «Lebenslagen. Kinder & Jugendliche. Vater Im Rock», *Emma*, 20 de agosto, web [consultado el 29 de octubre de 2012].

Pink is for Boys, web [consultado el 17 de diciembre de 2012].

Poisson, Jayme (2011a), «Parents Keep Child's Gender Secret», *Toronto Star*, 21 de mayo, web [consultado el 19 de diciembre de 2011].

— (2011b), «*Star* Readers Rage About Couple Raising "Genderless" Infant», *Toronto Star*, 24 de mayo, web [consultado el 19 de diciembre de 2011].

Raising My Rainbow, web [consultado el 17 de diciembre de 2012].

Raising Queer Kids, web [consultado el 17 de diciembre de 2012].

Rosin, Hanna (2012), «A Boy's Life», *The Atlantic*, noviembre de 2008, web [consultado el 17 de diciembre de 2012].

Ross, Julie (2012a), *George. Jessie. Love. Parenting and Loving a Transgender Kid*, web [consultado el 17 de diciembre de 2012].

— (2012b), «For Now», *George. Jessie. Love. Parenting and Loving a Transgender Kid*, web [consultado el 17 de diciembre de 2012].

Sam's Stories, web [consultado el 17 de diciembre de 2012].

Sarah Hoffman: On Parenting A Boy Who is Different, web [consultado el 17 de diciembre de 2012].

Stockton, Kathryn Bond (2009), *The Queer Child, or Growing Sideways in the Twentieth Century*, Duke University Press Books, Durham.

Swartzapfel, Beth, «How Norman Spack Transformed the Way We Treat Transgender Children», *The Phoenix*, 10 de agosto de 2012, web [consultado el 17 de diciembre de 2012].

Today You Are You, web [consultado el 19 de diciembre de 2011].

«Too Young to Know Your Gender?», CNN, 27 de septiembre de 2011, web [consultado el 19 de diciembre de 2011].

Transcendent: Reflections on Raising a Transgender Child, web [consultado el 17 de diciembre de 2012].

Trans*Forming Family, web [consultado el 17 de diciembre de 2012].

Transforming Love: Support for Mothers of Transgender Children, web [consultado el 17 de diciembre de 2012].

Transparenthood: Experiences Raising a Transgender Child, web [consultado el 17 de diciembre de 2012].

Trans Youth Family Allies Website, web [consultado el 17 de diciembre de 2012].

Valentine, David (2007), *Imagining Transgender: An Ethnography of a Category*, Duke University Press, Durham.

Warner, Michael (1999), *The Trouble With Normal: Sex, Politics, and the Ethics of Queer Life*, Free Press, Nueva York.

Wayne Maine's Huffington Post Blog, web [consultado el 17 de diciembre de 2012].

Winters, Kelley (2012), «An Update on Gender Diagnoses as the DSM 5 Goes to Press», *GID Reform Weblog by Kelley Winters*, web [consultado el 17 de diciembre de 2012].

6.
Vamos a tener un Stanley

j wallace

Un verano, cuando yo tenía trece años, se casó mi prima mayor. Pidió a todas las primas que fueran sus damas de honor y llevaran unos vestidos de pastorcitas, imitando el atuendo que llevaron las damas de lady Diana en su boda de cuento de hadas. A todas las primas excepto a mí. Aparentemente, mi pelo no armonizaba con la combinación de colores (todas las demás eran rubias y yo tenía el pelo castaño claro), aunque creo que se inventaron la excusa del pelo porque nadie quería decirme la verdad: no quería que una *drag queen* fuera su dama de honor. Fue tal vez la primera vez que se reconocía mi género en un evento familiar y aunque nadie dijo que yo fuera un chico, era evidente que tampoco me reconocían como una chica.

Tuve la suerte de nacer en los años setenta y crecer con *Free to Be... You and Me.* Cuando era muy pequeña, nadie cuestionaba que una niña pudiera llegar a pedir de regalo un Lego y una navaja. En mi colegio no había un equipo de fútbol femenino y cuando no pude conseguir que el profesor de educación física creara uno, alegué que al menos deberían permitirme probar en el equipo masculino. En mi casa lo interpretaron como «ser una buena feminista» y no como un fracaso de la feminidad. Pese a que no tenía ni idea de que existieran los transexuales o de que una persona pudiera elegir ser un hombre o una mujer, ambas cosas o ninguna, durante mi infancia me animaron a elegir qué clase de niña quería ser y a ver que no hay nada que esté fuera de los límites. Si tuviera que enumerar aquello que aprecio sobre cómo me educaron mis padres, esa libertad de elección encabezaría la lista.

Antes de que mi marido y yo fuéramos familia, dedicamos mucho tiempo a hablar de qué tipo de padres queríamos ser. Negociamos durante horas y horas sobre toda clase de valores parentales, pero no recuerdo que habláramos del género. En nuestro caso, era tan obvio que queríamos educar a una persona pequeña que pudiera elegir sobre el género que ni siquiera tuvimos necesidad de hablar de ello, al igual que, al ser los dos angloparlantes, no negociamos criar a nuestro retoño en inglés. Ahora, cuando otras personas me preguntan (y siguen preguntando), puedo articular algunas de las piezas: quiero que nuestra persona pequeña disponga de opciones, tengo interés en fomentar la autoexpresión y la autoexploración, me aseguraré de que haya espacio para la posibilidad y quiero que nuestra persona pequeña se sienta valorada. La educamos con estos valores porque es como nosotros vivimos en el mundo y es el trabajo que ambos hacemos. La educamos con estos valores, no porque estemos llevando a cabo un «experimento de género» en concreto, sino porque toda experiencia de crianza es en sí un «experimento de género» y, tras haber probado varias posibilidades, creemos que es lo mejor.

Llamamos a nuestro viaje hacia la crianza «Proyecto de adquisición de una persona pequeña»[1] y nuestra primera medida concreta fue elegir un nombre. Algunas familias cuentan que negociaron un nombre o que tenían varios que les gustaban, pero nosotros siempre tuvimos claro que íbamos a tener a un Stanley. Stanley es un nombre que ha estado presente en las dos familias: tanto mi marido como yo tuvimos abuelos que se llamaban Stanley con los que estuvimos especialmente unidos y, antes de que alguien pregunte, no, no el mismo abuelo, aunque murieron con seis semanas de diferencia durante el año en que nos conocimos. Íbamos a tener a un Stanley. Otras personas mostraron de inmediato su preocupación: «¿Y si tenéis una niña?», preguntaban, a lo que respondíamos despreocupadamente: «La llamaremos Stanley». Cuando mencionábamos que la madre de Barak Obama se llamaba Stanley, normalmente la gente se tranquilizaba. Nadie preguntaba: «¿Y si tenéis un niño?».

Durante el período transcurrido entre la concepción y el nacimiento, cuando nos preguntaban si sabíamos que íbamos a tener, respondíamos con gran alegría: «¡Un bebé!». Es verdad que habíamos

---

1. También utilizamos este título en un reportaje de CBC Radio sobre nuestro viaje con destino a tener descendencia. El reportaje se puede escuchar aquí: <http://www.cbc.ca/thecurrent/episode/2010/12/24/small-person-acquisition>.

visto los genitales del bebé en una ecografía, pero nos pareció que era una información privada solo para nosotros dos. No había previsto lo insistente que iba ser la gente a la hora de formular esta pregunta, lo frustrante que les resultaba cuando no decíamos si íbamos a tener «un niño o una niña». Algunas personas nos preguntaban si nos íbamos a unir al «equipo rosa o al equipo azul» y parecían ofendidas cuando respondíamos que nos íbamos a unir al «equipo bebé». La gente escrutaba nuestros planes, el registro de nuestro bebé y las compras relacionadas con el mismo, para ver si podían descubrir pistas sobre su sexo. Cuando comprendieron claramente que no íbamos a decirles si esperábamos un niño o una niña, se ofrecieron a comprarnos artículos amarillos y tuvimos que explicar con delicadeza que no pretendíamos ampliar la categoría binaria de niño = azul y niña = rosa a tres opciones, sino que queríamos que nuestro hijo dispusiera de toda la gama cromática y que, con el tiempo, pudiera decidir qué colores ponerse.

Mi amigo Max cuenta que cuando estaba embarazado, cada vez era más frecuente que le consideraran una mujer y que lo solventó conservando un espacio fuera de las expectativas de género que la gente tenía para su futuro bebé. Para mí, la palabra «bebé» no tiene género y es casi como si «bebé» fuera su propio género. «Bebé» incluye posibilidades y quiero conservar esas posibilidades mientras pueda. Sin embargo, a los comercios les interesa imponer una categoría de género cuanto antes. Me sorprendió descubrir que las tiendas se dividían literalmente en secciones rosa y azul, que a menudo tenían las baldosas y las paredes con códigos de color para evitar que incluso un progenitor privado de sueño acabara en la zona equivocada de la tienda.

Hemos seguido unas pocas reglas sobre la ropa desde el principio y ninguna de ellas tiene nada que ver con prohibir el rosa y el azul. La primera regla ha sido no elegir nada que sexualice a la infancia, tanto porque la propia idea nos molesta como porque muy a menudo el propósito obvio es reforzar la heterosexualidad. Por tanto, nada de «El amorcito de papá» con grandes marcas de lápiz de labios rojo ni camisetas de la sección de niños con frases como «Poneos a la cola, chicas» o «La presumida de papá». La segunda regla ha sido evitar los mensajes que refuercen los roles de género estereotipados. Así, aunque la sección de niño ofertaba «El héroe de mamá» y «La pequeña ayudante de papá», las dejamos en el estante. Hemos evitado las prendas de la sección de niño que ensalcen los deportes y los camiones y hemos descartado la ropa de la sección de niña repleta de lazos y volantes y con mensajes que únicamente hablan de ser bonita. Hemos valorado la comodidad, lo lúdico y las prendas que consideramos atractivas (lo que se ha traducido en una cantidad mayor de la habitual de pulpos y bicicletas en el armario de Stanley). Hemos aceptado mucha ropa heredada y hemos comprado en ambas secciones de las tiendas.

Es importante señalar aquí que esto no tiene nada que ver con ignorar el género o con intentar suprimir las categorías de «niño» y «niña» y sustituirlas por una sola denominada «género neutral». Como ninguno de los dos somos *femme*, hemos mantenido largas conversaciones sobre quién podría asesorarnos en las artes y ciencias de una *femme* si nuestro retoño resulta tener una identidad de género *femme*. Mi marido es un poco dandi y tiene predilección por los pañuelos de bolsillo, los gemelos y las pajaritas; mi estilo es un poco una mezcla entre *queer* urbano y granjero. Aunque ambos valoramos lo *femme*, ninguno de los dos está especialmente dotado para encarnarlo. Un grupo de *femmes* fuertes allegadas que cuentan con nuestro afecto se ofreció a prestar ayuda. En este momento, Stanley tiene camisetas de color rosa intenso, un tutú, toda clase de leggings, un sombrero de paja rosa y una llamativa colección de horquillas para lucir en sus rizos rubios. Si resulta que Stanley quiere ser *femme*, lo ampliaremos. Soy consciente de que las familias que intentan evitar los estereotipos de género en la ropa de sus criaturas suelen acabar comprando en la sección de niño de la tienda y, aunque se suele considerar que los pantalones son de «género neutral», nunca se designa de esta manera a las faldas. Tengo cuidado de que nuestras decisiones tengan que ver con la elección de cosas que nos gustan y con garantizar la libertad de elección de Stanley, y no simplemente con prescindir de los extremos. No tengo seguridad de que entendiéramos, cuando iniciamos el proceso de concepción, cuánta resistencia íbamos a necesitar para mantener un espacio de elección para Stanley, pero la presión existe y cuanto más intentan los departamentos de marketing imponer el género, más enérgicamente nos resistimos.

Los adultos de nuestro entorno llevan habitualmente pantalones. Nos casamos con *kilts* y los llevamos en ocasiones especiales. Nos ponemos *sarongs*, pero normalmente los anudamos como lo hacen los hombres. Si fuéramos los únicos modelos por imitar de Stanley, podría ser un problema, pero no lo somos. Stanley conoce a personas que llevan vestidos y faldas y tienen un aspecto fabuloso con ellos. Toda una legión de personas a las que admira y respeta, entre las que figuran familiares, cuidadoras de la escuela infantil y amistades, sirve de modelo de que esas elecciones de ropa son apropiadas. Si nosotros como familia estamos siendo un modelo de la elección de aquello que nos parece cómodo y apropiado, no vamos a empezar a llevar faldas para servir de modelo de que son una opción especialmente buena, sino que vamos a ser modelos sobre el hecho de poder elegir. Además, también evito las corbatas, no me gustan los chalecos y prefiero los guantes a las manoplas. Es posible que Stanley ande algo escaso de modelos que lleven corbata, pero, aparte de eso, nos va muy bien.

A los dos años y medio, Stanley está empezando a expresar sus deseos en relación con la ropa. La mayoría de las veces, Stanley se contenta con elegir entre las prendas que le hemos proporcionado, aunque acaba de empezar a pedir ropa nueva. Nos ha informado de que no tiene suficientes camisetas moradas y, con el ánimo de respetar sus elecciones, le estamos comprando más. Stanley tiene una clara preferencia por los pantalones suaves y tiende a rechazar los vaqueros, por lo que elegimos pantalones cortos y largos de algodón suave sin tener en cuenta el género que pueda haber imaginado el diseñador. Por lo general, Stanley sale a la calle vestido con animales en el pecho, zapatos resistentes en los pies, una espléndida cabellera larga y una confianza absoluta en sus elecciones.

Tal vez has sentido alivio al leer la última frase y quizá te has alegrado de que haya reconocido, por fin, el género de Stanley. Quizá lo estabas esperando y te lo estabas preguntando. La última vez que hablamos de ello, Stanley me dijo que era «un niño», aunque también dijo que era «una niña», y ha declarado que es un «niño pequeño» y «un chico grande». Mi declaración favorita de Stanley sobre su género se produjo una tarde después de leer *Girls Will Be Boys Will Be Girls*, de Jacinta Bunnell, cuando Stanley dijo: «Mi género es morado». El género manifiesto por Stanley cambia a diario e intento no otorgarle demasiada importancia a la respuesta de cada día. Igualmente, intento no otorgarle demasiada importancia a que hoy le encanten los maca-rrones con queso y los guisantes frescos; en la más tierna infancia se caracterizan por ser volubles y al día siguiente todo podría ser diferen-te. En ambos casos, el género y la cena, es sumamente importante que yo valore cómo se ve en ese momento y es igualmente importante que no lo extrapole a su futuro. Me dice lo que es adecuado en ese momento y yo entiendo que en un momento diferente en el futuro eso podría cambiar. Pese a todas estas declaraciones, no estoy seguro de que aún entienda el género: aplica «él» y «ella» a las personas sin seguir un patrón discernible. Le estamos enseñando que para saber qué pronombre utilizar hay que preguntar a la persona de la que se quiere hablar.

Las tiendas de ropa infantil no son el único lugar segregado por género que nos hemos encontrado. Cuando intentas elegir un libro o un juguete, lo más probable es que la persona que te atiende te pregunte: «¿Es para un chico o para una chica?». Requiere un esfuerzo diario describir a Stanley como «una persona pequeña curiosa, llena de asombro por el mundo y de entusiasmo», en lugar de como un niño o una niña, pero es muy importante no limitar su potencial, o sus juguetes, debido a su género.

A la hora de buscar una escuela infantil, tuvimos presentes nuestras ideas acerca del género. En primer lugar, necesitábamos una en la que pudiera ver positivamente que en su familia hay dos papás, en la que respetaran y animaran a las criaturas de todos los géneros a aprender a ser personas afectuosas que cuidan de los demás y no le compadecieran por no tener una madre. En segundo, necesitábamos una escuela infantil que le permitiera jugar sin limitaciones de género. El día que visitamos la escuela infantil que acabaríamos eligiendo, había dos niños peleándose por un bolso. Cuando una empleada intervino, dijo: «Derek, ahora tiene el bolso Simón. Es su turno. Podrás tenerlo tú cuando él acabe». No se avergonzó a ninguno de los niños por querer un bolso ni se sugirió en ningún momento que fuera algo inadecuado. Simplemente, se les invitó a compartir.

En su escuela infantil le llaman «el terremoto rubio», un reconocimiento de que es una fuerza de la naturaleza y de su largo cabello rubio. Nunca le hemos cortado el pelo a Stanley y sus hermosos rizos le llegan casi hasta la cintura. Cuando estamos en público, la mayoría de la gente parece creer que su pelo es un significante que define su género y nos felicitan por la «niña tan guapa» que tenemos. Es todo un desafío desbaratar su suposición de que el pelo largo significa que es una niña, y que todas las niñas tienen que ser guapas, sin enseñarle a Stanley que estaría mal ser una niña o sin ser maleducados ante un cumplido. Tampoco creo que Stanley entienda que la gente piensa que es una niña por el hecho de que lleve el pelo largo. No creo que conozca a suficientes mujeres con el pelo largo o a suficientes hombres con el pelo corto como para comprender que muchas personas presuponen que existe una correlación. Algunos días juegan a la peluquería en la escuela infantil. El profesorado les quita las gomas y horquillas del pelo y les peinan. Es una actividad tranquila, en la que se pueden acurrucar junto a su profe y sentirse cuidado y guapo, algo positivo para todas las criaturas. A Stanley le encantan los días de peluquería.

Nuestras ideas sobre el género también han repercutido en nuestra elección de los medios de comunicación. No tenemos televisión y no tenemos ninguna relación con el imperio Disney. Poco a poco ha ido descubriendo a Dora la exploradora y a Thomas la locomotora a través de otros niños y niñas, pero su imaginario aún no está poblado de este tipo de personajes. Poblamos su imaginario con una gran diversidad de personajes de muchos libros. Estoy seguro de que, con el tiempo, habrá más televisión y más campañas comerciales de juguetes, y se enganchará. No creo que podamos mantenerle lejos de estas cosas para siempre. Supongo, y lo espero en lo más profundo de mi corazón, que de momento puede crear toda la acción y todas las tramas. Creo que es así como se crean narradores: proporcionándoles muchos libros y dejando que jueguen con las ideas.

Como persona adulta, he descubierto que puedo pensar cuanto quiera sobre un tema concreto y que después, cuando salgo al mundo, aquello sobre lo que he pensado con anterioridad se vuelve menos importante de lo que era en aquel momento. Hace poco, durante un fin de semana, Stanley y yo acampamos en un festival de música. Las tiendas estaban montadas muy juntas, había música de acordeón y violín, y un grupo de niñas y niños jugaba entre las tiendas. Una niña, que aparentaba unos cinco años, se detuvo y me preguntó si Stanley era un niño o una niña. Miré a Stanley y le pregunté en voz alta: «Stanley, ¿eres un niño o una niña?». Stanley respondió: «Soy una niña». Se lo repetí a la niña que había preguntado y ambos volvieron a dedicarse a la importante tarea infantil de corretear, perseguir balones de playa, gritar e intentar que los adultos les pasearan en carretillas.

Al cabo de unos quince minutos oí a la niña presentar a Stanley a su madre: «Es Stanley. Es una niña».

La madre respondió con suavidad: «Cariño, Stanley es un nombre de chico. Creo que no lo has entendido bien».

Stanley, que estaba sentada con la niña en la carretilla y al lado de su madre, intervino: «¡Soy una niña!».

Pero la madre, en lugar de confiar en la palabra de su hija, o en la corroboración de la mía, se enzarzó en un pequeño toma y daca con las niñas e insistió en que Stanley tenía que ser un chico. Finalmente, miró hacia el lugar donde yo estaba fregando los platos y me preguntó: «¿Stanley es un niño o una niña?».

Le respondí: «Ella dice que es una niña, así que ¡es una niña!».

Sin embargo, la madre tampoco parecía muy dispuesta a confiar en mi palabra. «Pero ¿Stanley no es un nombre de chico?», preguntó.

Así que le expliqué la historia de que habíamos elegido el nombre de Stanley ya antes de su concepción y de que habíamos decidido que íbamos a tener un Stanley fuera cual fuera su sexo. Le conté el cotilleo siempre socorrido de que el primer nombre de la madre de Barack Obama era Stanley y lo dejamos ahí.

He estado pensando en este diálogo desde entonces. En primer lugar, la crianza es una serie constante de pequeños momentos y decisiones. Me alegro de que cuando la niña me preguntó si Stanley era un chico o una chica mi impulso fuera preguntarle a Stanley. Me gusta que reafirme tanto que es su elección como que es Stanley quien tiene que elegir. Me gusta que convierta a Stanley, y no a mí, en la persona experta en Stanley. Me gusta que permita a Stanley elegir en ese momento qué identidad le parece mejor. No siempre me he sentido tan satisfecha con mi labor como madre, pero en aquel momento hallé la respuesta correcta y quiero aferrarme a ella y recordarla para poder utilizarla de nuevo.

Más tarde, esa misma mañana, otro niño vino a pasar el rato conmigo mientras recogía nuestras cosas. A este otro niño le interesaban nuestras cosas y no dejaba de preguntar qué eran. Al principio me fastidió, ya que quería guardarlo todo antes de que empezara a llover y estaba tratando de seguirle la pista a Stanley. Pensé que el niño quería pasar el rato conmigo por hacer algo y entonces dijo: «No me confundas con una niña. Mucha gente me confunde con una niña». De pronto, me di cuenta de por qué este niño estaba pasando el rato conmigo. «No lo haré», le dije. El niño me dijo que mucha gente creía que era una niña porque llevaba el pelo largo y las uñas pintadas. «Ya verás mi disfraz para el desfile», me dijo y, como el desfile infantil era pronto, se marchó a vestirse. Cuando volvió, llevaba un vestido blanco de encaje (el tipo de vestido que imagino que se podría llevar en una primera comunión) y un par de enormes guantes de boxeo. «Tienes un aspecto fabuloso y feroz», le dije, y le encantó. Admito que en aquel momento, y también mientras escribo esto, me parecía tanto al niño como a la madre de enfrente. Al igual que el niño, quiero definir mi propio género y descubrir cuál encaja mejor a menudo me sale un poco *queer*. Al igual que la madre, tuve la tentación, y también ahora al escribir, de hacer conjeturas sobre el sexo que se le asignó ese niño al nacer.

Admito que se debe a mi adultismo, a mi propia e inapropiada curiosidad y a lo arraigada que está en mí la manera de entender el género en nuestra cultura. No habría sido apropiado preguntarle o hacer conjeturas aquella mañana; la única respuesta correcta era hacer lo que él pedía y «no confundirle con una niña», y sería aún menos apropiado hacer conjeturas ahora que no está presente. Permítaseme decir que era feroz y fabuloso, y que me pidió que no me equivocara. Quiero hacerlo por él. Quiero asegurarme de que pueda seguir encontrando lugares en los que poder pedir a las personas adultas que no confundan su género y quiero asegurarme de que lo hacemos. En el fondo, es esto lo que quiero para todos, ya seamos peques o personas adultas, que podamos afirmar quiénes somos y que las personas que nos rodean escuchen, crean y actúen en consecuencia. Espero que las decisiones que estamos tomando al criar a Stanley hagan que le resulte más fácil de lo que me resultó a mí.

Referencias bibliográficas

Bunnell, Jacinta e Irit Reinheimer (2004), *Girls Will Be Boys Will Be Girls Will Be... A Colouring Book*, Soft Skull Press, Brooklyn.

Thomas, Marlo (1974), *Free To Be... You And Me*, Running Press Publishers, Filadelfia.

7.
Entre el pueblo y los *Village People*: negociando la comunidad, la etnicidad y la seguridad en una crianza desde la fluidez de género

May Friedman

«¿Por qué no le compras una pistola? ¡Sería igual de peligroso!», es la vehemente respuesta de mi madre ante la decisión de permitir que mi hijo de cuatro años se ponga una falda.

Aunque soy muy explícita acerca de mis valores feministas y he intentado criar a mis retoños en un contexto de fluidez de género, es un momento en el que todas las insinuaciones que he hecho alcanzan un punto crítico, en el que todas las muñecas y todos los camiones para mis hijos y para mi hija se materializan de manera inequívoca en un mensaje que, por fin, mi madre no puede desdeñar: voy a respetar las elecciones de mi hijo pequeño sobre su indumentaria y permitirle llevar ropa de «chica». Toda la labor preliminar que creía haber hecho durante años no ha causado, obviamente, la impresión que esperaba, ya que mi madre está tan indignada como lo habría estado si le hubiera dado a mi hijo un arma cargada.

Intento sin convicción desviar su ira, proteger a mis criaturas de su indignación, explicarle mi compromiso con este sistema de valores, pero abandono su casa con un nudo en el estómago. Mi madre, que me llama muchas veces al día, dejó de llamarme durante más de una semana y tardó aún más semanas en dejar su tono frío.

Hay varias maneras de interpretar esta interacción. Por una parte, es sencillo hacer una lectura simple: mi madre, una mujer mayor e inmigrante, no está familiarizada con los puntos de vista actuales sobre el género y, por tanto, le indigna de una manera divertida esta ligerísima incursión en la fluidez de género. Una respuesta más matizada tendría en cuenta la opresión y los peligros que sufrió en sus lugares de origen y diría que su vehemencia es una extensión natural de su complicada historia vital. Por otra parte, podríamos considerar la identidad de género profundamente normativa de mi madre como un objeto transicional, ya que sus otras identidades (edad, nacionalidad, origen étnico) han sido cambiantes e inestables.

Todas estas interpretaciones de nuestra conversación son válidas, pero ninguna es la adecuada, ninguna tiene en cuenta cuánto me afligen su desdén y su enfado o lo complicados que son los entresijos de nuestra relación y de la que mantiene con su nieto y sus nietos posteriores. Estas interpretaciones tampoco son la historia que quiero contar, la de una mujer inmigrante, orientalizada, sencilla e inculta que no «comprende» «nuestros» valores ilustrados (Arat-Koç, 2006). Esta lectura es irrespetuosa con mi madre (y con mis raíces) y no tiene en cuenta la fortaleza de nuestros lazos familiares.

Si fuera un pueblo el que criara a mis retoños, mi madre estaría en la alcaldía. Es una parte fundamental de nuestras vidas y la tensión que hay entre la necesidad de su apoyo y su incapacidad, por la razón que sea, para compartir mis valores sobre la crianza no se puede percibir como fruto de su «simpleza». La verdad dista mucho de ser simple.

Compartir los cuidados

¿Cómo cuidamos? ¿Cómo podemos garantizar que nuestros retoños tengan una vida segura y auténtica? Me encuentro cada vez más con dos respuestas opuestas y contradictorias a esta pregunta. La primera respuesta afirma que no podemos proporcionar seguridad, que las familias nucleares no bastan para satisfacer las complejas necesidades de la infancia y, ni en realidad, de sus padres (Kinser, 2008). Sin embargo, la segunda respuesta es la que surge cuando estoy asustada. Cuando tomo conciencia de mi raza, quiero proteger a mis criaturas del racismo. Cuando temo las repercusiones de vivir en un cuerpo femenino, quiero rodearlos de feministas progresistas. Y cuando exploran su diversidad de género, utilizando las herramientas que he intentado facilitarles durante años, me horrorizan mis propias dudas, mis miedos y mi deseo de constreñir su entorno a unos aliados seguros. Sin embargo, hacer esto es exponerse al desastre en otros ámbitos.

He escrito sobre nuestra necesidad de asumir la responsabilidad recíproca como individuos, desde las familias y en la comunidad (Friedman, 2013). Como académica especializada en el trabajo social, estoy firmemente comprometida con la idea de la responsabilidad compartida que culmina en la respuesta formal de un estado del bienestar sólido. Creo que todos experimentamos contingencias en nuestras vidas y que poder contar con un sistema de apoyo social fuerte (no solo con las redes informales de familiares y amigos) es esencial para nuestro bienestar (Baines, 2011). Esto se aplica especialmente al agotador ámbito de la crianza, donde el individualismo liberal nos exige, sobre todo a las madres, asumir toda la responsabilidad de la avalancha de minucias relacionadas con el mantenimiento y la socialización de pequeños seres humanos (O'Reilly, 2004). En el plano político, abogo por un sistema estatal de asistencia a la infancia y por el apoyo estatal a las madres solteras y a otras familias desfavorecidas. En el plano instrumental y en el psicológico, no creo que debamos ir por libre. Esto se puede apreciar en mi práctica de la crianza, en mi intento de asegurarme de que mis retoños mantengan múltiples relaciones de apego seguras con quienes les cuidan. Con el fin de trastocar la normatividad percibida en nuestros familiares cercanos, les hablamos sobre los «adultos» de nuestro entorno: mamá, papá, Safta, Saba, Sabrina, Doda Judy, Bubie, Zadie, sus profesores, los vecinos, los amigos, etc. Y de hecho, sobre todo en su infancia, daba la impresión de que podíamos participar en un variado mosaico de cuidados, ayudados por nuestro entorno a la hora de negociar la labor de la crianza.

Podría parecer que mi compromiso con esta práctica de crianza compartida y comunitaria es fruto de mi ideología, pero, como ocurre con toda praxis, parte de realidades muy tangibles: en mi caso, la realidad de combinar un empleo complicado e intenso con el deseo de tener varios vástagos. Ya no puedo decir si mi compromiso con lo comunitario aumentó con mi familia o permitió que mi familia aumentara, pero aquí estamos, con muchos aliados en nuestra crianza (aunque, obviamente, el peso de toda la responsabilidad y la atribución de la responsabilidad legal recaen exclusivamente en mi compañero y en mí). Lo que no pude prever cuando las necesidades de mis retoños rebasaron los cuidados físicos inmediatos y se adentraron cada vez más en el terreno de las decisiones políticas y emocionales fue el impacto que tuvo diversificar su equipo de cuidadores fuera de nuestra burbuja íntima. Si compartimos su cuidado, tenemos una responsabilidad diferente, la de permitir que otras personas tengan peso en las decisiones de la familia, una idea que es un anatema en un entorno neoliberal que controla las elecciones de las familias mediante el discurso dominante, pero pretende que la transmisión de los valores recaiga únicamente en esta. Desde que eran muy peques, creía que el control familiar monolítico era algo poco realista y no redundaba en el interés de mis niños. Después, le compré a mi hijo una falda.

El feminismo como segunda lengua

Yo no crecí teniendo ideas feministas. A diferencia de muchas de mis amistades y colegas que se politizaron en la infancia o en la adolescencia, que habían participado en manifestaciones y que habían debatido sobre las intersecciones entre lo personal y lo político con sus familias de origen, yo me conciencié en una etapa muy posterior. Fue en la universidad (poco después del enorme espectáculo de mi boda, junto con el cambio de apellido) cuando caí en la cuenta. De pronto, encontré un lenguaje para describir el persistente malestar que había sentido durante años, el vago reconocimiento de que las cosas no eran como debían ser. Mi confuso compromiso con una vida moral se reconvirtió abruptamente en una firme dedicación a la justicia social.

El feminismo contemporáneo al que me adhiero está relacionado con la teoría crítica de la raza y con un examen tanto del heterosexismo como de la homofobia, que tiene en cuenta el modelo social de la discapacidad y (menos de lo que me gustaría) el impacto de la clase (Hernández y Rehman, 2002; Wilson, Sengupta y Evans, 2005), y funciona como «un lugar polisémico de personalidades contradictorias» (Shohat, 2006, p. 2). Este momento posestructuralista y poscolonial me ha permitido dar sentido a mi propia vida y a mi identidad, así como al complejo mundo en el que habito. De este modo, mi compromiso con el feminismo afectó a mi maternidad incluso antes de que empezara a crear una familia. Conocía el impacto del género, la raza y la clase en mi propia vida; podía ver con más claridad cuáles eran mis ámbitos de privilegio. Sobre todo, quería vivir una vida empoderada pese a la maternidad y quería asegurarme de que mis criaturas tuvieran pleno acceso a todas las oportunidades y experiencias, independientemente de su sexo o género. Mi compromiso con estos ideales se intensificó rápidamente con la maternidad. Me sentía frustrada por cómo la crianza permitía que mi relación con mi compañero sufriera una regresión a roles de género problemáticos (aunque años de conversaciones persuasivas han tenido un notable impacto en estas cuestiones). Estaba, y estoy, increíblemente consternada por las limitaciones impuestas sobre todo a mi hijo mayor y a mi hija, por cómo a mi hijo se le califica de inteligente y fuerte, y se le alaba su capacidad física, mientras que a mi hija se le elogia su bonita caligrafía y su capacidad para el juego independiente. Una de las muchas alegrías que nos deparó tener a nuestro tercer hijo fue que a esta pequeña persona se le permitió tener una personalidad propia sin que cada rasgo, cada diferencia con sus hermanos, se atribuyera de inmediato al sexo.

Para compartir la crianza con mi compañero ha sido necesaria una intensa negociación y tener conciencia de cómo, en una unión heterosexual este rol adulto de crianza puede suponer implantar ciertas ideas sobre el género. Su entrenamiento en artes marciales, mi repostería, mi preferencia por lavar la ropa mientras él saca la basura, estas aficiones y tareas no son elecciones benignas. Igualmente, cuando sacamos partido a nuestras cualidades en la crianza, mis criaturas pueden ver a su progenitora realizando labores minuciosas y llevando un control de cosas como las citas y los horarios, mientras que su progenitor puede parecer a veces más divertido. Por otra parte, hay maneras de subvertir estas categorías binarias, de tomar decisiones que vayan en contra de las expectativas. Sin duda, nos mantenemos unidos en nuestro intento de ser conscientes de cómo actúa el género en nosotros y sobre nosotros como padres y personas.

La crianza desde la fluidez de género no tiene que ver con dejar que lleven ropa del «otro» género, aunque, obviamente, les animamos a hacerlo. No tiene que ver con comprarles muñecas y camiones. Tiene que ver con intentar continuamente entablar conversaciones complicadas que les animen a entender cómo se forman sus ideas e identidades. Tiene que ver con ayudarles a dejar las puertas abiertas, con permitirles convertirse en sus yos más auténticos. Implica explorar la raza y la capacidad física, tener en cuenta la interpretación de mi cuerpo rollizo y moreno y de su piel blanca, y de cómo otras identidades se entremezclan con el género. Tiene que ver con afirmar tanto la importancia del género en sus vidas como, simultáneamente, su irrelevancia fundamental.

Son valores radicales, ideas que se oponen drásticamente a los discursos dominantes sobre cómo *deben* actuar los niños y las niñas, las madres y los padres. Defender estos valores frente a la escuela, los medios de comunicación, sus iguales y prácticamente todas las demás influencias que proclaman la necesidad de tener un género específico y delimitado que se corresponda con los genitales, y fomentar el pensamiento crítico en lugar del conformismo acrítico, no son tareas fáciles. Como afirma Dan Kois, «cualquier familia que críe a sus retoños en 2012 sabe que no es sencillo desenvolverse en una cultura que parece decidida a vender vestidos de princesas a las niñas (aunque las princesas que los lleven sean atrevidas, inteligentes y valerosas) y disfraces de superhéroes a los niños (aunque los superhéroes sean buenos, siguen siendo casi todos tipos musculosos)». Me resulta tentador creer que lo mejor es proteger, todo lo posible, a mis criaturas de la influencia del mundo exterior, intentar circunscribir sus relaciones afectivas únicamente a mí y a mi coprogenitor o quizás a un reducido círculo de aliados. Sin embargo, esto entorpece claramente mi objetivo de seguir siendo una madre empoderada. En mi ámbito particular, la maternidad empoderada se consigue permitiendo que mis retoños reciban muchísimo amor, invitando a las personas de mi familia y de mi comunidad a unirse a mí para cuidarles. Sin embargo, al pedir ayuda, al reclamar una comunidad, el mensaje de los «valores» se vuelve menos coherente y, sobre todo en el caso de los cuidadores más cercanos, como mi madre, que me exige ceder el control, permitir que intervengan. No puedo compartir a mis retoños sólo bajo mis condiciones, sin restringir drásticamente el apoyo instrumental o emocional que vaya a recibir.

Tenerlo todo

La insinuación de que mis criaturas se benefician de una gran cantidad de cuidadores solo para que yo tenga un respiro menosprecia todo el potencial de estas relaciones, que son contradictorias y complejas. Al pasar tiempo con muchas personas que les quieren, han aprendido a aceptar la ambigüedad, a comprender el conflicto (respetuoso), y su certidumbre sobre la omnipotencia de las personas adultas, se ha visto seriamente cuestionada. Probablemente, su acceso a tantos puntos de vista diferentes ha ampliado su capacidad para el pensamiento crítico. Han aprendido cosas que yo no puedo enseñarles. Cuando hablan con su abuelo de cómo este abandonó a toda su familia para evitar seguir siendo un soldado, aprenden sobre el género. Cuando conocen las experiencias de su abuela en la facultad de derecho mientras criaba a su padre de niño, aprenden sobre la heteronormatividad. Cuando ven a su tía o hablan con ella de la decisión de criar a sus hijos de una manera hipergenerizada, están ejercitando su capacidad crítica para comprender que el género marca nuestras creencias y está interconectado con sistemas como la religión y la clase. Tanto las influencias positivas como las negativas permiten a mis retoños aprender mucho más de lo que aprenderían si los circunscribiera, como por arte de magia, a un entorno totalmente progresista. Sin embargo, este análisis no tiene en cuenta su seguridad, cómo me estremezco cuando un familiar dice algo homófobo o cómo me turba cuando la conversación deriva hacia un análisis condescendiente de las niñeras catalogadas por razas y comentan «cómo está el servicio». Estoy buscando a alguien que cuide a mis hijos y me espantan las consecuencias de que estén con alguien que les quiera pero que no les quieran aceptándoles o respetando la diferencia. Temo especialmente las consecuencias de los modelos de género normativos, en vista del elevado índice de suicidios entre los jóvenes con un género diverso: Kim Pearson, de *Trans Youth Family Allies*, señala que «el mayor riesgo de suicidio del planeta se da en la infancia trans, sin excepción» (citado en Green, 2012). No puedo decir si mis retoños traspasarán los límites de los sexos que se mencionan en sus partidas de nacimiento, pero sería una lástima perderlos porque teman hacerlo.

Ante la imposibilidad de crear un «espacio seguro», quiero ayudar a mis hijos a evitar las influencias odiosas, a que se sientan libres de explorar su potencial, sobre todo con personas que dicen quererlos. A veces resulta tentador limitar el acceso en nombre de la seguridad. Mientras exploro este terreno, me doy cuenta de hasta qué punto sigo ocultando mis ideas y deseos en el seno de mi familia de origen. Tomo nota de cómo mi decisión de asociarme con un hombre me ha permitido «pasar» durante tanto tiempo, que he olvidado la profundidad de la normatividad en la que fui educada. Sin embargo, describir mis orígenes como normativos también es una distorsión, tampoco explica toda la historia.

Fuera/dentro

Algunos días tengo la impresión de que vivo mi vida de dos maneras. Soy la académica feminista segura de sí misma, que examina las representaciones de la crianza en la esfera pública y enseña al alumnado los peligros de los marcadores de la identidad hegemónica. Sin embargo, otras veces soy simplemente «Baby May».

Baby May es como se me conoce en mi familia de origen. Nueve años menor que mi único hermano, nunca dejaré de ser el bebé, por muchos títulos que consiga o por muchos hijos que tenga. Y como a veces estoy cansada de discutir, en ocasiones es reconfortante retirarse a este lugar, un lugar en el que al pensamiento crítico se le da mucho menos valor que a la alta costura.

Tras haber conocido la pobreza extrema, el racismo y la marginación, el privilegio de clase que ha adquirido mi familia de origen se ve atenuado por la inseguridad, por las experiencias como refugiados e inmigrantes. Los cambios geográficos han priorizado nuestros lazos familiares y tal vez por eso ser Baby May resulta tan seductor, tan seguro. Mi familia y mi comunidad de origen están bastante politizadas a su manera, pero a menudo son muy conservadoras para erradicar las vulnerabilidades del pasado y mantener su propia necesidad de disfrutar de una seguridad intocable en el presente. Sus prejuicios y su hostilidad hacia mis ideas progresistas no son fruto de la ignorancia, sino de una compleja amalgama de temor, historia y amor, de la sensación de que su conservadurismo nos evitará a mi familia y a mí el dolor de ser unos marginados, de ser vilipendiada por mi identidad. Curiosamente, en mi experiencia particular, mi familia y yo estamos intentando resolver el mismo problema, responder a la diferencia, poniendo en práctica dos soluciones opuestas. Intento aceptar la diferencia y la fluidez en el género, la sexualidad y todos los demás ámbitos. Esbozan una sonrisa forzada ante mi ingenuidad y me aconsejan, con sus palabras y sus actos, que evite destacar, que erradique la diferencia siempre que sea posible y que «pase» tanto como pueda.

El conservadurismo de mis lugares de origen me hace sentirme profundamente incómoda, pero es como un hogar ya conocido. En cambio, al emigrar a un barrio progresista del centro me he rodeado de familias de aliados, con niños y niñas modernos que transgreden los roles de género en los columpios del parque local. No obstante, este cambio no siempre ha sido del todo satisfactorio. En cierto modo, tengo la impresión de que mi situación en este espacio es inestable, rodeada de vecinos de una clase relativamente privilegiada y culta (y en su inmensa mayoría blanca). Paula Austin lo expresa muy bien: «Me he sentido excluida del feminismo principalmente porque excluye a mujeres parecidas a mi madre» (2002, p. 167). Al igual que otras personas que viven identidades liminales (Walker, 2001; Weiner-Mahfuz, 2002), a veces me siento fuera de lugar dondequiera que viva.

Temo que, al analizar mis propias experiencias, esté alimentando la estereotipada construcción de que la concienciación es un espacio exclusivo para los cuerpos privilegiados y que la fluidez de género sea una iniciativa exclusiva de las personas blancas (Tokawa, 2010). Me asusta un poco cuando se me admira por mi práctica de crianza, cuando oigo decir «¡tienen tanta suerte de tenerte!». Ese temor se debe a que simplemente estoy arreglándome como puedo, cometiendo un sinfín de errores que se traducirán en la necesidad de hacer terapia en el futuro, regañando cuando debería escuchar, alejando a mis retoños cuando debería atraerlos, lidiando con el reto de ser yo misma y ser responsable. No puedo oír que lo estoy haciendo bien cuando sé que puede que en muchos sentidos no esté ejerciendo bien como madre. Sin embargo, al mismo tiempo, tras mi resistencia a reconocer los elogios de mi práctica maternal subyace un malestar más profundo: sobre todo, cuando se formulan como respuesta a mi preocupación por momentos difíciles con otros seres queridos, estos elogios me generan tensión. En ocasiones da la impresión de que el subtexto del cumplido es un reconocimiento de que somos mucho más progresistas que nuestros antepasados, de que somos más cultos que las personas que nos rodean.

Al ser una persona que no ha crecido inmersa en el feminismo, este análisis me hace sentirme incómoda. Parece que haya pasado tan poco tiempo desde que era esa persona que hacía comentarios torpes,

que muy fácilmente podría haber perseverado en una compasión bien-
intencionada y acrítica, similar a la de la beneficencia. Soy consciente
de que la retórica, en mi caso, puede ser cierta: que me he concienca-
do gracias a la educación y que es un privilegio inmerecido y complicado. También soy consciente de la politización de muchas de las personas de mi entorno debido a situaciones de opresión extrema, de que
mis colegas inmigrantes y aborígenes entienden la «revolución» de
una manera visceral a la que yo nunca tendré acceso, de que mis amistades que viven la marginación conocen el significado del activismo
en sus cuerpos, en momentos tangibles y críticos. No quiero escribir la
historia de la hija angloparlante y con estudios que cría «bien» a sus
hijos, protegiéndolos de las opiniones sesgadas e ignorantes de sus abuelos inmigrantes. Esa historia es limitante y restrictiva y nos hace un
flaco favor a todos, a mis padres, a mis hijos y a mí misma.

Mi oposición a la idea de que la crianza desde la fluidez de género sea un espacio exclusivo para las familias occidentales cultas no
solo tiene que ver con que discrepe de este supuesto, por ser una interpretación errónea de las complejas expresiones del género que se producen en los contextos no occidentales (Comeau, 2007). Más bien, en
el plano personal, temo que mis retoños sientan la necesidad de hacer
activismo. De pronto, estoy criando a personas que hablarán alegre-
mente de las protestas a las que acudieron con su madre, que darán por
sentado que es necesario que se produzca una transformación social.
En este contexto, puede ser fácil criar a hijos e hijas que lleguen a ser
críticos de una manera irreflexiva, que adquieran un enfoque crítico
que podría no estar fundamentado en la ardua tarea de la concienca-
ción, sino que simplemente les permita considerar el pensamiento crítico como un nuevo dogma, un «camino correcto», a diferencia de las
personas irreflexivas de su entorno. Sin embargo, como sugiere un
encuestado del estudio realizado por Tey Meadow, no es ese el objetivo de la crianza desde la fluidez de género: «No creo que la crianza
consista en que nuestros hijos crezcan y se conviertan en pequeñas
réplicas de nosotros mismos. Tiene que ver con cómo creamos un entorno seguro, cómodo, aceptable en el que crezcan y sean ellos mismos, quienesquiera que sean. ¿Y hay límites? Sí, pero dentro de un
determinado ancho de banda amplio, llegan a descubrir quiénes son»
(2011, p. 737).

Conclusiones

Quiero que mis hijo retoños jueguen con el género. Quiero que mis criaturas sean críticas, auténticas y tengan cierta seguridad para nombrar y elegir sus marcadores de identidad. Sin embargo, alentar una respuesta reflexiva ante la diferencia significa comprender el enfado de mi madre. Significa comprender por qué creo que mi madre está equivocada y que mi hijo debe tener su falda, y también entender sus enrevesadas razones para estar tan enfadada. Significa enseñar a mis hijos a cuestionar, en lugar de a descartar. Como escribe Amber Kinser: «Para mí, cada momento relacionado con la maternidad es también un momento de relación con la multiplicidad, de intentar reducir la fricción entre las exigencias opuestas de múltiples seres y relaciones. Para sobrevivir desde una maternidad feminista se necesita llegar a ver que este roce, esta fricción, esta tensión no es puramente oposicional y, por tanto, deba resolverse, sino que es inherente y necesaria, y no requiere una solución» (2008, p. 124).

La mejor manera de enseñar a mis retoños a pensar críticamente, a cuestionar, es no hacerlo sola. No puedo ser un modelo de éxito criticando el paradigma neoliberal del individualismo y la eficiencia, y al mismo tiempo, guardándomelos para mí, a fin de estar mandando un mensaje coherente. Más bien, debo confiar en que estar rodeados de amor y contradicciones agudice su espíritu crítico, que verse obligados a confrontar diferencias de opinión (algunas de ellas muy dolorosas) les dote de una mayor capacidad para comprender. Me doy cuenta de que esta respuesta suscita controversia, que al invitar al diálogo en lugar de a la certidumbre puede que exponga a mis hijos al odio, que estoy dando prioridad al amor imperfecto frente a la seguridad perfecta. Sin embargo, es lo único que sé hacer, sin seguir ningún manual, sin seguir ningún sabio consejo, sino confiando en mis instintos, transitando por el filo de la navaja de entre donde estoy y de donde vengo, confiando en no fracasar demasiado estrepitosamente, en que mi empeño sea suficiente.

Referencias bibliográficas

Arat-Koç, Sedef (2006), «Whose Social Reproduction? Transnational Motherhood and Challenges to Feminist Political Economy», en Kate Bezanson y Meg Luxton (eds.), *Social Reproduction: Feminist Political Economy Challenges Neo-Liberalism*, McGill-Queens University Press, Montreal, pp. 75-92.

Austin, Paula (2002), «Femme-Inism: Lessons of My Mother», en Daisy Hernández y Bushra Rehman (eds.), *Colonize This: Young Women of Colour on Today's Feminism*, Seal Press, Emeryville, CA, pp. 157-169.

Baines, Donna (ed.) (2011), *Doing Anti-Oppressive Practice: Social Justice Social Work*, Fernwood Publishing, Halifax.

Comeau, Lisa M. (2007), «Towards White, Anti-Racist Mothering Practices: Confronting Essentialist Discourses of Race and Culture», *Journal of the Association for Research on Mothering*, 9.2, pp. 20-30.

Friedman, May (2013), *Mommyblogs and the Changing Face of Motherhood*, University of Toronto Press, Toronto.

Green, Jesse (2012), «S/He: Why Parents of Transgender Children are Faced with a Difficult Decision», *New York Magazine*, web, 27 de mayo.

Hernández, Daisy y Bushra Rehman (eds.) (2002), *Colonize This! Young Women of Colour on Today's Feminism*, Seal Press, Emeryville, CA.

Kinser, Amber E. (2008), «Mothering as Relational Consciousness», en Andrea O'Reilly (ed.), *Feminist Mothering*, SUNY Press, Albany, pp. 123-142.

Kois, Dan (2012), «Free to Be», *Slate*, web, 22 de octubre.

Meadow, Tey (2011), «"Deep Down Where the Music Plays": How Parents Account for Childhood Gender Variance», *Sexualities*, 14.6, pp. 725-747.

O'Reilly, Andrea (ed.) (2004), *Mother outlaws: Theories and practices of empowered mothering*, Women's Press, Toronto.

Shohat, Ella (2006), *Taboo Memories, Diasporic Voices*, Duke University Press, Durham.

Tokawa, Kenji (2010), «Why You Don't Have to Choose a White Boy Name to be a Man in this World», *en* Kate Bornstein y S. Bear Bergman (eds.), *Gender Outlaws: The Next Generation*, Seal Press, Berkeley.

Walker, Rebecca (2001), *Black, White and Jewish: Autobiography of a Shifting Self*, Riverhead Books, Nueva York.

Weiner-Mahfuz, Lisa (2002), «Organizing 101: A Mixed-Race Feminist in Movements for Social Justice», en Daisy Hernández y Bushra Rehman (eds.), *Colonize This: Young Women of Colour on Today's Feminism*, Seal Press, Emeryville, CA, pp. 29-39.

Wilson, Shamillah, Anasuya Sengupta y Kristy Evans (eds.) (2005), *Defending Our Dreams: Global Feminist Voices for New Generation*, Zed Books, Londres.

8.
Hacer hogar: lugares estratégicos y espacios liminales para la infancia con diversidad de género

Sandra B. Schneider

Estoy tendida en una tumbona debajo de una sombrilla al lado de la piscina. Observo a dos peques rubiales sentados al borde de la piscina municipal. En ese momento son sirenas, ambos: mi hijo Benjamin, que tiene siete años, y Naomi, una niña que tiene ocho; se recuestan sobre el cemento caliente por los rayos del sol que bordea la piscina y dan patadas en el agua, con la mayor fuerza posible. El agua salta por el aire, queda suspendida durante una fracción de segundo creando formas globulares y después se reincorpora a la masa de agua de la piscina.

—Soy una *birl* —anuncia Naomi.

—¿Una qué? —pregunta Ben.

—Una *birl*, *birl* —afirma Naomi, pronunciando cada sonido cuidadosamente.

—¿Qué es una *birl*? —dice Ben mientras se incorpora. Naomi acapara toda su atención.

—Una *birl** es una niña y un niño. Soy una *birl*, una chica-chico —dice Naomi.

—¡Ah! —dice Ben, estableciendo una conexión—. ¡Tienes una visión amplia!

Su madre utiliza los términos «amplio» y «estrecho» para hablar de cómo entienden las personas ser un niño o una niña

—¡Yo también soy una *birl*! —anuncia Ben.

Naomi se sienta señalando su pecho y después a Ben. Y añade en

---

* *Birl*: combinación de *boy* y *girl*. (N. de la T.)

un tono cómplice: «Tú y yo somos *birls*». Ben asiente con la cabeza. Se sientan el uno cerca del otro, aparentemente absortos en sus pensamientos mientras balancean suavemente los pies en el agua.

Cuando reflexiono sobre los juegos de mi hijo, pienso que, al ser su madre, soy la principal traductora e intermediaria de su socialización. Las criaturas reciben presiones para ajustarse a cómo les ven los demás. Estos procesos de socialización son los que les enfatizan. Les corregimos con paciencia sobre la manera correcta de actuar, ser y existir. Nos divierte cuando «actúan» como personas adultas sin reconocer honradamente aquello a lo que les pedimos que renuncien.

El mundo adulto, como observó la jurista estadounidense Patricia J. Williams en su ensayo «Teleology on the Rocks», tiende a desdeñar la verdad inexpresable de que la conformidad siempre exige «cierto grado de muerte». Williams nos recuerda que la conformidad exige cierto abandono de un yo que puede verse a sí mismo y confía en su propio conocimiento experimental. En nuestros mundos culturales, el yo se desarrolla en jerarquías y matrices históricas de poder que generan normas poderosas. Así pues, el yo no normativo corre el riesgo de ser destruido por otros poderosos que aplican esas normas y se basan en ellas. Aunque Williams explora la intersección entre la formación de la identidad y la raza, la intrusión de normas poderosas en la psique también es profunda en lo que se refiere al género y la sexualidad. Me pregunto si habrá espacios y lugares reconocidos socialmente, acogedores para *birls*.

Para Michel Foucault y Richard Sennett, la sexualidad es el «medio cultural» (1982) a través del cual surge la autoconciencia de la persona adulta. En la infancia, es el género: esta intrusión normativa se compone de circunstancias, respuestas y experiencias presentes en las que se hace sentir a estas criaturas que tienen un género, de maneras muy concretas. Las fronteras del género a su alrededor se van haciendo más fuertes, se vuelven más punitivas y a mí me resulta más difícil influir como madre. Al estar preocupada por mi hijo, empecé a hablar con otras familias con ideas afines. Descubrí que apoyan de una manera muy consciente los «espacios culturales» alternativos para sus retoños: son lugares seguros en los que retirarse, socavar los estereotipos y disfrutar de experiencias y espacios en los que puedan crearse a sí mismos. Mis hallazgos se convirtieron en un estudio cualitativo plurianual que comparto en este capítulo.

Introducción

Me centraré en un estudio cualitativo plurianual que he concluido recientemente y en el que he explorado los relatos, las perspectivas y las prácticas de crianza en treinta y cinco progenitores feministas de una zona que abarca cuatro estados de Estados Unidos. Tres de estos estados se encuentran en los montes Apalaches y el cuarto, en el sur profundo. La mayoría de los treinta y cinco progenitores a los que entrevisté residen en comunidades rurales, de clase obrera y tradicionalmente conservadoras.

Las familias a las que entrevisté se identifican a sí mismas como progenitores feministas, tienen situaciones económicas diversas como resultado de actividades profesionales y no profesionales, y encarnan distintas configuraciones familiares. Estas familias expresan, en la práctica y en sus reflexiones, un compromiso con la promoción de la igualdad en general y de la igualdad de género en concreto, y admiten que existe un impacto concreto fruto de las múltiples opresiones, tanto dentro como fuera de los contextos familiares. Al vivir en comunidades en las que abundan el sexismo y la homofobia, la diversidad de género es un valor muy preciado y, por tanto, para estas familias el significado de *infancia con diversidad de género* abarca un espectro amplio: desde infancia trans hasta la disconformidad con el género, al criarse en familias que rechazan las concepciones binarias de género.

Los padres y madres a los que entrevisté están comprometidos con la «salud de género» de sus retoños. La salud de género, un término acuñado por Diane Ehrensaft, describe un compromiso de «asegurar y facilitar una infancia acogedora y de género expansivo (con diversidad de género) que considere que la disconformidad de género es saludable» (2011, p. 21). Para garantizar la salud de género, las familias conscientemente facilitan, reconocen, disfrutan y valoran la «creatividad de género» (*ibid.*): un espacio vital en el que la infancia puede, junto con otras personas, desarrollar sus identidades. Con ello, estas familias construyen narrativas y geografías multilocales, conectadas para facilitar a sus retoños un refugio en el que poder explorar su propia subjetividad y las de otras personas, de una manera alternativa y ajena a la mirada de la cultura dominante. En este capítulo utilizo el término «niños (e infancia)» en un sentido global, ya tenga un padre, madre o tutor, un hijo o siete. Asimismo, utilizo el término «cuidador» para referirme a todas las personas que han participado en el estudio. Mi propósito al utilizar el término «cuidador» es ser más inclusiva y hacer referencia a cualquier persona que sea el principal rol de proveer el cuidado a nivel legal y de forma cotidiana de un niño o varios.

Vidas llevaderas: la salud de género y la presencia afectiva

> [Mi hijo] tiene dos mamás, que ha tenido durante toda su vida, y nos enfrentamos a nivel bajo de discriminación subyacente, porque vivimos en un condado muy rural (Cuidadora 025, entrevistas personales, 23/06/2007).

> Sí, creo que tenía miedo de que si (a mi hijo) le gustaban esas cosas fuera marginado. Pero también creo que hay homofobia, en el caso de mi marido, totalmente (Cuidadora 019, entrevista personal, 15/01/2008).

La mayoría de las personas que cuidan a las que entrevisté habían rechazado los roles de género normativos mientras sus retoños eran aún bebés, al considerar que era una consecuencia natural, fruto de su deseo de ofrecerles la oportunidad de descubrir su auténtica identidad de género. Esto puede deberse a que tales cuidadores y cuidadoras se identificaban como progenitores feministas. Así pues, la disconformidad de género ya formaba parte de sus creencias así como los valores que readaptaban a la práctica diaria de la crianza y el cuidado, presentes en el proceso de darle significado a quienes eran.

Muchas de las personas que ofrecían estos cuidados contaban sus experiencias en la infancia con el sexismo, la homofobia, la heteronormatividad y la religiosidad para explicar por qué era tan importante que sus retoños tuvieran una infancia en la que el género fuera creativo y expansivo. Como comentaba una cuidadora:

> Tenía doce años cuando mi madre me sorprendió jugando a los médicos con otra niña. Yo sabía que era gay o bi o algo, y me lo sacó por la fuerza, me lo sacó por la fuerza. Me pilló y me sonsacó. Me agarró con fuerza del bracito y me sonsacó mientras gritaba: «¿A ti qué te pasa?». Cuando tuve a mi bebé pensé: tú no, tú no, tú podrás elegir y, quien-

quiera que seas, a mí me parecerá bien. Tienes todo mi apoyo. ¡Venga, confía en mí! ¡Soy mamá loba! (Cuidadora 033, entrevista personal, 19/08/2010).

La cuidadora expresaba una idea relacional e improvisada de la libertad que se entremezcla con sus relaciones de cuidado y su pertenencia a la comunidad. Las relaciones que incluyen los cuidados y la dependencia son entrelazadas, lo que sugiere, como señala Nel Noddings, que las relaciones afectivas son «básicas desde el punto de vista ético» (2002, p. 3). Al trabajar desde el afecto, los entrelazamientos son construcciones que hacemos entre todos estos.

En *Maternal Thinking*, Sara Ruddick desarrolla la idea firmemente arraigada del «amor atento» (1995, p. 105), donde afirma que el cuidado feminista o auténtico «percibe y apoya la experiencia de la infancia, aunque a la sociedad le parezca intolerable» (*ibid.*). La capacidad de quienes cuidan para percibir, sacrificarse para conseguirlo y comprometerse para refrendar la necesidad de una salud de género en sus retoños (algo que también necesitan los propios cuidadores) indica que están «presentes afectivamente» (Markussen, 2006, p. 298) en la práctica de los cuidados. Cuando estamos «presentes afectivamente» con otras personas estamos respondiendo dentro de situaciones cognitivas entrelazadas. «Presentes», estos cuidadores y cuidadoras perciben y dan a conocer las necesidades de sus retoños y, a su vez, actúan en su nombre. Al estar «entrelazadas», incluyen a sus criaturas en sus proyectos de libertad personal y política, no como extensiones de sí mismas, sino más bien como compañeras de viaje con sus propias necesidades específicas.

Las personas que cuidan desean a sus retoños una buena vida, y tal cosa, como analiza Judith Butler en *Deshacer el género*, requiere que tu vida, tus expresiones de género sobre quién eres, sean posibles y reconocibles y estén disponibles. Así pues, la buena vida requiere de otras. Esa esperanza en una vida llevadera es posible gracias al hogar. Al hacer hogar, quienes cuidan crean vínculos que no estaban claramente establecidos antes, unos vínculos que cambian tanto sus prácticas como las posibilidades que les abren a ellas, como a sus criaturas.

Hacer hogar

> Cuando fui a ese lugar, descubrí que allí me sentía muy viva, me sentí muy viva, y durante el curso escolar pude decir: no importa lo duro que sea, no importa lo arduas que sean mis experiencias en la escuela, no importa lo mucho que tengo que luchar, iré al campamento a finales de junio. Tengo un objetivo. Cuando ese objetivo se desvaneció porque ya era demasiado mayor, creí que el mundo se venía abajo y encontré otros lugares para ir en verano que no estaban tan bien. Bueno, uno de ellos lo estaba y otro, no. Se convirtió en mi refugio y, en muchos sentidos, recordarlo sigue siendo mi refugio (Cuidadora 025, entrevistas personales, 06/16/2012).

Es importante señalar que bell hooks utiliza la frase «un espacio de resistencia» en el título de su famoso libro, *Homeplace: A Site of Resistance*. El hogar está formado por redes que incluyen espacios, lugares, personas, sucesos, historias, prácticas y cuidados que ofrecen un respiro y ayudan a las personas a recuperarse de un mundo normativo hostil. En su análisis de la obra de Butler, desde la disciplina de la geografía humana Nicky Gregson y Gillian Rose señalan que la performatividad y la *performance* siempre están conectadas en el lugar. Los espacios y lugares son performativos, en el sentido de que el lugar y la identidad surgen mediante *performances* que se producen en el espacio y, por tanto, articulan el poder y la resistencia. En cuanto a la salud de género y la creatividad de género, para estos cuidadores y cuidadoras el hogar se convierte en lugares con fluidez de género y son lugares que habitar, lugares en los que simplemente ser, donde la infancia puede forjar su propia identidad de género.

Describo el hogar como «multilocal» porque vivimos dentro de geografías de lugares conectadas, que varían en cuanto a particularidades y poder. Como señalan Gregson y Rose, «los espacios de *performance* no son etapas concretas y delimitadas, sino que están amenazados, contaminados, manchados y enriquecidos por otros espacios» (2000, p. 445). Muchos lugares, como los hogares, pueden ser frágiles, pero ofrecen espacio para que lo no normativo esté presente o «desigualmente fusionado» (*ibid.*) en presencia del poder, a veces en forma de subjetividad y recuerdos. De este modo, cuando los lugares se mezclan entre sí, surgen el/los «aspecto/s confusos, imprecisos, relacionales en la *performance*» (*ibid.*, p. 442).

Me baso en el trabajo desarrollado en la geografía humana y crítica para ilustrar los aspectos espaciales del hogar. En *Growing up Global*, el análisis de Cindi Katz sobre las prácticas oposicionales y de ejemplos de resistencia, Katz describe varias prácticas sociales materiales, utilizando determinadas distinciones que son: la resiliencia, el reajuste y la resistencia (242). Utilizo las distinciones de Katz para enmarcar las prácticas que usan quienes cuidan, a fin de producir un hogar para sus retoños, y para mostrar cómo desarrollan estas iniciativas la capacidad de resistencia.

Actos de resiliencia

Era habitual que quienes cuidan elaborasen estrategias cotidianas, las cuales permitieran a sus retoños ser creativos con el género, al mismo tiempo también minimizaban los riesgos de que sufrieran daño en la comunidad entendida de forma amplia para incluir la escuela, la familia extensa u otros lugares públicos. Como afirmaba una cuidadora:

> [Mi hijo] me dijo: «No quiero que se burlen de mí, así que no voy a hacer eso [llevar una falda], pero quiero que me compres un *kilt*, un *kilt* de hombre, porque entonces puedo llevarlo puesto fuera de casa». Creo que está buscando la manera de ser él mismo y *pasar* al mismo tiempo (Cuidadora 025, entrevistas personales, 15/06/2012).

Tanto la cuidadora como el niño están implicados en un acto de resiliencia, en el que se reconocen los riesgos y se idea de manera creativa una solución que garantice la creatividad de género y, con suerte, la seguridad.

En muchos casos, los actos de resiliencia a favor de sus retoños exigían que quienes cuidan rechazaran la ayuda en el cuidado de los niños.

Varias de las personas que cuidan que entrevisté habían asumido un rol principal en el cuidado o habían rechazado la ayuda de la familia extensa en el cuidado de las criaturas para poder proteger su salud de género. Como comentaba una cuidadora:

> Para serte sincera, ha sido un gran problema. Soy, somos las únicas personas que no dejamos a los niños, vale. [...] En realidad, no los he-

mos dejado con nadie. Hemos tenido algunos problemas reales en lo que respecta [a la abuela y el abuelastro], algunos problemas reales, y aún no hemos llegado al punto en que nos sintamos bien dejándoles [con la familia extensa] (Cuidadora 001, entrevista personal, 28/07/2007).

Básicamente, los actos de resiliencia individuales son un catalizador del reajuste, y coevolucionan al mismo tiempo, a medida que quienes cuidan principalmente buscan e identifican a personas afines, así como espacios seguros para sus retoños. Como señala Katz, los actos de resiliencia «permiten a las personas apañárselas, entablar relaciones recíprocas y mejorar sus recursos, y son una base crucial en los proyectos para *reajustarse* y resistir a las circunstancias opresivas que los suscitan» (2004, p. 246, la cursiva es mía)». El reajuste (*ibid.*, p. 247) supone un reconocimiento explícito del problema y se sirve de prácticas para cambiar las condiciones de la vida cotidiana, lo cual posibilita una vida más llevadera y crear una creciente capacidad colectiva para impulsar un cambio.

Reajuste

Un aspecto fundamental del concepto de reajuste de Katz son las diferentes maneras en que «las personas [reinscriben/se convierten] a sí mismas (y a sus criaturas) como sujetos políticos y actores sociales» (2004, p. 250), a través de lo que Katz denomina «conciencia oposicional». Katz no define explícitamente la «conciencia oposicional (o de/en posición)» (*ibid.*, p. 251), pero otros geógrafos críticos, como Peter Hossler, han interpretado que la conciencia oposicional se refiere a «la construcción de una conciencia que rechaza la relación social, como el capitalismo o el patriarcado, que produce identidades que están estructuralmente marginadas» (2012, p. 106). La conciencia en oposición es deliberadamente no normativa y, como tal, implica una predisposición a tener una distancia crítica frente a las normas.

Las personas que cuidan a las que entrevisté definían claramente el problema en cuestión: las normas de género binario y la subjetividad necesaria para soportar ese problema. Una cuidadora explicaba lo que sintió cuando se enteró de que estaba embarazada de una niña:

Tuve miedo por ella al instante. Pensé: «Oh, no», ya sabes, tengo que traer a esta preciosa niña a este mundo de historias en contra de las niñas, de lo femenino y de las mujeres, en contra de la diversidad de género. Pero también, al cabo de veinticuatro horas, empecé a pensar: estoy muy contenta de que esta niña venga a mí cuando sé lo que sé (Cuidadora 015, entrevista personal, 12/07/2009).

Estos progenitores que hacen la función principal del cuidado luchan actualmente contra estas normas, tienen ideas claras de cómo fomentar una distancia crítica, alentando una conciencia de oposición. Como señalaba una cuidadora, quería proporcionar a su hija un fuerte «sentido de sí misma, que supiera quién es, se sintiera segura de sí misma y no se disculpara, porque creo que eso fue lo más difícil para mí» (Cuidadora 018, entrevista personal, 30/06/2008). Las etnoteorías dentro de las que operan estos cuidadores y cuidadoras incluyen comprender explícitamente las normas de género binario así como las subjetividades que sus retoños necesitan encarnar, para poder minimizar cómo interiorizar la heteronormatividad.

Experiencias y narraciones liminales: la construcción de la conciencia en oposición

Al construir un hogar, las personas que cuidan promueven experiencias autoconscientes que no están ligadas a las normas binarias normativas, sino más bien a la creatividad de género, y estas experiencias autoconscientes son tácticas, liminales, y dan prioridad a la conciencia en oposición. Con liminales me refiero a lo que entiende Victor Turner por liminal: «un lugar, un espacio y una autoconciencia más liberada de las normas y un lugar en el que probar diferentes subjetividades, que pueden servir para socavar la vida diaria» (1982, pp. 94-95). Para ilustrar lo liminal en el hogar, compartiré algunos ejemplos escogidos del uso táctico de la danza por una cuidadora, de narraciones deconstructivas cotidianas e historias personales. Concluiré este apartado compartiendo historias de progenitores que cuidan como rol principal en las que describen cómo vieron esta conciencia crítica en la práctica de sus retoños.

Una cuidadora explica que buscó campamentos de contradanza

que fueran neutrales al género (libres de género) para que su criatura dispusiera de un lugar seguro y acogedor en el que explorar su expresión del género. La contradanza es un tipo de danza popular en la que los bailarines se colocan unos enfrente de otros en dos hileras y una persona, como en el baile de cuadrillas, da instrucciones a los danzantes. La cuidadora comparte sus experiencias en la comunidad de contradanza:

> Había un día [en el campamento de contradanza] en el que todos se ponían ropas asignadas al género opuesto y él [mi hijo] pidió prestado un vestido o una falda a una niña que tenía más o menos su talla. Es decir, creo que se intercambiaron la ropa y lo disfrutó mucho porque ya le gustaba vestirse con ropa asignada al género opuesto antes de eso. En el baile de esa noche, uno de los hombres se acercó a él y le habló de lo agradable que resulta y le preguntó cómo se sentía. Y [mi hijo] habló de cuánto le gustaba bailar con una falda, de que le gustaba llevar una falda, a lo que él hombre respondió: «Tengo un regalo para ti». Le dio [a mi hijo] una falda que alguien le había regalado en un campamento de danza, que años después había cortado para confeccionar una segunda falda a su hija y así poder ir a juego. Le dio [a mi hijo] la falda que tenía y [para mi hijo] es una de sus posesiones especiales, porque fue mucho más que una muestra de aceptación y era un hombre al que nunca había visto antes, con el que no teníamos ninguna relación salvo el hecho de que estábamos en el mismo campamento y, sin embargo, le dijo algo a (mi hijo) sobre la manera en que (mi hijo) se movía y la falda o algo por el estilo. No lo sé, pero le dijo algo […]. Fue un gesto de aceptación, de celebración, de compartir: el hombre estaba compartiendo algo [con mi hijo]. Una parte de sí mismo: ya sabes, con un niño que aún es un niño en ese momento. Y le estaba diciendo que puedes ser heterosexual y gustarte hacer eso, que es algo que está bien porque yo lo hago, y eso caló muy hondo [en mi hijo] (Cuidadora 025, entrevistas personales, 15/06/2012).

La contradanza proveía de un lugar en el que su hijo podía tener un género creativo en una comunidad que no solo reconocía y permitía su expresión del género, sino que lo celebraba y valoraba. Para esta familia, la contradanza era un espacio liminal activo para la creatividad de género.

Victor Turner describe lo liminal como un lugar en el que ser «persona *in extremis*» (1982, p. 94). Los espacios liminales describen el «tiempo y el espacio entre un contexto de significado y acción y otro»; son espacios desordenados que están vinculados, son paralelos y coexisten en privado con espacios públicos normativos (*ibid.*). Los lugares liminales son acontecimientos creativos producidos voluntariamente, que «tienden a reconocer, facilitar y valorar la creación individual, la autoría y acontecimientos y relaciones espontáneas entre personas que comúnmente tienen (consciente o inconscientemente) la intención de subvertir las estructuras dominantes» (1977, p. 54). Son espacios activos, en el sentido de que lo liminal exige la autocreación consciente al tiempo que se suspenden los lugares para el juego, la fantasía, el conocimiento alternativo, el hogar, las artes y la diversión. Estas experiencias liminales proporcionan un «medio cultural» saludable en cuanto al género a través del cual los niños toman conciencia de sí mismos y de su mundo.

Las cuidadoras y los cuidadores a los que entrevisté utilizaban habitualmente narrativas deconstructivas para poder analizar críticamente las historias, los anuncios y los medios de comunicación con los que sus retoños tenían contacto a diario. Un cuidador describía a su familia como «deconstructores constantes», para ilustrar hasta qué punto tenía este hábito. Explicaba: «Creo que, en mi caso, lo mejor que puedo proporcionarle [a mi hijo] es una serie de narrativas alternativas» (Cuidador 002, entrevista personal, 18/07/2008).

Era evidente que querían fomentar en sus retoños una actitud crítica. Se puede apreciar en el hecho de que estas personas adultas no siempre iniciaban los análisis, sino que también animaban a sus criaturas a hacer comentarios y preguntas sobre los estereotipos de género generados por los medios. Una cuidadora describe una conversación con su hija de seis años:

> La otra noche, ella [la hija] dijo algo; dijo algo sobre un anuncio de la televisión. Había un anuncio en la televisión sobre un tobogán acuático en uno de los canales infantiles. Había un anuncio sobre un tobogán acuático y el hombre bajaba por el tobogán y decía algo así como «no te sientas avergonzado si lloras como una colegiala tonta». Y ella [mi hija] dijo: «¿Por qué habla de llorar como una colegiala tonta, cree que hay algo malo en las colegialas?». Yo le respondí: «Fantástica pregunta». Trato de fijarme cuando formula preguntas y plantea este tipo de cuestiones (Cuidadora 015, entrevista personal, 12/07/2009).

Turner afirma que lo liminal no solo ofrece una serie de posibilidades «subjetivas», sino también *un modelo diferente para el pensamiento y la acción* [que puede] ser aceptado o rechazado tras un examen minucioso» (1977, p. 54, la cursiva es mía). El tiempo en privado con la familia, las conversaciones en el coche, mientras se ve la televisión o se ojean revistas también son formas de aprendizaje particulares, contextualizadas e incorporadas. El lugar liminal de las narrativas familiares criticando los medios posibilita formas concretas de conocimiento, es una práctica orientada a la crítica.

Las personas que cuidan compartieron sus historias, recuerdos y conocimientos que ayudaban a documentar más ampliamente cómo sus retoños entendían el mundo y su lugar en él. Esta cuidadora habla expresamente de la invisibilidad de las personas intersexuales[1] en la educación formal de su retoño, en su familia extensa y en la comunidad en general:

> No va a aprenderlo en la escuela. Sus abuelos, que son los dos médicos, se lo van a explicar, aunque él lo sabe porque me aseguré de que así fuera, que existen cinco sexos y no dos. ¡No es algo anómalo, es diferente y esta diversidad siempre ha existido! (Cuidadora 033, entrevista personal, 19/08/2010).

También compartían historias sobre sus amistades y los miembros de la comunidad para enseñarles «historias ocultas» sobre la discriminación de género y sobre la orientación:

> Estaba muy triste; hace seis meses me enteré de que se había muerto una querida amiga mía a la que no había visto en mucho tiempo. Era intersexual y tenía que hablar de ella [con mi hijo] cuando surgiera en alguna conversación sobre si solo había chicos y chicas y nada más [...] así que cuando se murió la mencioné [...] Le hablé [a mi hijo] de ella y [le] conté algunas de las luchas que había tenido que afrontar, que yo conocía porque la había visto salir del armario, y se había criado en una

1. La cuidadora 033 aclaró que conocía el artículo de la doctora Anne Fausto-Sterling titulado «The Five Sexes». En este artículo, Fausto-Sterling propone, con la intención de ser provocadora e inclusiva, una noción de género que contiene cinco sexos: macho, hembra, pseudo hermafroditas masculinos, pseudo hermafroditas femeninos y hermafroditas verdaderos. La invisibilidad a la que esta cuidadora se refería era la de las personas intersexuales.

buena familia mormona, por lo que para ella fue algo muy importante. Y a él [a mi hijo] le gusta mucho la gente, por lo que crece con estas historias sobre cómo se las arreglan las personas y creo que esto le está enseñando parte de esa resiliencia (Cuidadora 025, entrevistas personales, 15/06/2012).

Estas historias aportan narrativas para comprender por qué y cómo la comunidad y la familia se enfrentan a las normas de género binario. Como observó Jane Addams, las dos funciones de los recuerdos grupales, es ser un punto de referencia para la autorreflexión individual y ser una guía a la hora de seleccionar trayectorias en la reorganización social, no se excluyen mutuamente y lo más probable es que evolucionen al mismo tiempo. Los recuerdos o las historias comunitarias proporcionan un contexto liminal para que las criaturas reflexionen sobre su propia biografía y, simultáneamente, contextualicen las creencias y los actos de quienes cuidan, facilitando una distancia crítica respecto a las normas de género binario.

Quienes cuidan mencionaban varias historias en las que se apreciaban indicios de una conciencia en oposición de sus criaturas más pequeñas. Una cuidadora compartía una historia en la que su hija hace frente a los roles de género normativos que advierte en su familia:

Visitamos a mi hermana en [Southern State] y, como ya he dicho, llevan una vida muy diferente a la nuestra […] y una de las cosas que ella […] hace es servir la cena siempre [a su marido]. Él llega a casa, coloca su bandeja y ella le sirve un plato de lo que ha preparado, que incluye solo lo que a él le gusta; le sirve en el plato y él se marcha con su bandeja […]. El último día, [mi hija] vio a mi hermana preparar la comida de su marido y dijo: «Tía [B], ¿por qué siempre le haces la comida al tío [T]?» y [mi hermana] respondió: «Porque es algo que disfruto haciendo». Y [mi hija] dijo: «Te voy a decir lo que pienso», y [mi hija] tiene seis años y está a punto de cumplir siete, «te voy a decir lo que pienso. Creo que el tío [T] puede levantarse y prepararse su comida». Se lo dijo a mi hermana y pensé que tenía mucho valor: es muy tímida; tiene una personalidad reservada. Pero pensé: se da cuenta, se da cuenta (Cuidadora 001, entrevista personal, 28/07/2007).

La cuidadora afirmaba que su hija «se da cuenta» o que demuestra su capacidad para desnaturalizar las normas de género culturales. La niña no tiene en cuenta el comentario de su tía, de que disfruta preparando cada noche la bandeja de su marido y expresa en voz alta su opinión sobre la conducta de su tío. Las cuidadoras y cuidadores también compartieron historias que ilustraban la comodidad de sus retoños con la diversidad de género:

> Ha adquirido esta increíble resiliencia en cuanto a su identidad, de modo que puede ver todo eso y le parece genial. Y las identidades de las personas de su entorno. Le he visto conocer a personas trans y [...] sea cuál sea su aspecto, simplemente lo acepta o me pregunta muy discretamente cómo llamarlas. Y se siente totalmente cómodo con ello. Pero advierte —advierte y percibe la diferencia, en lugar de no advertirla o sentirse incómodo con ella (Cuidadora 025, entrevistas personales, 15/06/2012).

Habitualmente la homofobia se expresa como un profundo malestar con la diversidad de género, es interesante señalar que la cuidadora asocia la comodidad de su hijo con la diversidad de género con su identidad resiliente, con su hermano no está dando muestras de un malestar homófobo. Esta misma cuidadora comparte una conversación reciente con su hijo de diez años sobre su orientación sexual.

> Un día vino [...] y me dijo: «Mamá, soy bi». A lo que respondí: «Vale. Puede que aún no quieras decírselo a tus amigos. No estoy segura de que vayan a entenderlo». Y dijo algo como «vale». Fue tan realista. Eso fue lo más extraordinario [...] su realismo fue lo que me hizo pensar que había hecho bien mi trabajo, porque no se acercó a mí asustado, no estaba abochornado, no se sentía incómodo (Cuidadora 025, entrevistas personales, 15/06/2012).

El «realismo» de su hijo es para esta cuidadora un indicador de que «había hecho bien su trabajo»: su hijo acepta su género fluido y su orientación sexual sin sufrir un conflicto emocional o malestar. Estas criaturas tienen una predisposición a tener una conciencia en oposición, y rechazan las normas de género binario al entrar en contacto con ellas. A una escala similar, ambos niños tienen comportamientos e inician procesos en los que se da sentido a lo que viven, que entra en conflicto con las normas binarias sobre el género, sin sentir un malestar emocional que supone poner en tela de juicio sus propias identidades. Son criaturas que tienen identidades coherentes con sus actos, y a medida que se forjan como seres con un género diverso, también entran en contacto con diferentes expectativas normativas. Ser consciente de su género, su identidad y su yo no es «un problema», sino una fuente de resiliencia.

Conclusión

Katz considera que los actos de resiliencia, el reajuste y la conciencia en oposición son importantes para que las comunidades desarrollen su capacidad de *resistencia*. Los actos cotidianos que llevan a cabo personas que cuidan contrarrestan la imposición de normas hegemónicas e implican promover una conciencia de estar en oposición de estas criaturas a largo plazo. En su análisis de la autonomía, Judith Butler afirma que las personas adultas «disponen de otros discursos para comprender quiénes son y quiénes quieren ser» (2004, p. 82). Esto es precisamente lo que no tiene a su disposición la infancia.

Las criaturas más jóvenes están en proceso de adquirir su cultura para funcionar y de adquirir los hábitos corporales que los diferenciarán para ser personas adultas concretas. Para avanzar en una nueva comprensión del empoderamiento de la infancia, debemos establecer, como señalan Gregson y Rose, conexiones más profundas entre la corporeidad, los cuerpos *performantes* y lo performativo. Mi esperanza al compartir este estudio es que analizar los espacios de reajuste para los más peques pueda generar más apoyo a las apuestas alternativas espaciales-temporales-liminales de empoderamiento y de la resiliencia, en lugar de las visiones del hegemónicas sobre el empoderamiento individual, que atomizan y que son sólo sobre un ámbito concreto.

Referencias bibliográficas

Addams, Jane (1916/2002), *The Long Road of Woman's Memory*, University of Illinois Press, Chicago.
Butler, Judith (2004), *Undoing Gender*, Routledge, Nueva York [hay trad. cast.: *Deshacer el género*, Paidós Ibérica, 2006].

Ehrensaft, Diane (2011), *Gender Born, Gender Made: Raising Healthy Gender-Nonconforming Children*, The Experiment, LLC, Nueva York.

Fausto-Sterling, A., «The Five Sexes: Why Male and Female Are Not Enough», *The Sciences* (marzo/abril de 1993), pp. 20-24.

Foucault, Michel y Richard Sennett (1982), «Sexuality and Solitude», en Ronald Dworkin, Karl Miller y Richard Sennett (eds.), *Humanities in Review, Volume 1*, The New York Institute for the Humanities/Cambridge University Press, Londres, pp. 3-21.

Gregson, Nicky y Gillian Rose (2000), «Taking Butler Elsewhere: Performativities, Spatialities and Subjectivities», *Environment and Planning D: Society and Space*, 18, pp. 433-452.

hooks, bell (2007), «Homeplace: a Site of Resistance» (1990), en Andrea O'Reilly (ed.), *Maternal Theory*, Demeter Press, Bradford, pp. 382-390.

Hossler, Peter (2012), «Free Health Clinics, Resistance and the Entanglement of Christianity and Commodified Health Care Delivery», *Antipode*, 44.1, pp. 98-121.

Katz, Cindi (2004), *Growing up Global: Economic Restructuring and Children's Everyday Lives*, University of Minnesota Press, Minneapolis.

Markussen, Turid (2006), «The Performativity of Affective Engagement», *Feminist Theory*, 7.3, pp. 291-308.

Noddings, Nel (2002), *Starting at Home: Caring and Social Policy*, University of California Press, Berkeley.

Ruddick, Sara (1995), *Maternal Thinking: Toward a Politics of Peace*, 1989, Beacon Press, Boston, MA.

Turner, Victor (1977), «Frame, Flow and Reflection: Ritual and Drama as Public Liminality», en Michel Benamou y Charles Caramello (eds.), *Performance in Postmodern Culture*, Coda Press, Madison, WI, pp. 33-55.

— (1982), «Acting in Everyday Life and Everyday Life in Acting», en Ronald Dworkin, Karl Miller y Richard Sennett (eds.), *Humanities in Review. Volume 1*, The New York Institute for the Humanities/Cambridge University Press, Londres, pp. 83-105.

Williams, Patricia J. (1992), «Teleology on the Rocks», *The Alchemy of Race and Rights: Diary of a Law Professor*, Harvard University Press, Cambridge.

9.
Complejizar el género: la alfabetización sobre el género y los mundos posibles que abren los progenitores trans

*Jake Pyne**

Dentro del pensamiento filosófico, se entiende por conocimiento *a priori* el conocimiento que tenemos en virtud únicamente de la razón, algo que no necesitamos averiguar. La proposición «todos los padres son varones» se utiliza comúnmente como un ejemplo de conocimiento *a priori*, una proposición que se considera «verdadera en todos los mundos posibles» (Russell, 2012). Es válido afirmar que los progenitores transexuales (trans) complejizan esta verdad.

Este capítulo expone las conclusiones de un proyecto de investigación comunitario en Toronto, Canadá, llamado *Transforming Family*. Este proyecto, centrado principalmente en las experiencias de discriminación de progenitores trans, también tenía por objeto documentar las ventajas que las personas trans aportan a la crianza, unas ventajas que, como señala Rachel Epstein, aportan debido a sus experiencias como personas trans, no pese a ellas (2009, p. 30). Este capítulo destaca una ventaja en concreto: complejizan lo que sabemos del género, unas veces fue una iniciativa intencionada de los participantes y otras, el efecto involuntario de su simple existencia. Los progenitores trans de este estudio garantizan que sus retoños tengan opciones de género, ampliando su conocimiento sobre las opciones biológicas, negociando identidades nuevas y sirvieron de modelo de como ser auténticos y de la corporeidad. Sea o no su intención, las personas trans que tienen descendencia complejizan lo que se sabe sobre el género y abren nuevas posibilidades en la crianza de retoños que son alfabetizados en el género.

* Al autor le gustaría dar las gracias a los 18 participantes del estudio, además de a Rachel Epstein, Lori Ross, Scott Anderson y Kinnon MacKinnon por su orientación y ayuda en este estudio.

¿Estarán bien las criaturas? Una investigación sobre las madres y los padres trans y sus retoños

En el imaginario social público, las personas trans suelen ser los protagonistas de programas diurnos de entrevistas —siendo estrafalarias y extraordinarias en todos los sentidos. Yuxtapuestas a las tareas a menudo mundanas de la vida familiar, las personas y la crianza trans son compañeras improbables. Sin embargo, los estudios recientes realizados en Estados Unidos y Canadá han descubierto que el 27 por 100 (Bauer *et al.*, 2010) y el 38 por 100 (Grant *et al.*, 2011), respectivamente, de las personas trans tienen descendencia (*ibid.*, p. 88). No cabe duda de que las personas trans tienen criaturas. No obstante, en la limitada bibliografía que trata sobre las personas trans que tienen descendencia, a menudo se ha cuestionado su idoneidad.

En los primeros textos que facilitaron las clínicas que trataban de identidad de género en Norteamérica en la década de 1960,[1] se desanimaba a la personas trans que querían hacer la transición, para que no solicitaran la custodia de sus hijos, aconsejando que rompieran o interrumpieran la relación con ellos (Brown y Rounsley, 1996, p. 187). Se consideraba que era potencialmente mejor que una criatura no tuviera a uno de sus progenitores, a que fuera trans. Richard Green y John Money escribían: «Es mejor decirles a los niños pequeños que sus padres se están divorciando, y que papá va a vivir lejos y no va a poder verlos» (1996, p. 287). Betty Steiner se hizo eco de estas dudas en otro texto clínico en el que se preguntaba en un tono dramático sobre la idoneidad de los hombres trans para la paternidad: «¿Qué le deparará el futuro a este bebé cuyo padre es un hombre sin pene?» (citado en Lev, 2004, p. 312). Steiner prefirió no dar detalles sobre para qué tareas de la paternidad se necesitaba, en su opinión, un pene, lo que indujo a Arlene Lev a comentar posteriormente que la preocupación por el bienestar de los hijos e hijas de las personas trans a veces ha «rozado el absurdo» (*ibid.*, p. 312).

Los estudios empíricos que analizan el bienestar de los hijos e hijas de las personas trans todavía no han encontrado ninguna prueba

---

1. Las clínicas de identidad de género surgieron por primera vez en la década de 1960 en América del Norte para valorar y determinar la idoneidad de las personas que deseaban someterse a un cambio de sexo (Meyerowitz, 2002, p. 133).

de que tener un padre o una madre transexual vaya a afectar, por sí solo, de manera negativa a una criatura (Freedman, Tasker y di Ceglie, 2002, p. 423; Green, 1978, 1998; White y Ettner, 2004, 2007). En cambio, los investigadores y los médicos han descubierto múltiples factores que determinan el bienestar de la infancia durante la transición de género de un progenitor: la calidad de las relaciones familiares (Freedman, Tasker y di Ceglie, 2002, p. 423), el intercambio de información y la comunicación (Harris, 2003, p. 168; Hines, 2006, p. 364), la edad de las criaturas (Raj, 2008, p. 140); y el conflicto entre los progenitores (White y Ettner, 2004). Sin embargo, las dudas sobre si las personas trans que tienen descendencia son aceptables vuelven a estar presentes en la bibliografía sobre fertilidad y bioética, en la que los médicos debaten si es ético ayudar a las personas trans a tener descendencia (Baetens, Camus y Devroey, 2003; Brothers y Ford, 2000; Jones, 2000; Mishra, 2012). Lance Wahlert y Autumn Fiester afirman que los debates sobre el derecho de las personas trans a la reproducción asistida reflejan el escrutinio y la «mirada de recelo» hacia las personas trans en general (2012, p. 283). Paul De Sutter señala que estos debates son profundamente ofensivos (2009, p. 612).

Posiblemente, tras el malestar con las personas trans que tienen descendencia subyace una preocupación por si las personas trans serán buenos «modelos de los roles de género» para la infancia (Hicks, 2008). De hecho, los estudios se han centrao en si las personas trans tienen más retoños gais o trans y lesbianas (Cameron, 2006; Green, 1978, 1998; Freedman, Tasker y Di Ceglie, 2002). Estos estudios han llegado a la conclusión de que la mayoría de los retoños de personas trans crecerán para ser heterosexuales cisgénero (no trans)[2] y, por tanto, en palabras de Richard Green, «no se diferencian» de la infancia criada en familias convencionales (1978, pp. 696-697). Curiosamente, se supone que toda la infancia criada por heterosexuales cisgénero también serán heterosexuales cisgénero cuando crezcan. Dado que la

—————————

2. La excepción fue el estudio de Cameron (2006), cuyos resultados son evidentes en el mismo título de su artículo «Children of homosexuals y transsexuals more apt to be homosexual», en el que sostiene que, por ese motivo, a las personas LGBTQ no se les debería permitir tener descendencia. Los métodos de investigación de Cameron consistieron en leer tres antologías de escritos de hijos e hijas de padres LGBTQ obtenidas en Amazon.com. Su trabajo no tardó en recibir críticas por su falta de solidez (Morrison, 2007).

mayoría de las personas lesbianas, gais, bisexuales y transgénero (LGBT) se criaron en familias que se podrían denominar «convencionales», es evidente que no es así.

Independientemente de si se puede decir que existen o no «similitudes» entre las madres y los padres trans y los no trans, el que se apele a ello es interesante y refleja la tendencia de las investigaciones a minimizar las diferencias entre las criaturas de parejas del mismo sexo frente a parejas heterosexuales. Judith Stacey y Timothy Biblarz reevaluaron veintiún estudios sobre la crianza de familias del mismo sexo y hallaron que las diferencias eran mucho más comunes de lo que se declaraba. Una de las diferencias que encontraron era que las criaturas de parejas del mismo sexo se ajustaban menos a los estereotipos de género y a sus progenitores les preocupaba menos que mostraran conductas típicas de género (2001, pp. 168, 172). Sin embargo, en las conclusiones de los estudios originales se señalaba que, en la mayoría de los casos, no se había hallado ninguna diferencia significativa (*ibid.*, p. 170). Stacey y Biblarz mencionan el contexto histórico de esta omisión: el temor a que cualquier diferencia se interpretara como una carencia, en un momento en el que los padres gais y las madres lesbianas estaban luchando por la custodia de sus criaturas en los tribunales (*ibid.*). Epstein señala que el análisis de las diferencias de Stacey y Biblarz muestra un abandono de la actitud defensiva, a favor de la curiosidad, posibilitado por el reconocimiento social y legal que han logrado algunos padres gais y algunas madres lesbianas (*ibid.*, p. 16).

El contexto de temor que caracterizaba a las investigaciones con progenitores gais y lesbianas también se extiende a las personas trans. Se han documentado bien los graves prejuicios contra las personas trans con descendencia en los juzgados de familia de Estados Unidos (Chang, 2003; Flynn, 2006; Green, 2006; Minter, 1998; Tye, 2003) y se han documentado importantes obstáculos para mantener la custodia de sus hijos e hijas y el acceso a los mismos en el caso de personas trans en Canadá (Pyne, 2010, p. 14). Sin embargo, también estamos presenciando una nueva exploración de la singularidad de la realidad de las personas trans que tienen descendencia. Sally Hines describe el cuidado recíproco evidente entre las personas trans y sus retoños en su estudio (2006, p. 365). Las criaturas de las personas trans del estudio de Abigail Garner (2004, p. 34) y el manual de recursos de Monica

Canfield-Lenfest (2008, p. 22) describen el aprendizaje de una actitud abierta y la importancia de la crítica social. En cuanto a los roles de género, Maura Ryan señala que la inexistencia de guiones sociales para los progenitores trans puede permitirles de manera única cuestionar la paternidad patriarcal (2009, p. 149). Abbie Goldberg señala las interesantes cuestiones que derivan de estos procesos en los que se adquiere el género y como se *desgeneran* estas maternidades y paternidades (2010, p. 84). Aunque puede ser necesario afirmar en algunos contextos que las personas trans que tienen descendencia no son diferentes de los demás, también impide tener un debate sobre esas diferencias, que podrían ser ventajas. Si bien se corre el riesgo de simplificar las vidas de las personas trans que tienen descendencia al centrarse solo en las ventajas, la cuestión ha sido tan desdeñada que requiere una investigación.

El proyecto *Transforming Family*: voces trans sobre la paternidad

El proyecto *Transforming Family* fue un estudio cualitativo comunitario en el que se exploraba el impacto de la transfobia en las personas trans que son padres o madres, así como sus percepciones de cuáles eran las ventajas de su paternidad o maternidad. El proyecto, dirigido por un padre trans, fue una colaboración entre la Red de Padres y Madres LGBTQ del Centro de Salud de Sherbourne y el equipo de Investigación para la Salud LGBTQ del Centro de Adicciones y Salud Mental (CAMH, por sus siglas en inglés) de Toronto. El objetivo de este proyecto era ayudar a las personas trans con hijos e hijas a compartir sus experiencias y posicionarlos mejor para responder a las políticas y las prácticas que repercuten en sus familias.

En noviembre de 2010, se organizaron cuatro grupos de debate compuestos por un total de dieciocho padres y madres trans. Para poder participar había que identificarse como trans, identificarse como progenitor y vivir en la zona de Toronto o en las proximidades. En dos grupos de discusión (con cinco personas en cada uno) se incluían a participantes que eran padres antes de identificarse como trans o realizar la transición, y todas ellas eran mujeres trans (de hombre a mujer).

Un tercer grupo de discusión lo formaban individuos que habían sido padres o madres después de la transición e incluía a una mujer trans y a dos hombres trans. El cuarto grupo estaba formado por una combinación de cinco personas que habían tenido descendencia antes de identificarse como trans y de personas que habían tenido descendencia después de identificarse como trans. Estas cinco personas se hallaban dentro del espectro hombre-mujer y varias de ellas se identificaban como *queer*.[3] Las preguntas de los grupos de debate estaban relacionadas con la discriminación, las estrategias para combatirla y las percepciones de las participantes de cuáles eran las ventajas de su paternidad. Las conversaciones de los grupos se grabaron y transcribieron, y el análisis (efectuado usando un muestreo teórico) lo llevaron a cabo tres investigadores trans. Los participantes identificaron una serie de ventajas; este capítulo se centra en una de ellas en concreto: la capacidad de complejizar lo que sabemos sobre el género.

La verdad sobre el género

No hay que mirar muy lejos para descubrir cuál es la opinión predominante sobre el género: hay dos sexos diferentes y fáciles de distinguir, inmutables y estables a lo largo del tiempo; la relación entre el sexo y el género es mecánica; el género es la expresión natural, el espejo social, del sexo biológico (Stryker y Whittle, 2006, p. 9). Como señala Viviane Namaste, la mera existencia de personas trans se ha tornado imposible (2000, pp. 4-5). Como apuntan Greta Bauer *et al.*, el supuesto de que cualquier persona que nazca con el sexo masculino será un hombre y de que cualquier persona que nazca con el sexo femenino será una mujer está tan extendido que rara vez se menciona (2009, p. 356).

El campo del desarrollo infantil permite realizar un interesante examen de cómo se genera esta verdad moderna sobre el género. Se suele señalar que en la más tierna infancia se mantiene abierta la posi-

---

3. El género *queer* hace referencia a aquellas personas que identifican su género fuera de las categorías tradicionales, no necesariamente como hombres trans o mujeres trans.

bilidad de que su propio género, o el de otros, pueda cambiar (Berk, 2006, p. 539; Bukatko y Daehler, 2011, p. 460; Puckett y Black, 2005, p. 273). Pero en lugar de considerarlo una capacidad, en el desarrollo infantil se plantea como una limitación cognitiva: «Poco a poco, [los preescolares] van comprendiendo que no pueden cambiar su sexo hagan lo que hagan» (Steinberg y Belsky, 1991, p. 281). La aceptación de este «hecho» se menciona como el hito del desarrollo de la estabilidad del género (el «conocimiento» de que el género no puede cambiar) o la constancia del género (el «conocimiento» de que un cambio de apariencia no cambia el género) (Bukatko y Daehler, 2011, p. 460). De hecho, se dice que la constancia del género indica la capacidad de distinguir entre la realidad y la ficción (Berk 539). Aunque los movimientos feministas y *queer* han influido en la bibliografía sobre el desarrollo infantil y, en su mayor parte, ponen en tela de juicio los estereotipos de género (Bee, 2006, p. 237), la idea de que la constancia y la estabilidad constituyen la verdad sobre el género sigue sin debatirse apenas.

Sin embargo, esta visión normativa del género también ha sido cuestionada. Los primeros científicos sociales (Garfinkle, 2006) y las investigadoras feministas (Kessler y McKenna, 2006) sentaron las bases para formular el género como un constructo social, algo que *hacemos*, en lugar de una propiedad natural. El pensamiento posestructuralista y las teorías *queer* y feministas que han derivado del mismo han hecho hincapié en la fluidez y la performatividad del género, así como en su estructura imitativa y discursiva (Butler, 1999). De hecho, algunos han abogado por el «fin» del género (Brudge, 2007) e incluso han preguntado: «¿De verdad lo necesitamos?» (Hicks, 2008, p. 52). Como señala Lauren Bialystock, la afirmación de que no puede haber nada esencial o auténtico en el género se ha vuelto de rigor en muchas corrientes del feminismo. Sin embargo, como han argumentado expertos trans y no trans, esta verdad alternativa ha tenido el efecto funesto de legitimar algunas narrativas (*queer* y transgénero) y deslegitimar otras, concretamente las de las personas transexuales a las que se ha presentado como inflexibles y conservadores por reclamar un ser auténtico y tomar medidas médicas para vivir de acuerdo con ese ser (Bialystock, 2013; Elliot, 2010; Prosser, 1998; Rubin, 1998). Así pues, es importante señalar que las personas trans en general, y estos padres trans en concreto, pueden cuestionar tanto esta verdad sobre el género moderna como la posmoderna. Este apartado examina cómo lo hacen.

«Una base muy buena»: preservar las opciones de género

Como señala Emily Kane, muchos familias orientan a sus retoños en las normas de género por un compromiso con la heteronormatividad o un sentido de la responsabilidad hacia los demás (2006, p. 149). Sin embargo, los participantes que estaban criando a sus retoños más pequeños mencionaron sus esfuerzos por evitar sobredeterminar el género. Un hombre trans, Ishai (nombre ficticio), recuerda:

> Iba caminando con el perro y el bebé, y una mujer me preguntó: «¿Niño o niña?». A lo que respondí: «¿A cuál de nosotros dos se refiere?».

Las personas trans contaban historias en las que describían cómo permitían a sus retoños explorar ropas y actividades que normalmente se reservan para el otro género. Josh, un hombre trans, recuerda un juego con su hijo:

> Había zapatos de tacón y me preguntó qué eran y quería ponérselos. El niño más mayor dijo: «Oh, no, no son de chico». Me acerqué y dije: «Te ayudaré a ponértelos […] es difícil andar con ellos, pero puedes intentarlo y yo te cogeré de la mano».

Se podría decir que estas estrategias están arraigadas en las prácticas de crianza feministas, en lugar de ser un reflejo únicamente de una perspectiva trans sobre la crianza. Sin embargo, las prácticas de algunos participantes iban más allá del objetivo de cuestionar los estereotipos. Josh explicó cómo respondía a las preguntas que le formulaban sobre su bebé recién nacido: «Diría que sí, que es un niño, pero, ya sabes, eso puede cambiar». El mensaje de que el género puede cambiar no es un mensaje que se transmita normalmente, ni siquiera entre las comunidades de familias progresistas, aunque entre los propios participantes había división de opiniones sobre si creían que sus enfoques como padres o madres eran exclusivamente suyos por ser personas trans o si podían compartir estos enfoques con otras familias. Dunya, una madre *queer* dijo: «No creo que sucediera si mi género no fuera *queer*». Sin embargo, Josh afirmaba: «Puedo imaginar que una persona cisgénero que sea consciente de que existe la transexualidad haga las mismas elecciones».

En tanto que madres y padres reflexionaron sobre las experiencias de su infancia que supusieron un reto, en un intento de ofrecer algo mejor a sus retoños. Kelly, una mujer trans, dijo:

> «Yo no veía la diversidad de las identidades [...] y eso hizo que me resultara muy difícil entender quién era yo y encontrarme a mí misma en el mundo. Él no tendrá ese problema porque habrá estado tan expuesto [...] que no le resultará tan difícil reivindicar su propia identidad.

Alfred, un padre *queer,* afirmaba:

> Ella [hija] tiene bastante claro que es una niña, pero [...] está explorando cosas que normalmente no son atributos de niña [...] un abanico de posibilidades sin duda más amplio que el que yo experimenté de niño [...] y eso se prolongará durante toda su vida de una manera muy buena, es una base muy buena.

Al analizar para qué son una buena base esas opciones, Alfred habló de la extraordinaria capacidad de su hija para comprender las posibilidades de género y denominó a esta habilidad «alfabetización de género»:

> La niña más pequeña de nuestra familia está extremadamente, cómo lo diría, «alfabetizada en el género» [...]. Se desenvuelve en nuestro mundo muy cómodamente.

«Son posibles muchas más cosas de las que la gente te hará creer»: ampliar las posibilidades biológicas

En 2008, en un breve artículo en *The Advocate*, Thomas Beatie, un hombre trans, saltó a la fama internacional por ser lo que muchos denominaron el «primer hombre embarazado». Aunque las comunidades trans insistieron en que Beatie no era el primero, Ryan señala que Beatie creó el primer espacio público para el concepto de hombre embarazado (2009, p. 139). Varios de los participantes en el estudio también llegarían a ser padres de maneras que desafiaban las concepciones científicas de lo «posible». Al igual que Beatie, Ishai, un hombre trans, gestó un hijo y recordaba cómo los demás se vieron obligados a lidiar con esta nueva realidad. Por ejemplo, tras una considerable presión, la Oficina del Registro General expidió a Ishai y su compañero uno de los primeros certificados de nacimiento de Ontario en el que no se mencionaba a una madre y en su lugar aparecían un «padre» y un «padre/otro padre». Ishai recuerda cómo sucedió:

> Tuvimos que estar allí de pie en la oficina con un bebé recién nacido; parecíamos una pareja de barbudos exhaustos, haciendo alarde de una lucha por los derechos humanos y la identidad o género, agitando liberalmente una versión expandida de su política.

Samantha, una mujer trans, también se convirtió en madre de una manera singular: al haber almacenado muestras de esperma antes de la transición, pudo concebir más tarde a un niño con su compañera. La experiencia de Samantha entrañó muchas luchas para que el personal de la clínica de fertilidad, las comadronas, los preparadores al parto, sus familiares y el sistema de registro de nacimientos de Ontario la reconocieran como madre. Sin embargo, Samantha llegó a manejar múltiples posibilidades mientras criaba a su hijo:

> En lugar de enseñarle que los niños tienen penes y las niñas tienen vaginas, simplemente decimos que la mayoría de los niños tiene pene y la mayoría de las niñas tiene vagina, y eso le enseña un patrón general que admite excepciones.

Una de las cosas que ofrecen las personas trans con descendencia es un conocimiento de primera mano de que son una de esas «excepciones». Josh recordaba la reacción de su madre cuando le anunció sus planes de tener un hijo con su compañero: «Mi madre dijo: "Ah, vale, ¿y cómo vais a hacerlo?"». En un grupo de debate formado en su totalidad por las personas trans con descendencia, la historia de Josh fue acogida con una sonora carcajada. Como señala Jacquelin, una mujer trans, una de las cosas que enseñan los padres trans es que «son posibles muchas más cosas de las que la gente te hará creer».

«Mi hermana es tu tío»: negociando nuevas identidades

Una posibilidad adicional que brindan las personas trans con descendencia es la de adoptar nuevas identidades, más allá de ser hombre o mujer, madre o padre. Por ejemplo, Dunya, una persona de género *queer* que estaba embarazada cuando participó en el grupo de debate, anunció que estaban[4] planeando referirse a sí mismos como «mapá»: en parte mamá, en parte papá. Otro participante *queer* del espectro mujer-a-hombre, Judy, se sentía cómoda utilizando «ella», pero eligió adoptar el apelativo «papá» cuando dio a luz, ya que creía que describía mejor su rol. Judy contaba las interesantes conversaciones que surgían:

> Los niños me preguntan «¿Por qué eres su papá?», ya que yo también uso «ella» […] y aprovecho esta gran oportunidad para decir: «Vale, ¿conoces a alguien más como yo en tu vida? ¿A alguien cuyo género no sea solo de un modo?». Consigo un gran efecto, con el que me siento muy bien.

Judy pasó a describir otra práctica de designación que permite visualizar su propia identidad:

> A mi sobrino más pequeño […] su padre, mi hermano, le dijo: «¿Sabes?, mi hermana es tu tío» […] y simplemente pasó a formar parte de su mundo. Es genial tener estas oportunidades de que te ven así/visiblemente.

Judy señala que esta disolución de los límites del género tiene dos beneficios simultáneos: que su sobrino tiene una perspectiva amplia sobre el género como «parte de su mundo» y que ella misma puede ser «visibilizase». De hecho, Judy señala que su hijo ha empezado a pro-

---

4. Este participante utiliza el pronombre neutro *they*, en lugar de «él» o «ella».

bar a llamarla «él», aunque cree que la coherencia que consigue «él» junto con «papá» borra una identidad única que ella prefiere que sea visible.

> [Nombre del niño] ha empezado hace muy poco a intentar llamarme «él», lo que me resulta fascinante. En cierto modo, no me gusta, porque me encanta la rapidez con que digo algo más cierto sobre mí misma cuando digo «papá» y «ella» en la misma frase.

En el caso de otros participantes, esta disolución de los límites del género no era necesariamente algo que desearan. Por ejemplo, cuando los participantes habían tenido criaturas antes de identificarse como trans o realizar la transición, normalmente sus criaturas habían entablado con ellos relaciones como madre o como padre. En la mayoría de los casos, para sus retoños esos roles no eran intercambiables y, en ocasiones, optaban por no cambiar su manera de referirse a ese progenitor. En el caso de una mujer trans llamada Kelly, esto dio lugar a que también fuera a un tiempo «papá» y «ella»:

> Durante algún tiempo animé [a mi hijo] a que intentara elegir algo diferente a «papá» para que no me «sacara del armario» todo el tiempo y se negó […] Le dije: «De acuerdo, seré papá» […] Así que mi género cambió, pero él no tuvo que renunciar a tener un padre; simplemente tiene un padre que es mujer. Utiliza pronombres femeninos, me llama papá y está bien.

En otros casos, estas niñas y niños con un progenitor trans que ha realizado la transición optaron por renunciar totalmente a «mamá» y «papá». Elliot, un hombre trans con hijos adultos, explica algunos de los divertidos términos nuevos empleados por su hijo, junto con sus dudas:

> A [mi hijo] se le ha ocurrido «mapi»: mitad mamá, mitad papi. O «hombre-mamá», que es más gracioso. No me molesta «hombre-mamá» [risas] o mamá, que es aún mejor [risas], pero no es lo que quieres en cualquier momento y no es precisamente lo que quieres que digan en público.

Así, algunos participantes no tenían la intención de sacudir los cimientos del género, pero seguían poniendo en tela de juicio el supuesto *a priori* de que los padres siempre son hombres y las madres siempre son mujeres. En tanto que seamos padres-mujeres, mapis, hombres-mamás y «mapás», nos permiten entrever los mundos posibles del género.

«La verdad es lo que tú dices»: servir de modelo de la corporeidad

Aunque muchos progenitores contaban historias sobre cómo jugar con el género, eso no significaba que el género fuera poco importante para ellos. De hecho, uno de los mensajes que los participantes transmitían a sus hijos era la importancia de encarnar el género. La corporeidad, la manera en que los cuerpos se conforman y están conformados por las prácticas sociales, es cada vez más un aspecto de la teoría de género. Como señala Raewyn Connell, todos los géneros están encarnados, y todos están encarnados con contradicciones, aunque en el caso de las personas trans, tanto el alcance de esa contradicción como su remedio pueden ser importantes (2012, p. 867).

Aunque con frecuencia se ha presentado la transición transexual como una forma de mutilación, una desviación del yo, Jay Prosser replica que la transición se debe entender como un retorno a un yo integral, un viaje a casa (1998, p. 83). Las personas trans de este estudio recalcaban para sus retoños, a través del ejemplo, era importante enfrentarse al mundo siendo su yo auténtico, como ese yo es sentido y conocido. Jane recordaba:

> Recuerdo que mi hija mayor dijo varios meses después de mi transición que se había dado cuenta de que nunca me había visto reír de verdad hasta entonces [...] quince años de vida y nunca me había visto reírme o sonreír. Se me acercó y me dijo: «Ahora veo que eres más feliz».

Igualmente, la hija de Tracey pareció comprender la importancia de la corporeidad, en la que observaba lo opuesto. Tracey realizó la transición de hombre a mujer mientras su hija atravesaba por los difíciles años previos al bachillerato. A petición de su hija, Tracey accedió a presentarse como varón en la ceremonia de graduación de segundo de

ESO de su hija. Sin embargo, Tracey describe la reacción de su hija al verla:

> Le dije: «Entonces, ¿cómo quieres que me presente cuando vaya?». Y ella me dijo: «Como un chico». Yo le respondí: «De acuerdo» [...] pero lo primero que salió de su boca cuando me vio fue «Lo siento».

Cuando se les preguntaba qué ofrecían a sus retoños, concretamente por ser personas trans, los participantes reiteraban que el don de la autenticidad. Jacquelin, una mujer trans, reflexionaba: «Una de las lecciones que enseñamos es que la verdad no es lo que dicen otras personas, la verdad es lo que tú dices». Como se ha señalado, estas lecciones no eran necesariamente intencionadas, sino el resultado de ver realizar a un progenitor un profundo cambio vital en busca de integridad y bienestar. Lisa, una mujer trans, contaba acerca de su hijo: «Lo que le enseño, sin enseñárselo en realidad, es valentía».

Debate

Stephen Hicks señala que la cuestión de si las personas LGBT que tienen hijos pueden ser «buenos modelos de género» se ha utilizado para presentarlos como malos candidatos para la crianza (2013, p. 150). Hicks sostiene que, en realidad, tener un «modelo de género a seguir» no es una necesidad para el desarrollo en la infancia, sino simplemente una reproducción estables de las normas de género (2008, p. 43). Dejando a un lado el debate de si son o no necesarios los modelos, es evidente que si las familias trans con hijos e hijas están siendo un modelo de algo, se trata de algo distinto y valioso. Aunque el campo del desarrollo infantil aboga por que los niños y las niñas aprendan que el género es *estabilidad* y *constancia*, estas familias enseñaban que el género es complejo. Si bien se considera que imaginar las posibilidades del género supone una limitación cognitiva (Bukatko y Daehler, 2001, p. 460), estos progenitores lo entendieron como una capacidad de «alfabetización», necesaria no solo para formar la propia identidad de uno, sino también para interpretar las identidades de otros en un mundo social complejo. Aunque muchos teóricos *queer* y feministas rechazan la idea de autenticidad, los participantes expresaron lo que representa para muchos: la importancia fundamental del yo de género y de enfrentarse al mundo siendo ese yo.

Para concluir, los progenitores trans del estudio *Transforming Family* ofrecían a sus retoños dones únicos. Como señala Rachel Epstein, no lo hacían a pesar de ser quienes eran, sino por ser quienes eran (2009, p. 30). Con y sin intención, los participantes ofrecieron opciones de género a sus retoños; ampliaron las posibilidades biológicas, negociaron nuevas identidades y sirvieron de modelo de la autenticidad y la corporeidad. Con ello, estas y otras personas trans con hijos e hijas están complejizando la verdad, lo que sabemos, sobre el género, posibilitando que exista una nueva generación que está alfabetizada en el género y que nos permite vislumbrar otros mundos posibles.

Referencias bibliográficas

Baetens, Patricia, M. Camus y P. Devroey (2003), «Should Requests for Donor Insemination on Social Grounds be Expanded to Transsexuals?», *Reproductive BioMedicine Online*, 6.3, p. 281.

Bauer, G., Michelle Boyce, Todd Coleman, Matt Kaay y Kyle Scanlon (2010), «Who Are Trans People in Ontario?», *Trans PULSE E-Bulletin*, 1.1, pp. 1-2.

Bauer, G., Rebecca Hammond, Robb Travers, Matt Kaay, Karen Hohenadel y Michelle Boyce (2009), «"I Don't Think This Is Theoretical; This Is Our Lives": How Erasure Impacts Health Care for Transgender People», *Journal of the Association of Nurses in AIDS Care*, 20.5, pp. 348-361.

Beatie, Thomas, «Labour of Love», *Advocate*, web, 26 de marzo de 2008.

Bee, Helen (1995), *The Growing Child*, Harper Collins Publishers, Nueva York.

Berk, Laura (2006), *Child Development*, Pearson Education, Boston, MA.

Bialystock, Lauren (2013), «Authenticity and Trans Identity», en Robert Scott Stewart (ed.), *Talk About Sex: A Multidisciplinary Discussion*, Cape Breton University Press, Sidney, Canadá.

Brothers, Di y W. C. L. Ford (2000), «Gender Reassignment and Assisted Reproduction: An Ethical Analysis», *Human Reproduction*, 15.4, pp. 737-738.

Brown, Mildred y Chloe Ann Rounsley (1996), *True Selves: Understanding Transsexualism-For Families, Friends, Coworkers, and Helping Professionals*, Jossey-Bass Publishers, San Francisco.

Brudge, Barbara (2007), «Bending Gender, Ending Gender: Theoretical Foundations for Social Work Practice with the Transgender Community», *Social Work*, 52.3, pp. 243-250.

Bukatko, Danuta y Marvin Daehler (2001), *Child Development: A Thematic Approach*, Houghton-Mifflin Company, Boston, MA.

Butler, Judith (1999), *Gender Trouble*, Routledge, Nueva York.

Cameron, Paul (2006), «Children of Homosexuals and Transsexuals More Apt to be Homosexual», *Journal of Biosocial Science*, 38.3, pp. 413-418.

Canfield-Lenfest, Monica (2008), *Kids of Trans Resource Guide*, COLAGE, San Francisco.

Chang, Helen (2003), «My Father is a Woman, Oh No!: The Failure of the Courts to Uphold Individual Substantive Due Process Rights for Transgender Parents Under the Guise of the Best Interest of the Child», *Santa Clara Law Review*, 43, p. 649.

Connell, Raewyn (2012), «Transsexual Women and Feminist Thought: Toward New Understanding y New Politics», *Signs*, 37.4, pp. 857-881.

De Sutter, Paul (2009), «Gender Reassignment and Assisted Reproduction: Present y Future Reproductive Options for Transsexual People», *Human Reproduction*, 16.4, pp. 612-614.

Elliot, Patricia (2010), *Debates in Transgender, Queer, and Feminist Theory: Contested Sites*, Surrey, Ashgate Publishing, Reino Unido.

Epstein, Rachel (2009), *Who's Your Daddy? And Other Writings on Queer Parenting*, Sumach Press, Toronto.

Flynn, Taylor (2006), «The Ties That (Don't) Bind: Transgender Family Law and the Unmaking of Families», *Transgender Rights*, Paisley Currah, Richard Juang y Shannon Minter (eds.), University of Minnesota Press, Minneapolis, pp. 32-50.

Freedman, David, Fiona Tasker y Domenico di Ceglie (2002), «Children and Adolescents with Transsexual Parents Referred to a Specialist Gender Identity Development Service: A Brief Report of Key Developmental Features», *Clinical Child Psychology and Psychiatry*, 7.3, pp. 423-432.

Garfinkle, Harold (2006), «Passing and the Managed Achievement of Sex Status in an "Intersexed" Person», en Susan Stryker y Stephen Whittle (eds.), *The Transgender Studies Reader*, Routledge, Nueva York, pp. 656-666.

Garner, Abigail (2004), *Families Like Mine: Children of Gay Parents Tell It Like It Is*, Harper Collins Publishers, Nueva York.

Goldberg, Abbie (2010), *Lesbian and Gay Parents and Their Children: Research on the Family Life Cycle*, American Psychological Association, Washington, DC.

Grant, Jamie, Lisa Mottet, Justin Tanis, Jack Harrison, Jody Herman y Mara Keisling (2011), *Injustice at Every Turn: A Report of the National Transgender Discrimination Survey*, National Center for Transgender Equality y National Gay and Lesbian Task Force, Washington, DC.

Green, Richard (1978), «Sexual Identity of 37 Children Raised by Homosexual or Transsexual Parents», *The American Journal of Psychiatry*, 135.6, pp. 692-697.

— (1998), «Transsexuals Children», *International Journal of Transgenderism*, 2.4.

— (2006), «Parental Alienation Syndrome and the Transsexual Parent», *International Journal of Transgenderism*, 9.1, pp. 9-13.

Green, Richard y John Money (1969), *Transsexualism and Sex Reassignment*, Johns Hopkins Press, Baltimore.

Harris, Martha (2003), «Issues for Transgenders in Therapy», en Mary Boenke (ed.), *Trans Forming Families: Real Stories About Transgendered Loved Ones*, Oak Knoll Press, Hardy, VA, pp. 159-161.

Hicks, Stephen (2008), «Gender Role Models... Who Needs "Em?"», *Qualitative Social Work*, 7.1, pp. 43-59.

Hicks, Stephen (2013), «Lesbian, Gay, Bisexual, and Transgender Parents and the Question of Gender», *LGBT-Parent Families: Innovations in Research and Implications for Practice*, Abbie Goldberg y Katherine Allen (eds.), Springer Press, Nueva York, pp. 149-216.

Hines, Sally (2006), «Intimate Transitions: Transgender Practices of Partnering and Parenting», *Sociology*, 40.2, pp. 353-371.

Jones, Howard (2000), «Gender Reassignment and Assisted Reproduction: Evaluation of Multiple Aspects», *Human Reproduction*, 15.5, p. 987.

Kane, Emily (2006), «No Way My Boys Are Going To Be Like That: Parents Responses to Gender Non-Conformity», *Gender and Society*, 20, pp. 149-176.

Kessler, Susan y Wendy McKenna (2006), «Toward a Theory of Gender», en Susan Stryker y Stephen Whittle (eds.), *The Transgender Studies Reader*, Routledge, Nueva York, pp. 656-666.

Lev, Arlene Istar (2004), *Transgender Emergence: Therapeutic Guidelines for Working with Gender Variant People and Their Families*, Haworth Clinical Practice Press, Nueva York.

Meyerowitz, Joanne (2002), *How Sex Changed: A History of Transsexuality in the United States*, Harvard University Press, Cambridge.

Minter, Shannon (1998), *A Legal Guide to Child Custody and Selected Fa-*

mily Law Issues for Transsexual and Transgendered Parents, National Center for Lesbian Rights, San Francisco.

Mishra, Ruchika (2012), «The Case: IVF Treatment for an HIV-Discordant Transgender Couple?», *Cambridge Quarterly of Healthcare Ethics*, 21.2, p. 281.

Morrison, Todd (2007), «Children of Homosexuals and Transsexuals More Apt to be Homosexual: A Reply to Cameron», *Journal of Biosocial Science*, 39.1, pp. 153-154.

Namaste, Viviane (2000), *Invisible Lives: The Erasure of Transsexual and Transgendered People*, University of Chicago Press, Chicago.

Prosser, Jay (1998), *Second Skins: The Body Narratives of Transsexuality*, Columbia University Press, Nueva York.

Puckett, Margaret y Janet Black (2005), *The Young Child: Development from Prebirth through Age Eight*, McGraw-Hill, York, PA.

Pyne, Jake (2012), *Transforming Family: Trans Parents and their Struggles, Strategies, and Strengths*, LGBTQ Parenting Network, Toronto.

Raj, Rupert (2008), «Transforming Couples and Families: A Trans-Formative Therapeutic Model for Working with the Loved-Ones of Gender-Divergent Youth and Trans-Identified Adults», *Journal of GLBT Family Studies*, 4.2, pp. 133-163.

Rubin, Henry (1998), «Phenomenology as Method in Trans Studies», *GLQ*, 4.2, pp. 263-281.

Russell, Bruce (2012), *A Priori Justification and Knowledge*, *The Stanford Encyclopedia of Philosophy*, web [consultado el 8 de enero de 2013].

Ryan, Maura (2009), «Beyond Thomas Beatie: Trans Men and the New Parenthood», en Rachel Epstein (ed.), *Who's Your Daddy? And Other Writings on Queer Parenting*, Sumach Press, Toronto, pp. 139-150.

Stacey, Judith y Timothy Biblarz (2001), «(How) Does the Sexual Orientation of Parents Matter?», *American Sociological Review*, 66.2, pp. 159-183.

Steinberg, Laurence y Jay Belsky (1991), *Infancy, Childhood and Adolescence: Development in Context*, McGraw-Hill, Nueva York.

Stryker, Susan y Stephen Whittle (eds.) (2006), *The Transgeder Studies Reader*, Routledge, Nueva York.

Tye, Marcus C. (2003), «Lesbian, Gay, Bisexual, and Transgender Parents: Special Considerations for the Custody and Adoption Evaluator», *Family Court Review, Special Issue: Troxel v. Granville and its Implications for Families and Practice: A Multidisciplinary Symposium*, 41.1, pp. 92-103.

Wahlert, Lance y Autumn Fiester (2012), «Commentary: The Questions We Shouldn't Ask», *Cambridge Quarterly of Healthcare Ethics*, 21.2, pp. 282-284.

White, T. y R. Ettner (2004), «Disclosure, Risks and Protective Factors for Children Whose Parents are Undergoing a Gender Transition», *Journal of Gay and Lesbian Psychotherapy*, 8.1, pp. 129-145.
— (2007), «Adaptation and Adjustment in Children of Transsexual Parents», *European Child and Adolescent Psychiatry*, 16.4, pp. 215-221.

10.
Mariposas rosas y orugas azules

Arwen Brenneman

A principios de 2002, nació mi primer hijo. Sostuve a esa preciosa personita junto a mí, observando con una sonrisa su rostro serio y sus ojos grises, y me di cuenta de que nuestra lista de nombres de chico no iba a funcionar; eran nombres que se me habían ocurrido *a posteriori*, no opciones serias. Sin darnos cuenta, habíamos supuesto que íbamos a tener una niña. Una serie de pequeños acontecimientos había condicionado esta percepción; el primero de ellos, una ecografía rutinaria: no habíamos preguntado el sexo porque no teníamos ninguna preferencia, pero estábamos bastante seguros de que el técnico que hizo la ecografía había tenido un desliz y había dicho «ella». Más adelante, mi marido soñó con una hija de grandes ojos negros. Me resultaba fácil imaginarlo porque crecí rodeada de chicas.

Empezamos a hablar por primera vez de la crianza y del género cuando fuimos a comprar artículos para el bebé. ¡El rosa estaba por todas partes! Mientras deambulábamos por unos grandes almacenes, jugamos a una versión para adultos del escondite: el ganador sería el que tuviera más artículos para niña que no contuvieran el color rosa. Al final, aunamos fuerzas, porque no había suficientes como para que el juego fuera interesante. Descubrimos que no había un solo color tan omnipresente para los chicos, aunque la paleta seguía siendo predecible: tras una breve fase pastel para la primera infancia, los artículos pasaban a ser con bastante rapidez ropa de deporte, militar o con personajes populares, que normalmente se ofertaban en los típicos colores mostaza, caqui y azul acero.

En vista de estas premisas del marketing, pensamos seriamente en todo ello, sobre todo, en cómo criar a una niña. ¿Cómo íbamos a crear un espacio para que experimentara tanto vulnerabilidad como competencia? Hablamos de las presiones de sus iguales para ser femenina y de que, en una familia con dos progenitores no *femme*, podría sentirse presionada para ser andrógina o *butch*. ¿Cómo podíamos criar a una niña *femme* sin las chorradas que conlleva el culto a la belleza?

Encargué varios pijamas de colores vivos en una tienda *on line*. Descubrí que cuando se dispone de recursos económicos, es posible comprar ropa caprichosa o unisex. La ropa infantil de clase trabajadora parecía reforzar una imagen muy estereotipada de la masculinidad física *butch*, pero en la ropa para los varones jóvenes de familias con recursos, la masculinidad parecía más matizada. La variedad de tejidos, estampados y cortes de la ropa era mayor. Tenía mi primer trabajo profesional después de la universidad y podíamos permitirnos elegir ropa caprichosa, aunque yo hubiera crecido en la pobreza. El contraste era muy llamativo. Ni siquiera entonces hablamos de criar a un niño.

Cuando llegamos a casa, en medio de la agotadora confusión del período posparto, prometimos solucionarlo. Nos dijimos que «intentaríamos criar a uno de los buenos». Pero ¿qué significaba eso y cómo iba a orientar nuestra paternidad?

De pequeña, no entendía el género. ¡Qué sistema tan extraño e inflexible de clasificar a la gente! Estaba plagado de contradicciones y no era válido para vincular a las personas con sus grandes pasiones y aptitudes. Sabía por las historias y las advertencias del patio del recreo que era peligroso que te alejaras demasiado de tu rol de género. El mundo respondía con burlas, rechazo o incluso violencia. Sin embargo, dentro de cada rol de género, las normas y los atributos eran cambiantes e incoherentes.

Comprendí las implicaciones para los derechos civiles que tenían el sexo biológico y la orientación sexual. Mis padres, que son activistas, me dejaron claro que no hacía mucho tiempo que las mujeres y las personas de color habían conquistado sus derechos civiles y su visión política influyó en mis juegos. Sabía que jugar a los caballeros en el bosque con mis amigos varones era de «marimachos», que era una palabra aceptable, pero cuando ellos jugaban con muñecas conmigo no eran «mariquitas», porque esa era una palabra fea y vulgar.

En el instituto disfruté de la androginia libre de la *new wave*, el *glam* y el movimiento gótico. No tenía ningún problema ni con lo *butch* ni con lo *femme*, como expresiones y no las consideraba necesarias para los hombres y las mujeres porque su asociación con un sistema sexual binario me parecía una reliquia cultural. Sabía que un obrero de la construcción no podía llevar lápiz de ojos sin que le llamaran «marica», pero confiaba en que las viejas ideas fueran quedando desfasadas y en veinte años ya formaran parte del pasado, al igual que habíamos dejado atrás las faldas acampanadas y la gomina. Annie Lennox y David Bowie fueron los precursores.

Desde un punto de vista histórico, era una postura inocente, pero tenía sentido con la información de que yo disponía. Al fin y al cabo, el género era una serie contradictoria de definiciones de categorías. Cuando comentaba que el porno parecía estar hecho principalmente para consumo de los hombres, me decían que los hombres eran simplemente más «visuales» y, sin embargo, también se bromeaba con que los hombres eran unos palurdos en cuestiones de estética, sin interés por la ropa y el color de las paredes. Y ¿cómo era posible que se supusiera que las mujeres eran criaturas histéricas, tontas o despreocupadas y también el centro emocional de las familias? Podía ver en los hombres y las mujeres de mi entorno que para cuidar de una familia hacen falta paciencia, reflexión, empatía y dedicación. Del mismo modo, la idea de que detrás de todo gran hombre hay una mujer creaba tensión. Si teníamos carencias emocionales e intelectuales, ¿no debíamos ser estrellas del rock con berrinches, con hombres estables y firmes apoyándonos?

Luego estaban los estereotipos que eran cuestionados por las personas que formaban parte de mi vida. Las mujeres eran menos mañosas, pero mi madre me enseñó a cambiar arandelas y a localizar montantes en las paredes. Me encantaba reparar el motor de nuestro viejo Honda Civic con mi padrastro y nadie pestañeó cuando reemplacé el cable de un embrague. ¿Y qué decir de los hombres incapaces de expresar sus sentimientos? Conocía a hombres poetas, escritores y psicólogos que se ganaban la vida con sus pensamientos y palabras sobre los sentimientos.

Estas contradicciones solían parecerme hilarantes, un engaño excéntrico, un juego de simulaciones que algunas personas adultas insistían en jugar, aunque les perjudicara. Entonces llegó la pubertad y pasó a ser un asunto serio. Las normas sexuales eran contradictorias y, sin duda, no estaban hechas para mí. Me gustaban los orgasmos, pensaba en el sexo, no era promiscua y no me gustaba vestir de *femme*. ¿Eso me convertía en una fulana, un varón, una frígida o una tortillera? No tenía ni idea, pero sabía que odiaba que me trataran «como a una chica», halagada, engatusada y considerada un premio sexual al final de una locuaz sarta de palabras.

Cuando me incorporé al mundo universitario y laboral, vi que tanto lo *butch* como lo *femme* estaban estrechamente vinculados al dinero. No eran una broma; eran un negocio. Lo *femme* era masculino cuando se realizaba profesionalmente: las mujeres cosían, pero los hombres eran cirujanos. Las mujeres cocinaban, pero los hombres eran chefs. El vestuario de *femme* no era lo mío y también era muy caro y difícil de mantener en trabajos de baja categoría: las uñas pintadas se descascarillan en las manos de las trabajadoras y cambiar la cama con tacones es perjudicial para la espalda. Un compañero de trabajo me propuso en una ocasión que me encargara de pasar la aspiradora porque «las mujeres son mejores para los detalles» y respondí riendo. De ser cierto, se debería impedir a los hombres ejercer toda clase de profesiones minuciosas, como la neurocirugía, la contabilidad, el arte, el diseño, la ingeniería y la ebanistería. La observación no fue bien recibida. De pronto, era una activista sin haberlo pretendido.

Mi reacción ante la insistencia en que mi sexo biológico era tan relevante para mi papel en el mundo fue bastante extraña; no me gustaba ser una activista involuntaria. En lugar de rebelarme, empecé a hacerme preguntas. ¿Estaba mal que me burlara de estos sistemas? Empecé a pensar que mi idea de que el género era una moda pasajera era algo ingenua, por lo que reconsideré la idea de que lo *butch* y lo *femme* eran algo cultural. Tal vez había algo innato tras esta fuerza implacable del género, unos genes que se expresaban admirando tanto los cojines como los penes de los hombres. Quizás había tardado en desarrollarme y mi sexo biológico estaba aflorando y estableciendo mis preferencias y capacidades, un rol de género cada vez.

Mi hijo mayor tenía solo diez meses. Estábamos en una tienda de ropa, deambulando y mirando las prendas mientras nos refugiábamos de la lluvia tras haber salido un rato de casa. Tocábamos diferentes tejidos para ver cómo eran. «Suave, áspero, azul», iba diciendo yo.

Era justo antes de Halloween y en una sección de la tienda había una colección de vestuario de teatro. Un montón de boas cubría un mostrador, y arrastraban sus extremos de plumas por el suelo como si fueran un enorme sauce llorón. Pasé mis dedos por ellas y mi hijo soltó risitas mientras se movían. Las acarició y descubrió que hacían cosquillas. Una boa roja con purpurina atrajo su atención; se rio tontamente, con una risa encantadora, mientras yo la agitaba. Las plumas saltaban y danzaban al moverlas.

«Una niñita preciosa», dijo alguien detrás de mí. Me di la vuelta y me encontré con una mujer mayor que nos sonreía. Me alegré de poder hablar con alguien que utilizara frases completas y no había nada mejor que poder compartir la alegría de los bebés con alguien que quisiera escuchar. La mujer tenía nietos y hablamos de sus edades y de lo rápido que crecen. Y entonces utilicé el pronombre «él».

«¡Oh, Dios mío! ¿Es un niño? ¿No te preocupa, ya sabes, que...?», dijo, haciendo una especie de saludo flácido con la mano.

Con una mueca de desagrado, le dije que me parecería bien si lo fuera. Nuestra temperatura social descendió bruscamente y nos marchamos. Mientras volvía a casa, con el bebé dormido en el cochecito, respiraba con un nudo oprimiéndome el estómago; enfado, sí, y también un problema que no acababa de definir. La homofobia era ofensiva, pero había algo más. Hay una sexualidad especial en la boa de plumas que ponía de manifiesto el problema entre los roles de género y la supuesta sexualidad. Al fin y al cabo, las boas se suelen utilizar para flirtear con los hombres: puede que llevarlas sea *femme*, pero disfrutar de ellas no es algo exclusivamente femenino o sería únicamente un complemento para las mujeres lesbianas. Me pareció que negar lo *femme* sensual, vincularlo únicamente a las mujeres, era un agujero que no quería cavar en la psique de mi hijo.

Además, no me gustó la idea de que llevar o disfrutar de cosas *femme* se interpretara como una invitación a ser el objeto de la mirada sexual masculina. Solo en un universo en el que vestirse de *femme* suscita una atención sexual masculina activa e intrusiva hay que proteger a un niño de sentir apego por las boas de plumas.

No quería ver a mi hijo dirigido en la vida por la tiranía de las miradas de desprecio y las preguntas abiertas y no quería que creciera pensando en lo *femme* como algo extraño y ajeno. No quería que le dijeran que no podía preferir las cosas suaves, monas, bonitas o fabulosas porque es un varón. Tal vez sea una pequeña restricción aparente, pero creo que es algo más: es un cerrojo cultural en la puerta de la domesticidad y deja tanto el sexo como el hogar en manos de las mujeres.

En la infancia se aprende jugando. Si lo *femme* es relegado a las niñas, entonces las mujeres se sentirán cómodas con lo *femme* como resultado de sus juegos de niñas, a los que los niños no juegan. Lo pude apreciar en mi relación: cuando llegamos a casa con el bebé, mi compañero y yo nos sentimos abrumados y bromeamos con que no podíamos creer que hubieran dejado a semejantes novatos llevarse al bebé a casa. Sin embargo, yo me recuperé de ello con más rapidez, animada por las expectativas sociales y toda una vida jugando a prestar cuidados. En cambio, mi compañero tenía que cargar con el estereotipo de que el hombre es un padre torpe y el mundo lo reflejaba cuando salía con nuestro hijo: volvía a casa desanimado, ya que a menudo le felicitaban por cosas tan simples como haberse acordado de llevar el bolso para los pañales. La expectativa era que no era capaz, que estaba «haciendo de canguro» de su hijo, que era genial por «ayudar» en casa. Yo parecía la intermediaria «natural», la sacerdotisa de la interpretación infantil; se esperaba que pudiera descifrar qué significaba un llanto concreto y que «conociera» el ritual adecuado para mecerlo y arrullarlo como respuesta. La idea de que yo debía intervenir y acostar al bebé, intervenir y decirle a mi compañero qué hacer, nos resultaba tentadora a ambos. A veces parecía la solución fácil, ya que yo era la que estaba en casa durante el día. Con el tiempo, mi compañero y mi hijo se las ingeniaron por sí solos. No necesitaba intervenir como intérprete y mística. Cuando mi compañero y mi hijo hallaron su propia manera de comunicarse, encontraron soluciones diferentes, rituales diferentes a los míos.

De un modo similar, si la parafernalia sensual en torno a la sexualidad se considera *femme*, se puede exigir que las mujeres sean intermediarias de la expresión sexual. A las niñas se les permite acceder, ya desde sus primeros juegos, a las herramientas del teatro sexual: algunas mujeres son capaces de desarrollar y utilizar estas herramientas de promesa sexual con grandes resultados. De joven, oí a varios hombres jóvenes sugerir que había un desequilibrio en el poder sexual a favor de las mujeres; que las mujeres son difíciles de contentar y exigen comportamientos económicos y románticos a los hombres, que ellos no pueden exigirnos a nosotras.

La ecuación me frustraba. No quería que mi poder proviniera del trabajo sexual; me parecía evidente que el «poder sexual» que se ofrecía estaba circunscrito a un pequeño grupo de mujeres (de una edad, clase, talla, orientación, raza y capacidad física concretas) y, por tanto, su utilidad era limitada y precaria. También me parecía obvio que el «poder sexual» disponible no incluía mi seguridad física ni tampoco siquiera mi propio placer y mis orgasmos. Había que concebir relaciones complejas para que ambos nos sintiéramos satisfechos. ¿Dónde se hallaba el desequilibrio?

Cuando fui madre de un niño pequeño, se convirtió en una cuestión diferente. No quería que mis privilegiados retoños crecieran sintiéndose impotentes con las mujeres y suponiendo que el mayor poder de éstas residía en el comercio sexual. Quería que para mis hijos sus relaciones sexuales fueran respetuosas y divertidas. Me parecía evidente que el deseo puede hacer que las personas se sientan impotentes ante él, pero ¿cómo se explicaba que los hombres de mi juventud vieran a las mujeres de una forma tan diferente en este sentido?

Creo que cuando se tilda a los objetos sensuales del teatro sexual de lo *femme*, y cuando se disuade sistemáticamente a un niño para que no dé rienda suelta a la delicadeza y la sensualidad hasta que no sea lo bastante mayor para abrazar a una mujer, algunos aspectos de su yo sensual y sexual se conceden a las mujeres para que actúen como intermediarias. Una vez más, la «mujer» funciona como una sacerdotisa, una clave de acceso a la comunicación, solo que esta vez con un aspecto fundamental del ser. Cuando alguien menciona que en la infancia se deben reprimir este tipo de exploraciones sensuales porque tiene miedo de la homosexualidad, está complicando la historia: no hay nada inherentemente femenino en que los hombres se sientan atraídos por otros hombres. Sin embargo, por miedo, se da por sentado que, como mínimo, un hombre gay debe convertirse en una falsa mujer, robando las túnicas de las sacerdotisas para facilitar el acceso al templo.

De este modo, me convertí en un guardia de fronteras de la autoexpresión de mi hijo. Iba a reservar un espacio mientras pudiera y a ofrecerle todas las opciones posibles. Sinceramente, el género es más una inundación que algo que se pueda combatir, pero me parapeté cuanto pude y con la mayor rapidez posible, para tratar de impedir que los juicios se filtraran y encresparan su corazón.

En parte, mantenía este espacio para asegurarme de que mis hijos no fueran un experimento o sufrieran burlas, de que no estuvieran en la línea de fuego de personas que insinuaran que eran afeminados. No logré del todo impedir que mi propia experiencia de género afectara a las elecciones de mi hijo: cuando me preguntó por qué no podía tener una falda de raso morada con pedrería como su mejor amigo, le puse en las manos una capa de raso morada y murmuré la excusa de que era una mamá que no quería tener que ocuparse de ropas tan elegantes. Simplemente no quería someterle a un escrutinio. No quería quebrar su confianza, en que le mantengo a salvo, diciendo que no había ningún problema y enviándole ahí fuera para que pueda ser objeto de posibles burlas o desprecio.

Enseñamos a nuestros retoños paso a paso; les dejamos utilizar cuchillos para la mantequilla antes que cuchillos para el pan, les enseñamos a cada paso cómo tener seguridad y tener confianza antes de asumir mayores riesgos y responsabilidades. Pero yo también tengo mis propios niveles de confianza y de capacidad: podía encargarme de las muñecas y los disfraces de una manera que me hacía confiar en que él también podía. Me parecía que una falda de raso morada era un reto demasiado grande para él, demasiado llamativa para un niño de su edad; sinceramente, es demasiado llamativa para mí. Estaría en alerta y mi hijo, que es inteligente y sensible, probablemente lo notaría.

Durante los primeros años de la vida de mis hijos vivimos en el West End de Vancouver, un barrio *queer*.

La primera constante visible en los mensajes sobre el género, que es clara y meridiana, es que las mujeres son objetos estéticos; la presencia de mujeres esbeltas, jóvenes, mayoritariamente blancas y maquilladas es hegemónica en las portadas de las revistas, las vallas publicitarias y los anuncios. No había forma de combatir esa ofensiva, aunque al vivir en un barrio *queer* también había imágenes *sexy* de hombres y ejemplos reales de glamur masculino. En casa, mi hermana se aseguró de que nuestros baúles de disfraces estuvieran llenos de todo tipo de atuendos: de vaqueros y de bomberos, de enfermeras y de hadas. Nos mantuvimos a distancia de Disney, e incluso de Pixar, durante los primeros años para evitar mensajes en los que los héroes son varones y las mujeres son sus peculiares intereses amorosos.

Fue una tarea ardua y muy minuciosa intentar crear un entorno no binario. Gran parte de nuestro mundo, extrañamente, tiene una expresión de género. (¡El yogur es una comida de chicas! ¡La cerveza es una bebida de chicos!) En la infancia, esta lección no es sutil. El rosa y el azul segregan agresivamente las tiendas de juguetes. Existen más reglas: si hay una mariposa, una mariquita o una libélula, es para chicas. Si hay arañas, orugas o escarabajos, es para chicos. Fue un motivo de orgullo para nosotros que cuando le enseñamos a usar el orinal y las bragas pañal, mi hijo eligiera unas veces las bragas pañal rosas con mariposas y otras las azules con vehículos todoterreno. Interferir sin darle mucha importancia fue una labor ardua y además me exigía actuar de la mejor manera posible: para mí era importante, siempre que fuera posible, permanecer neutral en las pequeñas elecciones que hacían mis hijos. No quería fomentar lo *femme*, sino dejar abierta esa opción.

Cuando la gente me dice que el género tiene que ser innato porque lo han visto en los niños y niñas pequeños, me muero de risa. No lograba detener la ofensiva y trabajaba duro. Crear un universo sin género en nuestra cultura es algo tan hipotético como crear un mundo sin fricciones. Sin embargo, logré reducir la presión del entorno para mi primer hijo hasta que fue a la escuela infantil, donde aprendió que los calcetines de Hello Kitty superaban los límites de lo aceptable.

La omnipresencia de los roles de género me desconcertaba. ¿Por qué no habían desaparecido desde mi infancia, como las faldas de acampana y la brillantina? Sin embargo, el embarazo y la crianza durante los dos primeros años de vida de mi hijo me revelaron una de las grandes trampas del género; desde que fui una mujer embarazada torpe y después, una madre novata con una pequeña vida dependiente acurrucada para mamar, me sentía más vulnerable y más necesitada de cuidados de lo que lo había estado nunca desde niña. Mis bisabuelas habían tenido todas ellas muchos hijos e hijas, hasta doce, y los habían amamantado durante más de un año. Me imaginé pasar dos décadas de una breve vida en ese estado de vulnerabilidad y pensé en todo el trabajo que era necesario para ayudar a crecer a esas criaturas. De pronto, los roles de género tenían más sentido. Podía ver sus contornos en el repentino y acelerado cambio de mi estilo de vida.

Ese niño me necesitaba de una manera que limitaba mis movimientos y me ataba a una rutina insignificante y condicionada por la lactancia. Podía ver por qué las cosas de fuera podían convertirse en funciones de los hombres: al estar todo el día en casa, podía ver todas las tareas domésticas que había que hacer de un modo que mi compañero no podía. Podía ver que, con un niño pequeño alrededor, era más fácil conseguir que fuera seguro un costurero, que los utensilios afilados y la madera astillada. Mi marido y yo habíamos dejado claro que quien asumiera la tarea principal del cuidado no se encargaría de las tareas domésticas ni cocinaría, pero cuando no estaba trabajando remuneradamente (y después del período neonatal) acabó formando parte de mis días. Muchas de las tareas domésticas recaían fácilmente, aunque no exclusivamente, en mí.

Me resultó extraño que la experiencia no fuera un infierno. Me encantaba explorar el mundo con mi hijo, el gesto serio de concentración en su rostro mientras pensaba. Me encantaba sostener su cuerpo regordete junto al mío y notar cómo se rendía mientras se relajaba, hasta quedarse dormido. Incluso me gustaba la organización doméstica, el sistema de construcción de un hogar, que hacía que nuestro mundo fluyera de una manera más fácil, barata y saludable. A medida que crecía, tuve que ser más creativa para facilitar que mi hijo se expresara y socializarle para que lo hiciera sin herir a otros. Le estaba enseñando a ser responsable con la comunidad: era una labor filosófica que me reconectaba con el mundo. Fue una tarea enormemente difícil, pero también sumamente gratificante.

Empecé a hablar de esta labor con otras personas que eran las cuidadoras principales, una de las cuales era mi suegro, que había escolarizado en casa a su hijo de ocho años. Durante años, con sus retoños ya mayores, había sido el principal sustento de la familia, aceptando a veces más de un trabajo y sin ver apenas a los suyos. Cuando llegó un bebé por sorpresa en la madurez, él y mi suegra decidieron probar un camino diferente y él asumió el papel de cuidador primario, como si lo hubiera hecho toda la vida. A él, como a mí, le sorprendió tanto el reto como el placer que encontraba en este rol.

La sociedad está configurada de un modo que infiere que la crianza y los roles domésticos son una tortura para cualquiera, salvo para los tontos. Cuando muchas personas señalan que el deber y Dios son las razones de los roles tradicionales, se dictan castigos para las mujeres que trabajan fuera del hogar, no parece que vaya a ser una vida satisfactoria. De la coacción que niega a las mujeres sus derechos políticos y económicos se deduce que nadie elegiría el destino de una mujer: el matrimonio forzoso, la ausencia del derecho al voto y la propiedad, la falta de igualdad salarial o el derecho a conducir, estas normas patriarcales anuncian que las tareas domésticas son algo que solo puede hacer una clase de esclavos. Las feministas tienen que trabajar muy duro para conquistar los derechos más básicos.

Por eso me asombró descubrir que podía ser divertido. Y no solo la crianza, sino también las tareas domésticas. La única prisión es la falta de elección: con la puerta abierta para poder elegir, la vida doméstica me parecía un buen lugar en el que estar durante algún tiempo. Ojalá la puerta estuviera un poco más abierta para que mi compañero también dispusiera de flexibilidad. Y así, mi agnosticismo en cuanto al género ha regresado. Algunos de los roles son reflejos comprensibles de una época diferente, pero claramente no nos definen a todos nosotros, ni siquiera a la mayoría de nosotros, durante toda la vida.

Creía que vivir en un barrio *queer* aliado y progresista iba a hacer que la presión del género fuera mucho menos relevante, pero no fue así. Seguía apareciendo de varias maneras que no esperaba. A veces me parecía estar viendo una alucinación mutua en el género, incluso cuando teníamos delante pruebas de lo contrario.

En las fiestas navideñas que celebrábamos en el salón comunitario siempre había juguetes para los chicos y juguetes para las chicas; era difícil evitarlos. Un año, mi hijo intercambió su regalo con una niña, a la que dio su juego militar a cambio de una bola giratoria con luces brillantes. Se quedó mirándola fijamente, hipnotizado, mientras la niña procedía a elaborar una estrategia militar para el final de la fiesta. Un vecino me dejó atónita cuando comentó lo brillantes que son los chicos en los juegos de guerra.

Varios años más tarde fui a la fiesta de cumpleaños de la mejor amiga de mi hijo mayor, una niña que vivía al lado. Las personas adultas que estaban en la fiesta eran diversas: gais y heterosexuales, hombres y mujeres, inmigrantes recién llegados y canadienses de nacimiento, padres y madres que trabajaban o que se quedaban en casa. Nuestra amiga abrió los regalos y después los dejó para poder corretear con los demás niños y niñas de la fiesta.

Mi hijo menor, que solo tenía dos años, estaba a mi lado mirando detenidamente los regalos y quiso coger una de las dos muñecas. Tuve que impedirle que abriera la caja, explicándole que era un regalo de nuestra amiga, pero pude ver su atracción. La muñeca tenía un biberón y podía cerrar los ojos, algo que no podía hacer la suya. No sé si lo desencadenó el interés de mi hijo por los regalos, o simplemente el despliegue que teníamos delante, pero una de las madres empezó a hablar de lo interesante que era que a las niñas les encantaran los brillos y los muñecos de bebés, incluso en esta nueva época de igualdad de derechos y posibilidades feministas. Otros padres asintieron con la cabeza, mientras yo impedía que mi hijo se apropiara de los regalos y me mordía la lengua.

Nada indicaba en la fiesta que a las niñas les encantaran los brillos y los muñecos de bebés. Conocía bastante bien a la niña en cuestión: ella y mi hijo mayor habían atravesado una etapa en la que les atraían los muñecos de bebés mientras yo estaba embarazada, pero ya habían perdido el interés. Delante de mí tenía la prueba de que la gente compra regalos a los que se les asigna un género para chicas, no de que fuera algo inherente a la niña que cumplía años, que estaba agradecida, pero no entusiasmada. Todos estos regalos se habían multiplicado en todas las fiestas de cumpleaños a las que estos niños y niñas habían asistido y eran pequeñas lecciones sobre el género que se convertían en un sistema de alta presión en su organización social: pienso en ello todo el tiempo y me muevo con pies de plomo, eligiendo regalos neutros relacionados con el arte o las ciencias para los niños y niñas que no conozco bien. Comprar un juguete «del género opuesto» que pueda suscitar burlas por ser poco común podría herir al niño o niña que lo ansiara. Además, no se trata solo de las burlas, sino de la discusión aparentemente benigna de los adultos: mi hijo pequeño estaba con nosotros oyendo a las familias hablar de chicas y muñecas. Él sabía que era un chico y tenía los oídos abiertos. Le estaban diciendo cómo funcionaba el mundo.

Más tarde, saqué este tema a colación y todos estuvieron de acuerdo en que debemos tener cuidado de no intimidar a los jóvenes que tienen preferencias «diferentes». Debemos proteger, defender y apoyar a nuestros retoños singulares, que podrían ser gais o trans. Mis hijos recibieron halagos. Evidentemente, eran ciertos, pero no era eso lo que yo estaba diciendo: estoy criando a criaturas que espero que sean personas empáticas, afectuosas y positivas, incluso si son heterosexuales, cisgénero y varones. No necesitamos abandonar a nuestros hijos no *queer* ante las expectativas desprovistas de delicadeza y apoyo, ni a nuestras hijas no *queer* a expectativas que no contemplen la asunción de grandes riesgos. No necesitamos esperar que tengan una masculinidad limitada o una feminidad limitada, les estamos diciendo quiénes deben ser. No deberíamos apoyar solo a quienes son lo bastante valientes, lo bastante conscientes de sí mismos y se sienten lo bastante atraídos por el grupo opuesto como para rechazar los límites a una edad temprana.

Es muy habitual que mis hijos reciban el elogio de que son unos niños maravillosos y estoy de acuerdo en que lo son. Son niños normales, tan propensos a comportarse mal, a la impetuosidad y las rabietas como cualquiera, pero también son muchachitos sensibles y empáticos. En parte, es algo consustancial a quienes son como personas, pero, en parte, también se debe a nuestras reglas. Más de una vez oí decir en el progresista West End «bueno, así son los chicos» a personas que considero fuertes y reflexivas. Cuando se producía un comportamiento totalmente inaceptable, me resultaba muy preocupante: mis hijos no se pegan entre ellos, rechazan los sentimientos de otras personas o acosan a otros niños porque tienen penes. Un pene no es una varita mágica que hace desaparecer la responsabilidad.

Cuando mi hijo menor tenía tres años, nos mudamos a Marpole, un barrio mucho más conservador. La mayoría de mis vecinos son inmigrantes de primera o segunda generación de Filipinas o China. Somos una mezcla de clases: arrendatarios de clase obrera y propietarios de clase alta.

En este barrio más conservador, a veces mis hijos son unos excéntricos en lo que se refiere al género. A mi hijo menor le gusta pintarse las uñas a rayas de colores vistosos y ambos llevan pulseras de abalorios que compran cada verano en la isla Hornby. Aquí lo habitual suele ser que los chicos lleven el pelo muy corto: mi hijo mayor lleva actualmente flequillo y una coletita, y mi hijo menor, un corte a lo Justin Bieber. Ambos han sido objeto de comentarios por sus elecciones, pero no de burlas.

El tono que se encuentran en cuanto al género es diferente. No sé por qué: quizás hagan burlas en tagalo o me estén haciendo reproches de una manera amable y no me percato. Quizá tenemos más margen porque provenimos de un entorno cultural diferente o quizás el hecho de que sea escritora me confiere privilegios de artista.

Sin embargo, el inherente conservadurismo hace que las interferencias de género se perciban con más frecuencia. Curiosamente, me resulta menos molesto que la sensación de engaño colectivo, la incapacidad de ver lo que está sucediendo o la «excusa» de que podría tener un hijo gai o trans. Tengo la impresión de que se ve a mis hijos a partir de su conducta, en lugar de a partir de su supuesta conducta, y está localizado en el momento concreto. Esta podría ser una conversación: «Es algo diferente; tu hijo lleva esmalte de uñas». A lo que yo respondo: «Sí, le gusta hacer dibujos con la pintura», y asentimos con la cabeza y cambiamos de tema. Los comentarios sobre mis encantadores y educados hijos son habituales y, sin duda, se producen en un contexto de género: he visto a familias disculparse porque sus hijas son poco femeninas, cuando mis hijos asumen un rol secundario en un juego. Yo les digo que creo que sus hijas son maravillosas y que mis hijos se están divirtiendo.

Los amigos varones de mis hijos a veces ejercen de vigilantes del género en el patio del colegio y hablamos de ello cuando los niños vuelven a casa. Para ambos, hay ámbitos que no quieren que susciten burlas y ámbitos seguros en los que lo que hacen es cosa suya y se defienden por sí solos. Analizar la cultura con los amigos me parece que es darle un muy buen uso al tiempo que pasan en la escuela, siempre que no aparezca el acoso.

Puede que mi marido y yo iniciáramos nuestra experiencia como pareja con la esperanza de criar a «uno de los buenos», pero también estamos intentando educar a personas que puedan encontrar un lugar en la sociedad en el que puedan participar y ser felices. Esto implica dotarles de las herramientas para elegir lo que es adecuado para ellos y fomentar el espíritu crítico para que piensen en sus elecciones y las defiendan. Esta labor empieza para ellos en el patio del colegio, como me sucedió a mí de pequeña.

¿Cómo afrontamos la oposición, el ridículo o unas expectativas culturales restrictivas? No creo que exista una única respuesta para esta pregunta. Las respuestas surgen a medida que vivimos nuestras vidas, nos equivocamos y rectificamos. Provienen de nuestra visión de lo que es posible y de nuestro compromiso de intentarlo. No somos islas en un mar cultural, sino personas que se relacionan, y el patio de recreo es un lugar donde se practica negociar, mantenerse firme y ceder.

La regla en nuestra casa es que no excluimos a las personas por aquello que no pueden cambiar. Nos mantenemos alejados de las personas que se comportan con crueldad y tendemos a codearnos con personas cuyos intereses son similares, pero no desairamos o rehuimos a las personas por ser quienes son. Como ocurre con todas las normas de nuestro hogar, esta regla también ha estado a prueba en el patio del colegio: para mi hijo pequeño, no tuvo mucho sentido hasta que vio a algunas amistades suyas excluidas de un «club» de amigos porque eran chicas. Al principio, estuvo de acuerdo con la idea y no nos lo contó. Con el tiempo, le molestó: creó su propio club, inventó un saludo secreto más chulo y se sintió mucho mejor cuando pudieron unirse todas sus amistades. Este juego de exclusión e inclusión se prolongó durante un mes, y escuché y cuestioné algunas de las ideas que traía a casa, pero tuvo que probar los límites que le habíamos propuesto antes de hacerlos suyos.

Así pues, ¿mi intento de criar a niños que puedan elegir cómo expresarse ha afectado a sus vidas?

Creo que sí. Con siete y once años, no puedo protegerlos de la intromisión del género y no lo intento; en su lugar, hablamos de ello cuando surge. Ahora que siguen su propio camino, intento escuchar y preguntar, más que sugerir. He visto a mis hijos hacer pequeñas concesiones, como cuando mi hijo pequeño decidió que el rosa, uno de sus colores favoritos, es controvertido, pero el rojo está bien, o cuando mi hijo mayor dejó de dibujar mariquitas y empezó a dibujar escarabajos porque eran más masculinos. Me aseguro de reafirmar que creo que estas categorías son culturales, no biológicas. Mientras sepan que pienso que es arbitrario, no critico sus elecciones. Ha habido meses en los que para mis hijos era más importante encajar que mantenerse firmes en sus propias preferencias, pero entonces surge alguna pequeña circunstancia y, de pronto, se cuestionan y se oponen a su socialización de género, y reclaman cosas «de chica».

Mi hijo pequeño se ha mostrado a veces muy escéptico cuando hemos insistido en que no hay juguetes «de chicos» o juguetes «de chicas», incluso cuando algunos de sus juguetes predilectos, como una casa de muñecas, tienen connotaciones de género extremas. Cuando estaba en primero, nos explicó con la delicadeza de quien suaviza el golpe causado por una mala noticia que estábamos equivocados, que los chicos y las chicas tienen intereses diferentes porque son chicos y chicas.

Él estaba viendo una verdadera segregación y negar su existencia no iba a ayudarle a afrontarlo. Basta con una simple conversación: señalar que existe una gran diferencia entre «la mayoría» y «todos». Cada vez que ha mencionado alguna afición segregada, también ha podido encontrar un contraejemplo de una persona del sexo opuesto a la que le gusta ese juguete o esa actividad. Le fue útil oír que, de niña, me gustaba jugar a Dragones y Mazmorras o que a su tío le gustaba hacer punto. En estas conversaciones, le recordamos momentos en los que ha tenido la idea de que no debe pasar mucho tiempo con alguna cosa «de chica» y exploramos qué se siente. La vergüenza surge en la socialización. A menudo recuerda cuando un amigo suyo descubrió que tenía un Fidget Friend, un juguete comercializado para niñas, y cómo sintió que tenía que renunciar a él o negar que le interesara para llevarse bien.

Mi hijo mayor se está enfrentando a las ideas sobre la masculinidad en secundaria, intentando averiguar quién es y cómo encaja con sus compañeros. Ahora, las discusiones son más matizadas que las que versaban sobre juguetes «de chicas» y juguetes «de chicos». Ahora está explorando la idea de la jerarquía social, la aceptación en la sociedad y qué tipo de identidad es importante adoptar. Este proceso para adquirir un conocimiento de sí mismo en el contexto de sus propios compañeros, en lugar de en las comunidades que hemos creado como familia, significa que está buscando su propio camino. Cuando la pubertad empiece a manifestarse en su clase y en su grupo de compañeros, las diferencias sexuales se volverán cada vez más significativas. ¡Sería ridículo negarlo! Nuestras conversaciones han pasado a versar sobre cuestiones relacionadas con la orientación, las citas y las relaciones.

Lo mejor que puedo hacer es ayudar a equipar a estos niños para que se abran paso en la vida y la cultura con respeto hacia sí mismos y hacia los demás. Al hablar y pensar sobre estas cuestiones, veo confianza, respeto y un rechazo básico de las etiquetas demasiado restrictivas. Me hace confiar en que tienen la oportunidad de ser «buenos chicos»: abiertos, comunicativos y respetuosos consigo mismos y con quienes les rodean.

11.
Ojalá supiera preparar rollitos de repollo: una explicación de por qué el futuro de la etnicidad depende de la fluidez de género

Sarah Sahagian

Nací con más de un origen étnico. Era un hecho tan evidente que no podía ocultarlo aunque quisiera. Mi nombre, Sarah Emily Laidlaw Sahagian, tatuó metafóricamente dos aspectos básicos en mi identidad: que mis padres habían decidido que era una niña eligiendo nombres tradicionalmente femeninos y que poseía antepasados anglosajones y armenios, a juzgar por mis apellidos. Sin embargo, el hecho de haber nacido teniendo antepasados de más de una etnicidad no significa que la manera en que me criaron lo reflejara de un modo significativo. Cuando te ha criado principalmente una madre que es ama de casa en Toronto y no sabe nada sobre el pueblo armenio, excepto que acabó emparentada con uno a través del matrimonio cuando tenía veintiséis años, es demasiado fácil crecer siendo más *wasp*[1] que un personaje de la serie *Downton Abbey*.

Como expuse detalladamente en un artículo de 2012, «What's in a Last Name? Patriarchy, Interethnicity and Maternal Training», crecí inmersa en los elementos de la cultura *wasp*, como el té Earl Gray, los bollos y las miniseries históricas de la BBC, pero mi apellido y mi tez morena hacían que a los *wasp* les resultara difícil verme como uno de ellos. Parecían pensar que era una especie de impostora, pese a que mi madre me había expuesto bastante a todos los elementos de la tradición que su propia madre le había transmitido. Sin embargo, a la hora de estar con armenios, era realmente una impostora. Sabía tan poco acerca de qué significaba ser armenio que mi apellido parecía un frau-

---

de, una promesa falsa al mundo. Mi apellido hacía que otros armenios se mostraran emocionados al conocerme y gritaran entusiasmados, pronunciando con rapidez palabras extranjeras, mientras me veía obligada a responder avergonzada y torpemente: «Lo siento, pero no hablo la lengua. Nunca la he aprendido». Lo que me encontraba invariablemente eran expresiones de perplejidad y siempre me sentía obligada a responder a modo de explicación: «Mi madre no es armenia».

Puede ser desagradable recordar estos sentimientos de inadecuación. Al fin y al cabo, era una chica con múltiples etnicidades, aunque no me aceptaran del todo en ningún lugar. No obstante, este sentimiento de rechazo me acabaría resultando bastante productivo. Al crecer como persona y convertirme en una académica que estudia la maternidad y la hibridación étnica, este sentimiento personal de inadecuación étnica me ha inspirado y motivado. Lo que sostengo en este artículo es que las criaturas con orígenes interétnicos pueden perderse parte de su historia cultural si no reciben una educación con fluidez de género, tanto en la infancia como durante el resto de sus vidas. No es fácil aprender por uno mismo la historia familiar, la lengua materna de los antepasados, cómo cocinar los platos típicos y celebrar las fiestas tradicionales. En un mundo aferrado a las normas de género binario que determinan que la labor de formación cultural sea una tarea que deben realizar las mujeres como madres, la idea de una hija interétnica significativamente familiarizada y conectada con todas sus comunidades étnicas podría sonar a fantasía. Pero las fantasías son un poderoso punto de partida para reinventar nuestra realidad. El propósito de este texto es imaginar nuevas maneras de concebir la interetnicidad. Es el momento de imaginar un mundo nuevo, un mundo en el que la conservación de la etnicidad no dependa de las instituciones de la heterosexualidad y la endogamia, como ha ocurrido en el pasado. Y para imaginar ese mundo en el que la etnicidad pueda sobrevivir a la reproducción interétnica, es importante adoptar una crianza con fluidez de género. Después de todo, en un mundo en el que el género sea más fluido, hay esperanza de que la etnicidad también pueda serlo.

Aunque estoy a punto de explicar por qué creo que una educación con mayor fluidez de género podría haberme ayudado a desarrollar un sentido más profundo de mi propia identidad étnica, no me hago ilusiones de que en una educación de este tipo no habría habido una serie de obstáculos. Crecer siendo una criatura de género fluido también puede ser complicado. Como ilustra May Friedman en su capítulo de este libro, educar a las criaturas para que adopten un sentido de la identidad de género más fluido no está exento de complicaciones. Comprendo los riesgos y las realidades de la situación. Sé que no todas las personas que forman parte de una comunidad étnica en peligro pensarán, necesariamente, que la fluidez de género es una buena idea. Dicho esto, me gustaría argumentar por qué la etnicidad es importante y por qué nuestras identidades étnicas podrían ser más robustas y saludables si nos criáramos en un mundo con mayor fluidez de género.

Obviamente, cabe preguntarse qué es la etnicidad. Parece un concepto amplio y, francamente, puede serlo. Anthony Smith sostiene que «El "corazón" de la etnicidad [...] reside en el cuarteto de "mitos, recuerdos, valores y símbolos" y en las características de los estilos y géneros de determinadas configuraciones históricas de las poblaciones» (1986, p. 15). Smith también afirma que los grupos étnicos «siempre poseen vínculos con un lugar o territorio particular, que denominan "suyo"» (*ibid.*, p. 28). Parece como si encontrar una parcela de tierra y crear una comunidad con una cultura propia y única fuera algo que cualquiera de nosotros pudiera hacer si quisiera. De hecho, si concluyéramos aquí la definición, la etnicidad como concepto podría parecer bastante inclusiva. Sin embargo, la etnicidad no tiene que ver simplemente con que personas individuales hayan elegido comprometerse con un territorio y una comunidad determinados; las concepciones de la herencia también desempeñan un papel fundamental en las concepciones de la etnicidad. Smith escribe: «Mientras una comunidad pueda reproducir suficientemente a sus miembros de generación en generación, la continuidad demográfica garantizará la supervivencia étnica» (*ibid.*, p. 96).

Aunque hay veces en las que mi interetnicidad me ha resultado demasiado desalentadora como para aceptarla, debo admitir que ansío y deseo algunas partes de mi identidad étnica de la manera visceral en que uno quiere a un amante. Me encanta el ponche en Navidad, pero también me gustaría saber preparar un auténtico *pilaf* armenio para Pascua. Y, sin embargo, pese a mis deseos, a haber sido una niña con orígenes interétnicos, ¿cómo puedo tener todas mis etnicidades? Si bastara simplemente con quererlas, mis etnicidades podrían ser mías de forma sencilla, pero querer una etnicidad nunca es suficiente. Al igual que con un amante, para tener la etnicidad que se ansía, esa etnicidad tiene que quererte a ti.

La etnicidad puede ser un regalo que hagamos a nuestros retoños, pero es un regalo que quizá no podamos donar a las generaciones futuras a menos que trabajemos conscientemente para asegurarnos de que la manera en la que la construimos y transmitimos pueda evolucionar. La etnicidad no tiene que ser frágil y quebradiza, la propiedad de un grupo de personas cuya comunidad se debilita cada vez que alguien no se reproduce o tiene descendencia con una persona de otro grupo étnico. Creo que las lenguas, los mitos antiguos, las tradiciones, las fiestas, las canciones y los modismos asociados a diferentes etnicidades pueden mostrarnos formas de ver únicas. Es hora de aprovechar el elástico potencial de la etnicidad. Como sostiene Rogers Brubaker, las etnicidades no son tanto «cosas *en* el mundo, sino perspectivas *sobre* el mundo» (2004, p. 17).

En teoría, no prefiero a los antepasados de mi madre a los de mi padre y, sin embargo, crecí cultivando la perspectiva étnica de ella, de una manera desproporcionada. Obviamente, mi madre no tenía la menor culpa de ser un ama de casa cuyo marido trabajaba doce horas al día. Tampoco era culpa suya que supiera cocinar el mismo delicioso *roast beef* de los domingos que su madre solía preparar, pero nunca hubiera oído hablar del *manti*. También es perfectamente comprensible que mi madre aprendiera desde pequeña sobre Camelot y el monstruo del lago Ness, pero supiera poco del antiguo Imperio Bizantino. Y, sin embargo, el hecho de que adore la historia familiar que mi madre me pudo transmitir no compensa el gran pesar que siento por no saber cocinar *dolma*, unos rollitos de repollo armenios.

El *dolma* es uno de los platos favoritos de mi padre. Su abuela se lo preparaba cuando era un niño. Ella enseñó a las mujeres más jóvenes de la familia a preparar este plato básico de la dieta, pero, al ser un chico, a mi bisabuela nunca se le ocurrió enseñárselo a mi padre. Ahora que las matriarcas de mi familia paterna han muerto, ni él ni yo volveremos a degustar de nuevo esta receta concreta. Ahí está: una tradición étnica familiar desapareció por culpa de las normas de género binario.

Como dice Thomas Hylland Eriksen, ninguna de las sociedades que han estudiado los antropólogos opera sin el concepto de género,

que se basa en el supuesto binario de que los hombres y las mujeres
«se necesitan entre sí» para desempeñar roles «complementarios»
(2002, p. 155). A mi juicio, la separación del trabajo de los hombres y
las mujeres en cualquier cultura es el principal defecto en la organización de cualquier comunidad etnocultural. El mayor obstáculo para
preservar las diferentes formas de percibir que nos aporta la etnicidad
es la manera extremadamente generizada en que se transmite la cultura en la infancia. Nira Yuval Davis y Patrizia Albanese sostienen en
su obra que las mujeres son las que llegan a perpetuar colectividades
organizativas como las etnicidades y los estados-nación. Yuval Davis
escribe: «Como hemos visto, las mujeres desempeñan papeles cruciales en la reproducción biológica, cultural y política de las colectividades nacionales y de otro tipo» (1993, p. 630). Sostiene que las mujeres
se convierten en una especie de «guardias fronterizos» (*ibid.*, p. 627).
Como tales, las mujeres son las transmisoras de las costumbres grupales a las generaciones futuras que «pueden indicar fronteras étnicas y
culturales» (627).

Por supuesto, esta búsqueda de la preservación étnica que se ha
encomendado a las mujeres no es solo cultural, sino que también implica mantener la pureza del linaje étnico. Albanese llega a la siguiente
conclusión: «Se cree que el futuro de la nación depende de la castidad
de "sus" mujeres, celosamente guardada o protegida de las destructi-
vas manos del "otro"» (2007, p. 830). Sin embargo, si las mujeres no
fueran las únicas encargadas de la formación cultural, el control patriarcal de los cuerpos de las mujeres, utilizado a lo largo de la historia
para preservar las comunidades etnoculturales, se volvería obsoleto.
Las fronteras étnicas, tal y como están construidas actualmente, de-
penden del género binario, aunque sostengo que se puede liberar el
verdadero potencial de la etnicidad en el siglo xx mediante la fluidez
de género.

De adulta pensaba que tal vez podría usar mi agencia para supe-
rar las limitaciones que me imponía mi interetnicidad mediante la intersección de la etnicidad y el género binario. Tras haber pasado un
año en Londres, me di cuenta de que no tenía problemas para preparar
una taza perfecta de té en el desayuno, ver los dramas históricos de la
BBC y comer pudin Yorkshire durante meses. Todos ellos eran elementos de la cultura *wasp* con los que mi madre ama de casa me había
familiarizado a diario desde que nací. Aunque las personas *wasp* no

siempre me aceptaban como una de ellos debido a mi interetnicidad, al menos estaba instruida culturalmente en las tradiciones anglosajonas. Pese a que disfruté mucho de mi afición por las gaitas y los bollos durante la inmersión en la cultura británica que me permitió realizar el año que pasé en el extranjero, fue también precisamente el momento en el que la sensación de estar en un desequilibrio étnico se me hizo demasiado difícil de tolerar. Regresé a Canadá con dos objetivos: el primero era obtener el doctorado en estudios de género en la Universidad de York y el segundo era vivir mi interetnicidad en mi vida cotidiana.

Por desgracia, mis intentos de convertirme en una adulta armenia sin haber sido nunca una niña armenia tuvieron menos éxito del que yo esperaba. A los veintitrés años intenté aprender armenio por mi cuenta, pero es una lengua extremadamente difícil de dominar para un hablante nativo de inglés. El nuevo alfabeto me resultaba imposible y, por mucho que me esforzara, mi acento nunca mejoraba. Finalmente, desistí cuando algunas personas que conocía me dijeron que simplemente era «demasiado tarde» para que aprendiera armenio. No sé si en realidad era cierto, pero cuando miraba a mi alrededor y me comparaba con quienes habían aprendido la lengua en la infancia, me parecía que era imposible ponerse al día, conocer los matices y la belleza de esta lengua tan a fondo como ellos. Si siempre iba a ir a la zaga de todas las personas de la comunidad armenia en la diáspora, ¿por qué debía dedicar tanto tiempo a aprender esta lengua nueva? ¿Acaso el propósito de aprender una lengua no es conversar con otras personas que la hablan? ¿Por qué debía esperar que simplificaran sus conversaciones para complacerme? Fuera o no razonable pensar de este modo, una parte de mí se sentía demasiado avergonzada para proseguir con los estudios. Empecé a pensar que el aprendizaje del armenio era una prueba en la que mi educación me había condenado a fracasar.

Pensé que si no podía hablar armenio, entonces quizás al menos podría aprender aquello que comía. Navegué por internet en busca de nuevas recetas armenias, pero como nunca antes había intentado preparar los platos más complicados, no tenía ninguna referencia para saber si los estaba preparando correctamente. También intenté asistir a los actos de los centros culturales armenios, desde conferencias de historia hasta festivales de cine, pero descubrí que la mayoría de la gente que acudía se había pasado la vida estudiando en escuelas privadas armenias y asistiendo a bailes tradicionales en las festividades. Aunque estaba muy agradecida por las amistades que entablé allí, la mayoría de las personas con las que conecté solo eran armenias en parte, como yo. Nos unió nuestra hibridación. Algunos de nuestros padres habían tenido más éxito que otros a la hora de enseñar a adoptar y practicar nuestras múltiples etnicidades, pero todos nosotros expresábamos sentir cierta incomodidad a la hora de desenvolvernos en nuestras identidades étnicas. En cierto sentido, lo que nos unía no era tanto nuestra armenidad como nuestra falta de la misma.

Por último, para mí supuso un gran desafío recuperar el tiempo perdido y tomar la decisión de unirme a una comunidad étnica de adulta. Las tareas y las costumbres de ser una etnicidad se deben practicar y, para poder hacerlo, hay que saber cómo, lo que exige que se haya enseñado cómo hacerlo, preferiblemente desde el nacimiento. Obviamente, la norma construida socialmente de que las mujeres en tanto que madres deben encargarse de la formación cultural es perjudicial, como lo es la forma diferenciada por géneros en que criamos a nuestros retoños. Enseñar únicamente a las niñas la cocina y la artesanía étnicas con la esperanza de que transmitan algún día estas tradiciones étnicas a sus vástagos solo funciona en un mundo inexistente, en el que nunca se produzcan uniones interétnicas y en el que la heterosexualidad obligatoria caracterice a todas las formaciones familiares.

Eriksen ha postulado que en una época en la que los matrimonios y la reproducción interétnicos se han vuelto tan habituales, la etnicidad podría desaparecer como concepto. Sin embargo, la crianza desde la fluidez de género es una estrategia para reformar y salvar la etnicidad. ¿A qué me refiero con esto? Para mí, la crianza con fluidez de género tiene dos vertientes. En primer lugar, sostengo que es necesario que la labor de formación cultural y la prestación primaria de los cuidados no sigan estando reservadas a las mujeres en los grupos etnoculturales. Se debe permitir y animar a las personas de todos los géneros a que participen en la formación cultural de sus retoños para que, si un niño o una niña posee más de una etnicidad, también tenga más oportunidades de formarse culturalmente y profundizar en todos sus orígenes diversos. En segundo, necesitamos un mundo en el que la formación cultural con fluidez de género sea la norma. Es necesario un mundo en el que toda la infancia posea las habilidades y los conocimientos necesarios para que sean ella misma la depositaria de la cultura; un mundo en el que se eduque a todos para que se sientan cómodos con sus preferencias sexuales, sean las que sean, pero en el que también se eduque con la esperanza de que algún día crezcan y participen en la formación cultural de sus propia descendencia, si eligen tenerlos.

La crianza con fluidez de género protege las tradiciones étnicas al compartirlas con una variedad más amplia de personas. En opinión de Andrea O'Reilly, las madres empoderadas están en contra de «los roles de género que constriñen a nuestros retoños y del impacto negativo del sexismo, el racismo, el clasismo y el heterosexismo en términos más generales» (2006, p. 50). De hecho, cree que el patriarcado opone resistencia a la maternidad empoderada «porque entiende su poder real para llevar a cabo una revolución cultural verdadera y perdurable» (*ibid.*, p. 50). Considero que parte de esta revolución cultural desde una maternidad empoderada, una maternidad que incluya la fluidez de género, consiste en crear la posibilidad de preservar la etnicidad reformándola para convertirla en algo que no exija que las madres estén ligadas a la institución de la endogamia heterosexual.

He llegado a ver con bastante claridad que la lucha por salvar la identidad étnica está vinculada con la lucha por un mundo con mayor fluidez de género. Al ser alguien que ha pasado gran parte de su vida en el mundo académico de los estudios de género, tengo la suerte de haber profundizado en la teoría *queer*. Sé que el marco heteronormativo de la atracción sexual no es el único que existe. Al igual que hay personas que se identifican como *queer* o bisexuales, que creen que pueden sentirse atraídas verdadera y significativamente por personas de más de un género, opino que las personas interétnicas pueden querer de verdad y ser todas sus etnicidades a un tiempo. No existe ninguna razón para que una mujer joven con antepasados chinos y franceses no celebre el año nuevo chino y el día de la Bastilla con el mismo entusiasmo. No hay ningún motivo para que dicha persona no pueda estudiar tanto la filosofía de Foucault como la de Confucio, practicar la esgrima y también el boxeo Zi Ran Men, y disfrutar almorzando *dim sum* y un profiterol de chocolate de postre. No hay ninguna necesidad de que la reproducción interétnica sea un tabú. El temor a que los niños y niñas de familias que pertenecen a grupos etnoculturales diferentes no sepan cómo ejercer todas sus etnicidades resulta infundado, en un mundo en el que a las mujeres ya no se las educa para que sean las principales portadoras de la cultura en el mundo. La hibridación étnica, que considero la combinación de múltiples identidades étnicas en una persona, puede producirse siempre que vaya acompañada de una nueva forma de hibridación de género que no busque transformar a nuestros hijos en personas que desempeñen roles sociales radicalmente diferentes en nuestras comunidades etnoculturales en función de si creemos que tienen un pene o una vagina al nacer.

No cabe duda de que la crianza desde la infancia interétnica puede educar a sujetos que tengan un mayor contacto con sus diferentes orígenes étnicos, pero también debemos incrementar la fluidez de la propia etnicidad. La lógica del género binario es muy similar a la lógica de la etnicidad binaria, que divide el mundo en las categorías del «yo» y el «otro». He analizado cómo las rígidas fronteras que las etnicidades crean a su alrededor, clasificando a unos como miembros y a otros como intrusos, son tan problemáticas como el sistema binario de género-sexo que induce a las personas a creer que sus géneros se corresponden con sus genitales. No obstante, creo que cuanto mayor sea el número de niños y niñas a los que criemos para que dominen múltiples etnicidades, mayor será el número de comunidades etnoculturales diferentes que considerarán que la interetnicidad no equivale necesariamente a la destrucción de una comunidad etnocultural determinada. Ello podría provocar algo más que el fin de la contribución de la etnicidad a la endogamia heterosexual obligatoria. Si vemos que el yo y el otro pueden existir, y a menudo lo hacen, en los cuerpos de sujetos interétnicos, quizás un día podamos ver una reducción de la xenofobia en general. Es el momento de aplicar estrategias de formación cultural con fluidez de género, que nos permitan a todos ver a la infancia interétnica como puentes simbólicos que unen diferentes historias, personas y lugares.

La etnicidad forma parte de la historia intelectual del mundo. Abarca las lenguas que nuestros antepasados hablaban, sus recetas, sus leyendas, sus canciones, sus deportes, sus libros, su arte, su arquitectura, sus supersticiones y sus proverbios. No obstante, es algo irónico que las fronteras étnicas se construyeran y mantuvieran en gran medida mediante la existencia de un sistema de género binario rígido, y que la salvación de la etnicidad pueda depender de la destrucción de esos mismos roles de género rígidos. La etnicidad tal como la conocemos se encuentra en un momento crítico. Para quienes creemos que hay aspectos de nuestras perspectivas étnicas que nos gustaría salvar, aún queda mucho por hacer, aunque esta búsqueda debe empezar en casa. Cuando nos esforzamos por criar a nuestros retoños con mayor fluidez de género, la salvación de la etnicidad de su propia destrucción podría ser el proverbial caldero de oro al final de los metafóricos arcoíris que perseguimos.

Referencias bibliográficas

Albanese, Patrizia (2007), «Territorializing Motherhood: Motherhood and Reproductive Rights in Nationalist Sentiment y Practice», en Andrea O'Reilly (ed.), *Maternal Theory: Essential Readings*, Demeter Press, Bradford, pp. 828-839.

Brubaker, Rogers (2004), *Ethnicity Without Groups*, Harvard University Press, Cambridge, MA.

Eriksen, Thomas Hylland (2002), *Ethnicity and Nationalism*, Pluto Press, Londres.

O'Reilly, Andrea (2006), *Rocking the Cradle*, Demeter Press, Toronto.

Pettman, Jan Jindy (1996), *Worlding Women: A Feminist International Politics*, Routledge, Nueva York.

Sahagian, Sarah (2012), «What's in a Last Name? Patriarchy, Interethnicity and Maternal Training», *Journal of the Motherhood Initiative*, 2.1, pp. 55-56.

Smith, Anthony (1986), *The Ethnic Origin of Nations*, Basil Blackwell, Oxford.

Yuval Davis, Nira (1993), «Gender and Nation», *Ethnic and Racial Studies*, 16.4, pp. 621-663.

12.
La transición parental: un estudio sobre las familias de niñas y niños con género variante

Elizabeth Rahilly

En una entrada de *Accepting Dad* (2011), un blog dedicado a las reflexiones de un hombre sobre la crianza de su retoño que no conforma las normas de género, el autor Bedford Hope escribe: «La bibliografía existente sobre personas transexuales, libros como *True Selves*, habla únicamente de personas adultas y únicamente de adultas que han sido brutalmente reprimidas en la infancia. El resultado final es sufrimiento. Mientras *True Selves* nos enseñaba cómo no criar a nuestros retoños, no existían libros que nos dijeran lo que debíamos hacer» (sin paginación). Este padre, un representante de la creciente población de familias que están apoyando de manera activa a sus criaturas que no conforman las normas de género, se refiere a la relativa escasez de bibliografía e historia sobre la variación de género en la infancia, en especial a la que emplea un tono no clínico y rechace la patologización. Obviamente, existen abundantes historias clínicas sobre el «trastorno de identidad de género» (TIG) infantil, pero se circunscriben a los campos de la psiquiatría y la psicología, o «psicopatología», como ocurre en el infame libro de Richard Green, *The Sissy Boy Syndrome and the Development of Homosexuality*, en el que describe sus investigaciones durante décadas con niños femeninos y que ha influido considerablemente en el desarrollo del diagnóstico del TIG. Fuera de las profesiones de la salud mental, o de los análisis críticos de sus orientaciones (véase, por ejemplo, «In Defense of Gay Children?», de Karl Bryant), existen pocos análisis sociales o culturales sobre la infancia que no conforma las normas de género y las familias que los crían, ya sean familias que aceptan y apoyan este comportamiento o familias que lo consideran un problema que hay que solucionar. De hecho, solo en los últimos diez años ha surgido en la escena cultural la perspectiva de identificar categóricamente, y criar, a jóvenes preadolescente como una persona con un «género variante» o «trans», como pone de manifiesto la innovadora etnografía de Tey Meadow. Así lo refleja la oleada de profesionales de la salud mental que apoyan de manera explícita enfoques que respaldan y aceptan la disconformidad de género en la infancia frente a intervenciones más reparadoras. Una publicación reciente de la doctora Diane Ehrensaft, *Gender Born, Gender Made: Raising Healthy Gender-nonconforming Children*, es representativa de este creciente paradigma afirmativo entre los profesionales, un paradigma que tiene en cuenta especialmente el transgénero.

Obviamente, estudios anteriores han demostrado que el comportamiento de género en la infancia nunca está tan claro como en el sistema binario niño/niña; es el caso de *Gender Play*, de Barrie Thorne, quien observó que los escolares de primaria «rompen la "brecha de género"» con bastante frecuencia (1993, p. 111). En ese mismo sentido, hay investigaciones que revelan que algunas familias intentan conscientemente resistirse a las normas de género tradicionales, como el ensayo de Barbara Risman y Kristen Myer sobre las familias «igualitarias» que «deconstruyen el género no solo animando a sus hijas e hijos a desarrollarse libres de estereotipos, sino también siendo un ejemplo de dicho comportamiento en sus propios roles sociales» (1997, p. 229). En fechas más recientes, Emily Kane («Policing Gender Boundaries») ha descubierto que muchas familias intentan ampliar la gama de posibilidades de sus retoños, por ejemplo, comprando cocinitas a los chicos, aunque esta gama progresista tiene sus límites, sobre todo cuando se trata de hijos varones. A la larga, la mayoría de las familias vuelven a caer en la «trampa del género», que Kane (*The Gender Trap*) describe como la imposición cultural de regirse por las categorías binarias de presentaciones masculinas y femeninas de los niños y las niñas, respectivamente; pocas familias están dispuestas a romper con el sistema binario en aras del bienestar de sus retoños entre sus semejantes. No obstante, en todos los estudios siguen sin analizarse los casos de la infancia que se identifica explícitamente con un «género variante» o «trans», que podrían cumplir los requisitos del «TIG». Incluso entre las familias progresistas con buenas intenciones, se supone que la infancia es implícitamente cisgénero[1] y de género normativo. ¿Qué ocurre cuando se acepta a los «chicos» como *chicas*, y a las «chicas» como *chicos*, o se cría a la infancia de un modo menos binario?

En los últimos años, la infancia no conforma las normas de género han ganado visibilidad, tanto en los medios de comunicación como en el discurso popular. Parte del aumento de la atención prestada a estas criaturas se debe a que existe un número creciente de familias que las apoyan y se oponen a las intervenciones psicoterapéuticas tradicionales, de un modo muy similar a la «familia que acepta» mencionado anteriormente. Estas familias sostienen que lo que se debería tratar son las restrictivas normas de género de la sociedad, no a la infancia. Realicé entrevistas en profundidad a veinticuatro progenitores de este tipo que identificaron que su retoño «tenía un género variante» (cierto grado de disconformidad de género) o «trans» (que expresan plenamente ser del género «opuesto») y que representaban a dieciséis criaturas en total.[2] Estos padres son un ejemplo de un nuevo tipo de crianza desde «el género neutro», o con «fluidez de género», que luchan profundamente contra las normas de género, incluso haciendo posibles y viables identidades y transiciones transgénero explícitas en un momento excepcionalmente temprano del ciclo vital. Sus experiencias marcan un proceso que denomino transición parental o de las familias: al principio, intentan poner freno a la ruptura de las normas de género de sus retoños, negociando cuidadosamente los límites del género binario, un ejercicio de equilibrio que denomino *«hedging* del género». Sin embargo, con el tiempo, las familias adquieren nuevas ideas que ponen en tela de juicio la ideología dominante sobre el género y adoptan una perspectiva más orientada al espectro. Por último, las madres y padres se transforman en apasionados defensores de una ideología más inclusiva y con fluidez de género para todos: en casa, en la escuela y en la sociedad en general.

---

1. El término «cisgénero» se utiliza para designar lo no transgénero.
2. De estos dieciséis niños, a once se les asignó el sexo masculino al nacer y a cinco, el sexo femenino. Ninguno de ellos nació con intersexualidad.

La transición de las familias

Al inicio de esta investigación, asistí a una conferencia anual para las familias con criaturas con género variante. Me sorprendió que, en varias sesiones, las familias admitieran de forma recurrente que tenían la sensación de estar viviendo una «transición» mucho más perturbadora que cualquier tipo de transición por la que estuvieran atravesando sus retoños trans. Según la descripción de una madre, su hijo no estaba realizando una transición; más bien, era ella quien estaba efectuando una transición e intentando «ponerse al corriente» de lo que su hijo siempre había sabido. Tras realizar entrevistas y análisis durante varios años, he llegado a considerar que se trata de una descripción adecuada para el abanico de experiencias, emociones, procesos y creencias por el que pasan y al que se enfrentan estas familias, y en el que adquieren una ideología sobre el género, con una concienciación trans.

El concepto de «transición» no es algo desconocido en las cuestiones «trans». Junto con las transiciones personales que experimentan las personas trans, existe bibliografía que aborda cómo estas transiciones afectan a otras personas cercanas. Suele hacer referencia a los compañeros sentimentales,[3] pero también incluye las relaciones con parientes cisgénero, como los padres y otros familiares adultos.[4] Debido a que la posibilidad de pensar en la infancia como trans es relativamente «nueva», pocas obras exploran las «transiciones» que efectúan las personas adultas de género normativo en relación con sus retoños que no conforman las normas de género; hasta hace pocos años no han aparecido unos cuantos relatos de este tipo, como la recopilación de Rachel Pepper *Transitions of the Heart: Stories of Love, Struggle and Acceptance by Mothers of Transgender and Gender Variant Children.*

Curiosamente, los temas relativos a estas experiencias se han planteado en publicaciones menos relacionadas con el campo de los estudios trans y más con familias que son diferentes de sus retoños en

---

3. Véase, por ejemplo, el creciente conjunto de trabajos de Carla Pfeffer sobre las parejas de hombres trans, incluido «Bodies in Relation-Bodies in Transition: Lesbian Partners of Trans Men y Body Image».
4. Véase el capítulo sobre «Coming Out Stories» en *FTM: Female-to-Male Transsexuals in Society*, de Devor (1997).

algún aspecto destacado socialmente o cuyos retoños discrepan de las normas culturales predominantes, sobre todo familias blancas con hijos e hijas negros o birraciales, familias sin discapacidad con criaturas con discapacidad. Como atestigua esta bibliografía, las familias que tienen estos perfiles adquieren una conciencia politizada en torno a determinadas categorías y normas sociales —en este caso, la raza y la (dis)capacidad, respectivamente—, que no tenían necesariamente con anterioridad. Como Melanie Panitch constató en las madres de retoños con discapacidad de su estudio: «No empezaron para cambiar el mundo; empezaron para intentar conseguir mejores servicios. Se convirtieron en "activistas accidentales" cuando llegaron a un punto crítico [...] que expandió sus conciencias más allá de sí mismas [...] para incluir una red más amplia de asociaciones con otras personas» (2008, p. 6). Las familias también adoptan diversas prácticas para infundir orgullo por la «diferencia» de su retoño o su familia con respecto a sus compañeros, así como para educarlos sobre los prejuicios y las creencias sociales asociadas. France Winddance Twine escribe ampliamente sobre ello centrándose en la «alfabetización racial» que llevan a cabo las familias blancas con descendientes birraciales en Gran Bretaña, a través de la cual la infancia adquiere una conciencia crítica sobre la raza, así como un orgullo por la cultura y la historia de la diáspora africana (2010, p. 92).[5]

La conciencia cultural y política de las familias, así como sus maniobras institucionales a favor de sus retoños, son temas que se asemejan mucho a los tipos de transformaciones radicales que experimentan las familias con criaturas que se identifican con un género variante. En este sentido, el creciente número de familias que aceptan y acogen a sus retoños que no conforman las normas de género demuestra que existe una intersección importante y prometedora desde el punto de vista analítico entre los estudios trans y las investigaciones sobre la crianza y la socialización en la infancia, sobre todo en lo que respecta a la «transición». He organizado las historias de las familias en torno a este concepto.

5. En la autobiografía de Maureen Reddy, *Crossing the Colour Line: Race, Parenting, and Culture*, se narran experiencias muy similares.

Hedging de género: negociar el género binario

Muchas de las familias a las que entrevisté, al recordar las primeras etapas de sus trayectorias, mencionaban prácticas de lo que denomino «*hedging* de género», que hace referencia a los compromisos, las estrategias y a veces la labor creativa de las familias para acoger a sus criaturas que no conforman las normas de género sin adentrarse demasiado en el territorio de la transgresión de género. Casi todas las familias lo utilizan de algún modo antes de entrar en contacto con la comunidad más afirmativa, en lo que respecta a la variación de género en la infancia.[6] Cuando utilizan el *hedging* de género, las familias trazan varias líneas y establecen límites para reducir las conductas de género atípicas de sus retoños, entablando una difícil negociación del género binario. Ello puede comportar limitar el grado de disconformidad (por ejemplo, permitir una camiseta rosa en lugar de un vestido) o limitar en qué medida se hace pública y se hace notar la variación de género. En estas estrategias de *hedging*, el género no es tanto algo natural para la familia como una negociación diaria para conseguir la normatividad de su retoño, o lo que Kane denomina «producir *performances* de género socialmente aceptables» (2009, p. 239). Ally[7] daba fe de la tarea de fijar límites que implica este tipo de *hedging*, un «tira y afloja» a lo largo de un continuo masculino-femenino, para evitar que un niño parezca «demasiado femenino» o una niña «demasiado masculina» a los ojos de los demás:

> [L]e dábamos vueltas a dónde poner los límites a las cosas que podíamos llevar, a dónde, con qué personas [...] así que fijábamos unas líneas fronterizas y después las hacíamos retroceder; luego cundía el pánico y volvíamos a ampliarlas, por lo que era un tira y afloja, un tira y afloja. [...] Creo que lo que nos preguntábamos era dónde estaba esa línea cuya mención «molestaría» a la gente.

Beth, que en muchos sentidos era un ejemplo de este tipo de prácticas, describía el *hedging* como «un equilibrismo por la cuerda floja diario

---

6. Existe una cantidad cada vez mayor de organizaciones, páginas web y blogs de padres que defienden a la juventud trans, en que se articula un discurso especialmente comprensivo acerca de la disconformidad de género en la infancia, y que las familias pueden consultar para obtener información y apoyo.
7. Todos los nombres que aparecen en este texto son ficticios.

[un] ejercicio de equilibrismo muy difícil» y una «cuerda floja muy fina por la que caminamos». Beth me explicó varias actividades e intereses que ella y su marido han intentado regular, a menudo para su desazón. Por ejemplo, su hijo Tim (un varón de género variante de cinco años)[8] quería una bicicleta con princesas de Disney, pero a ella y a su marido no les gustaba la idea de que se paseara montado en ella por el barrio. Como «compromiso», Beth le propuso a Tim una bicicleta de un color liso, que podía equipar con una cesta extraíble de Barbie. Beth llegó a compromisos similares con los zapatos de vestir de Tim. En lugar de zapatos de vestir de chica, le compró unas sandalias rosas con princesas de Disney, que se podía poner «si va a jugar a casa de una amiga, pero no puede llevar al campamento [de verano] y no puede ponerse normalmente». Como en el caso de la bicicleta, los zapatos indican el tipo de labor estratégica que Beth realiza para responder a las preferencias más femeninas de su hijo sin desviarse demasiado de los límites del género normativo. Estos ejemplos ponen de relieve el tipo de límites que impone la familia, incluido el grado de «feminidad» y en qué medida se hace público. De un modo similar, Theresa recordaba sus esfuerzos por «contener la marea» de feminidad de su hija (una niña trans de diez años), como elegir el color «aguamarina» en lugar del «rosa»:

[A]sí que empecé a comprar en tiendas de segunda mano cosas que no fueran superfemeninas, pero en la sección de chica [...] algo más neutro [...] Intenté de verdad conseguir un equilibrio, intenté no adentrarme del todo en un territorio ultrafemenino [...] Traté de contener la marea.

Aunque muchas familias dieron muestras de este tipo de *hedging* en las primeras etapas de sus trayectorias, me desconcertó enterarme de

8.   En cuanto a la terminología: en este texto, respeto las identidades de género («niño» o «niña») que los niños reclaman para sí mismos, como es el caso de la hija de Theresa, a la que se le asignó «varón» al nacer, que se identifica exclusivamente como una «niña» y a la que ahora consideran su hija (es decir, una «niña trans»). En cuanto a los niños que todavía no han expresado identidades de género firmes («niño»/«niña»/ alguna otra), pero que no se identifican necesariamente con el género que se les ha asignado (por ejemplo, «niño»), me refiero a la categoría de sexo anatómico que se les asignó al nacer para señalar su variación de género (por ejemplo, «varón de género variante») y dejar su identidad de género sin nombrar y ambigua, como es el caso de Tim. Utilizo los pronombres que emplearon las familias en el momento de las entrevistas.

que varias familias todavía creen que son necesarias ciertas modificaciones en determinados contextos públicos, incluso cuando ya han aceptado la expresión de género variante u opuesta de sus retoños. Josie era uno de los que lo defendían:

> Pienso que [...] necesita ser consciente de su entorno [...] [aunque] quiero animarle a que se exprese libremente [...] También creo que necesita comprender que hay varias batallas para elegir y que hay algunas en las que, ya sabes, simplemente es mejor intentar pasar inadvertido.

En este sentido, el *hedging* de género sigue representando para algunas familias una especie de estrategia de protección. Para las familias, tenía mucho peso en sus decisiones y deliberaciones hasta qué punto permitir que este impulso de protección primara sobre la libertad de sus retoños.

Las prácticas discursivas de las familias: el lenguaje de la aceptación, el apoyo y el amor

Pese a sus primeros intentos de limitar la disconformidad de género de sus hijos, las familias van cediendo cada vez más ante sus preferencias debido a la insistencia de éstos en cómo desean expresarse. Las familias traspasan cada vez más los límites entre lo masculino y lo femenino, y lo público y lo privado, ampliando los horizontes del género en los que sus retoños pueden expresarse y en los que llegan a ver la normatividad del género de una manera nueva. Cuando lo hacen, acuden a la creciente comunidad de apoyo para familias en busca de orientación y respaldo, ya sea a través de internet o de grupos de apoyo y conferencias, y tratan de reiterar sus discursos afirmativos en sus hogares y sus familias, entablando diferentes diálogos y conversaciones con sus peques. Denomino «prácticas discursivas» a esta labor de las familias, una expresión que he adoptado de la obra de Winddance Twine sobre la «alfabetización racial» descrita anteriormente, en la que las familias con descendencia birracial entablan con sus hijos e hijas debates críticos sobre el racismo y promueven una ideología antirracista progresista en el seno de la familia (2010, p. 92). Estas prácticas discursivas son el principal conducto a través del cual las familias enseñan y practican una ideología de género más progresista, tanto con sus retoños como con otras personas.

Una de las facetas principales de las prácticas discursivas de las familias consiste en facilitar a sus retoños un lenguaje asequible para que hablen de su aspecto con un género variante con sus compañeros en la escuela. Muchos padres declararon que ofrecían intencionadamente a sus hijos este tipo de herramientas para cuando surgieran preguntas con otros niños y niñas. Como decía Laurie: «La mayoría de nuestras conversaciones sobre este tema tienen que ver con la respuesta a la presión social [...] hemos tenido que inventar todo un lenguaje al respecto [...] así que siempre ha dicho que es un chico [...] al que le gustan cosas de chicas». Algunas familias respetan la terminología que han creado sus propios retoños, como «niño-niña», «soy ambos» o «soy simplemente [Bo]».

Otra faceta importante de estas prácticas discursivas es que las familias hablan a sus criaturas de que en la sociedad existen personas potencialmente menos tolerantes y les advierten de que los que «no entienden» pueden someterles a interrogatorios o estigmatizarlos. Es significativo que Tracy comparara este tipo de lecciones con la importancia de hablar a la infancia sobre el racismo:

> Sigo pensando que tenemos que hablar abiertamente de lo que va a esperar la sociedad porque creo que, como ocurre con el racismo, ya sabes, las investigaciones sobre el racismo dejan muy claro que dejar de lado la raza y fingir que no existe no solo es un comportamiento de blancos privilegiados, sino que tampoco es útil para la infancia, que aún lo perciben e intentan dar sentido a las opiniones racistas de la sociedad; siguen sufriendo el racismo y no tienen manera de entenderlo.

Como muchas familias, Tracy suele dialogar con su hijo (un varón de género variante de cinco años) sobre las reacciones negativas que podría encontrarse en la escuela cuando lleva ropa más femenina, pero se asegura de reiterar: «Bueno, no creo que sea cierto [que sea raro que él lleve esas prendas] [...] ¿Quieres pensar qué podrías decirles?"». En estas conversaciones, las familias insisten en que, aunque este prejuicio es una realidad a la que tendrán que enfrentarse sus retoños, se debe a la falta de concienciación y comprensión de otras personas y no está relacionado con el niño o la niña.

Las estrategias de Katy y Brian con sus hijos son un ejemplo de este tipo de prácticas discursivas. Preguntan de manera constante y consciente a su hijo (un varón de género variante de seis años) cómo se «siente por dentro» para «poder hacerse una idea» de cómo prefiere identificarse (es decir, como algo más fluido o como una niña «todo el tiempo») e intentan asegurarle que le van a querer y aceptar sea quien sea. También intentan aprovechar cómo se siente con respecto a su cuerpo para informarle de que, si cuando sea más mayor quiere tener un aspecto diferente («como el de mamá»), pueden ayudarle a lograrlo con diferentes «medicinas». Cuando leen libros en los que aparecen niños y niñas, aprovechan la ocasión para decir: «Unos niños tienen penes y otros niños tienen vaginas [...] y eso está bien». Es especialmente interesante señalar que suelen incluir en estas conversaciones a los hermanos de género normativo de estas familias. Un testimonio del potencial ideológico progresista de este tipo de crianza es que el hijo de género normativo de Katy y Brian llevó en una ocasión la falda de su hermano a la escuela y les dijo a sus amigos que «los chicos también pueden llevar faldas».

Las familias también intentan fomentar un diálogo inclusivo en materia de género fuera del hogar, ya sea con los compañeros de su hijo («¿No sabías que ahora el rosa también es un color de chico?», como le dijo una madre a un niño curioso) o con otras familias. Muchos han enviado cartas a las familias de la clase en las que explican la variación de género de su hijo y facilitan un vocabulario asequible a otras personas adultas y sus retoños (las familias suelen compartir modelos de este tipo de cartas a través de grupos de apoyo y listas de correo de internet). Las familias también negocian con las direcciones de las escuelas para que se capacite al personal en la variación de género y ayudan a rescribir las normativas escolares para prohibir explícitamente la discriminación basada en la identidad y la expresión del género. Evidentemente, durante sus transiciones, las familias empiezan a enunciar una ideología más progresista, no solo en el seno de sus propias familias, sino también de sus comunidades.

La transición parental ———————————————————— **207**

Nuevas ideas sobre el sexo y el género

Durante sus transiciones, las familias adquieren nuevas percepciones del sexo y el género, desmontando sistemas de creencias anteriores basados en el género binario. Ally lo demostró cuando dijo que había consultado bibliografía para «desprenderse de [su] propio esquema del género» y adentrarse en «este territorio desconocido y nuevo». Ally representa a muchos progenitores de este estudio que, en su trayectoria, han erradicado la ideología de género que tenían anteriormente y la han sustituido por otra que contempla un «espectro» más amplio de identidades y expresiones del género, y de posibilidades sin tener en cuenta (aunque no siempre con independencia de) el sexo que se le haya asignado a uno al nacer. Ally reflejaba este tipo de idea de un espectro cuando reflexionaba acerca de abrir otro «espacio» para su criatura, que no se identificaba del todo ni como un niño ni como un niña: «[S]i pudiera tenerlo exactamente como le gusta, ¿preferiría disponer de otro espacio abierto en el que no tenga que ser simplemente chica o simplemente chico y pueda simplemente *ser*?». Asimismo, Katy comentaba que prefería la idea de un «chico con faldas» a encasillar a su hijo en la «categoría chica»: «Me gustaba esta idea de ir más allá del sistema binario». Brian, su marido, también promueve la idea del «espectro»:

> [L]a idea de que haya seis mil millones de personas en el planeta y todas vayan a encajar perfectamente en una o dos categorías es absurda [...] ¿cómo cabe esperar que todo el mundo sea únicamente esto o aquello?

Un principio fundamental de esta reconceptualización es el intento de las familias de minimizar la importancia de los genitales (o el sexo anatómico) en la identidad de género y el desarrollo. Como señala Shella:

> [E]s asombroso observar a alguien mantenerse firme en ser quien es para intentar hacer frente a algo enorme, porque, vale, has nacido con un pene, de acuerdo, eres un niño, boom, está hecho: *no, no necesariamente.*

Conclusión

Junto con la deconstrucción del género binario, las familias mencionaban una mayor conciencia y un mayor interés por los temas LGBT,
sobre todo cuando están relacionados con la disconformidad de género (algunos incluso han empezado a explorar la expresión «género
queer» a favor de su retoños). Es algo digno de mención, ya que la
mayoría de las familias de la muestra mantienen relaciones heterosexuales y son normativos en cuanto al género y sexualmente.[9] Antes
de su transición, muchas de las familias de mi estudio rara vez habían
pensado seriamente en la disconformidad de género (o la conformidad), la identidad trans y el género binario. De hecho, Brian confesaba
que si hubiese recibido una carta como la que él y Katy habían enviado sobre su hijo de seis años de género variante, habría pensado que
«algo no funcionaba» en la familia. Ahora, sin embargo, las familias
piensan de manera más crítica sobre las estructuras del género que nos
condicionan y en torno a las que organizamos tantos comportamientos, y las observan más fácilmente en su entorno. En consecuencia, se
sienten conectadas personalmente con los temas LGB y trans, que han
dejado una huella profundamente personal y tangible en sus vidas. En
muchos sentidos, se han convertido en teóricos críticos del género por
derecho propio y sus experiencias podrían indicar cambios tectónicos
importantes en cómo piensa y habla del sexo, el género y la sexualidad la «corriente principal» del género normativo. Por muy «fortuito»
que pueda parecerles, estas familias están abriendo nuevos horizontes
para que la sociedad acepte y defienda la diversidad de género, y están
ayudando a construir un mundo más seguro e inclusivo en el que todos los niños y niñas puedan aprender y crecer.

Referencias bibliográficas

Bryant, Karl (2008), «In Defense of Gay Children? "Progay" Homophobia
and the Production of Homonormativity», *Sexualities*, 11.4, pp. 455-475.

---

9. En las entrevistas a las familias hay representadas diez parejas heterosexuales,
cuatro parejas de personas del mismo sexo/lesbianas y dos madres solteras con hijos
fruto de relaciones heterosexuales.

Devor, Holly [Aaron] (1997), «Coming Out Stories», *FTM: Female-to-Male Transsexuals in Society*, Indiana University Press, Bloomington, IN, pp. 421-446.

Ehrensaft, Diane (2011), *Gender Born, Gender Made: Raising Healthy Gender-Nonconforming Children*, The Experiment, LLC, Nueva York.

Green, Richard (1987), *The «Sissy Boy Syndrome» and the Development of Homosexuality*, Yale University Press, New Haven, CT.

Hope, Bedford (2012), «REVIEW: Gender Born, Gender Made by Diane Ehrensaft, Ph.D», *Accepting Dad*, 17 de junio de 2011, web, 30 de octubre de 2012.

Kane, Emily (2009), «Policing Gender Boundaries: Parental Monitoring of Preschool Children's Gender Nonconformity», en M. K. Nelson y A. I. Garey (eds.), *Who's Watching?: Daily Practices of Surveillance Among Contemporary Families*, Vanderbilt University Press, Nashville, TN, pp. 239-259.

— (2012), *The Gender Trap: Parents and the Pitfalls of Raising Boys and Girls*, NYU Press, Nueva York.

Meadow, Tey (2011), «"Deep Down Where the Music Plays": How Parents Account for Childhood Gender Variance», *Sexualities*, 14.6, pp. 725-747.

Panitch, Melanie (2008), *Disability, Mothers, and Organization: Accidental Activists*, Routledge, Nueva York.

Pepper, Rachel (2012), *Transitions of the Heart: Stories of Love, Struggle and Acceptance by Mothers of Transgender and Gender Variant Children*, Cleis Press Inc., Berkeley, CA.

Pfeffer, Carla (2008), «Bodies in Relation-Bodies in Transition: Lesbian Partners of Trans Men and Body Image», *Journal of Lesbian Studies*, 12.4, pp. 325-345.

Reddy, Maureen T. (1994), *Crossing the Colour Line: Race, Parenting, and Culture*, Rutgers University Press, New Brunswick, NJ.

Risman, Barbara J. y Kristen Myers (1997), «As the Twig Is Bent: Children Reared in Feminist Households», *Qualitative Sociology*, 20.2, pp. 229-252.

Thorne, Barrie (1993), *Gender Play*, Rutgers University Press, New Brunswick, NJ.

Twine, France Winddance (2010), *A White Side of Black Britain: Interracial Intimacy and Racial Literacy*, Duke University Press, Durham, SC.

13.
Nuestra familia fluida: expresión, compromiso y feminismo

Liam Edginton-Green, Barry Edginton y Fiona Joy Green

Nos entusiasma tener esta oportunidad de escribir sobre algunos de los aspectos en que nuestra familia se ha mantenido unida, para apoyarnos mutuamente en nuestras personalidades e identidades únicas. Este capítulo nos brinda a los tres la oportunidad de rememorar y compartir diferentes recuerdos sobre nuestra vida como una familia fluida en los últimos veinticinco años. Hemos abordado intencionadamente este artículo como una celebración de una infancia superada con éxito, pese a los inevitables desafíos y complicaciones asociados con no atenerse a un sistema de género binario restrictivo. No estamos pasando por alto las luchas que hemos mantenido y que han sido relativamente pocas, algo que probablemente se ha debido, en parte, a que hemos disfrutado de cierta protección y de privilegios por el hecho de ser blancos, miembros de la clase media y tener una educación académica. Aquí nos centraremos en el feliz desarrollo y las valiosas experiencias vitales de nuestro periplo. Una de las principales satisfacciones ha sido poder entablar una relación de confianza y amor que nos permite escribir conjuntamente acerca de nuestra experiencia sobre las prácticas de crianza desde la fluidez de género. El capítulo se divide en cuatro apartados en los que cada miembro de la familia (comienza y termina con el más joven) se presenta y explica su manera de entender el género y sus experiencias del mismo. La voz de Liam pone el colofón a la de sus progenitores, Barry y Fiona.

Liam ~ expresión

Cuando pensé en cómo iba a escribir este artículo y a resumir lo que significan para mí la expresión y la fluidez de género, me pareció que sería útil comenzar con una analogía. Soy «ciego al color» (daltónico), una expresión cargada de suposiciones. Normalmente, cuando se lo digo a alguien, suponen que no puedo ver ningún color, lo que a menudo provoca dos reacciones: 1) la gente coge diferentes objetos y me pregunta de qué color son, y 2) preguntas y confusión sobre cómo soy capaz de vestirme y de combinar la ropa tan bien; ambas reacciones son graciosas por sí mismas.

Entonces explico con más detalle que se trata de una incapacidad para distinguir los colores rojo y verde entendidos como tales: puedo ver bien los colores; el problema es que mi cerebro no comprende donde termina un color y dónde empieza otro. Lo que me resulta difícil es clasificar los colores, ya que los límites de cada color son fluidos y se mezclan entre sí en mi mente. Es un paralelismo perfecto con cómo veía el género de niño. No veía una falda como algo femenino ni un pantalón de peto como algo masculino, simplemente los consideraba interesantes. Ahora, tras haber vivido durante casi veinticinco años en una sociedad con divisiones de género y estructurada, he aprendido dónde se hallan esos límites; sin embargo, todavía percibo que son fluidos, se encuentran en proceso de cambio y se prestan a la interpretación.

Creo que al no responder a las expectativas de género depositadas en mí, pude ver directamente la mecánica de nuestra sociedad, cómo piensa y actúa la gente. Advertí unos patrones de pensamiento y de conducta: si un adulto creía que era una niña, me trataba como tal; si creía que era un niño, la manera en que interactuaba conmigo era diferente. Y por último, si creía que era una niña y después descubría que era un niño, se producía un tercer tipo de interacción.

De niño no me gustaba este último tipo de interacción. Me parecía incómoda y embarazosa tanto para mí como para el otro individuo. Cuando alguien reevaluaba mi género, me sentía escudriñado, juzgado y totalmente vulnerable. Era como si no solo estuvieran redefiniendo quién era yo en su mente en cuanto al género, sino también en cuanto a la conducta, el intelecto y la capacidad. Entonces surgían las preguntas sobre mis actos y mi comportamiento, y los de mi familia por permitirme llevar una camiseta estampada o el pelo largo. Cuando vuelvo a reflexionar sobre esa situación ya desde la madurez, estoy seguro de que algunas de estas preguntas eran fruto del interés y no de un afán de juzgarme; sin embargo, a esa edad, las preguntas de este tipo me abochornaban y hacían que me sintiera diferente, no «normal». La solución más fácil era evitar por completo este tipo de interacciones.

Si alguien me confundía con una niña, le seguía la corriente y me alegraba de mantener una conversación positiva con alguien. No me interesaba pronunciarme, demostrar que tenía razón o explicarle a alguien qué significaba el género para mí. Simplemente quería explorar mi imaginación, crecer, vivir y rodearme de felicidad y positividad. Me ahorraba a mí mismo y a la otra persona la vergüenza y seguía mi camino. Nunca me sentí culpable en esas situaciones. Por tanto, imagino que estaba contento de saber quién era y no necesitaba la aprobación de conocidos y extraños.

En este sentido, me convertí en un maestro de la manipulación. Me volví tan hábil a la hora de adaptarme a mi situación que no tenía problemas para fingir ser una chica durante un día, algo que recuerdo claramente haber hecho cuando tenía unos diez años en un campamento de fútbol. En este campamento, por la mañana nos separaban por género y edad y se formaban pequeños equipos para entrenar y jugar. Sin embargo, durante la pausa para el almuerzo, todos podíamos comer juntos y mezclarnos. Recuerdo que trabé amistad con un par de niñas que estaban en el campamento. Me confundieron con una niña y supusieron que yo estaba en un equipo diferente. No conocía a nadie más en el campamento y estaba desesperado por hacer amistades, por lo que les seguí la corriente. Me acuerdo en especial de la sensación de náuseas en el estómago, de los nervios ante la posibilidad de que me descubrieran, de que se iniciara ese tercer tipo de interacción que surgía cuando otros se daban cuenta de que mi género no se ajustaba a sus expectativas. Pero eso nunca sucedió. Una vez terminado el almuerzo, volví a jugar con los demás chicos de mi edad. No me descubrieron o examinaron a fondo; en realidad, nadie se dio cuenta.

Como ya he mencionado anteriormente, cuando las personas adultas interactuaban conmigo, cambiaban su actitud o sus palabras basándose en mi género. Si creían que era una niña, hablaban de mi aspecto, de mis preciosas pestañas o de mi cabello largo; si creían que era un chico, se centraban más en mis actos y en mi comportamiento, y comentaban que era educado, por ejemplo. Sin embargo, mis experiencias con los de mi edad me demostraron que interactuaban conmigo en un plano humano y no simplemente en función del género. Cuando me percibían como una chica, los tipos de conversaciones no eran diferentes de los que teníamos cuando me percibían como un chico. Aun así, cuando algo entraba en contacto con las convenciones y normas sociales que regían las vidas infantiles (es decir, cuando se daban cuenta de que mi género era diferente del género que habían percibido anteriormente), la interacción se desintegraba, ya que la base sobre la que se había fundamentado era de pronto cuestionable e incomprensible. Entonces, la interacción resultante era similar al tercer tipo de interacción que se producía con las personas adultas.

La capacidad de pensar con rapidez, adaptarme a las situaciones y respaldar con seguridad mis palabras con actos se trasladó a otros ámbitos de mi vida. En el instituto, participé en grupos de oratoria y debate. Me fue muy bien: participé a escala nacional durante el instituto, entré a formar parte del equipo nacional y viajé al Campeonato Mundial de Debate y Oratoria en el último año. Las categorías que se me daban mejor eran el discurso improvisado y el debate improvisado, donde tenía que pensar con rapidez con muy poca preparación para elaborar argumentos que convencieran a los oyentes de mi postura. En este sentido, creo que las habilidades que aprendí en la infancia me ayudaron en los años de la adolescencia.

Como estudié la enseñanza primaria y secundaria en una escuela privada en la que se exigía llevar uniforme, no tuve muchas oportunidades de expresarme a través de la moda ni de ver a otros niños o niñas de mi edad hacer lo mismo. Durante mi adolescencia, sobre todo en los últimos años de primaria y en los primeros de secundaria, tomé conciencia de mi sexualidad y mi expresión del género. Normalmente llevaba ropa de chico y el pelo corto, y no me confundían con una chica. Sin embargo, es importante señalar que no me sentía presionado para reprimir parte de mi creatividad o parte de lo que yo era. Mis intereses durante esa época simplemente cambiaron y también mi expresión de quién era.

Hasta que salí del armario en el último año de instituto y me involucré en la comunidad *queer*, no encontré a otras personas que expresaran su género de diferentes maneras. Esto me intrigaba. Me presentaron a todo un grupo de personas y quería encajar, como cualquier adolescente. Me expresé más, empecé a llevar maquillaje e incorporé a mi armario prendas de ropa que normalmente se encuentran en la sección de mujer de las tiendas. Sin embargo, no me travestí ni me «disfracé» de mujer. Simplemente me gustaban más las camisas de la sección de chicas que las de la sección de chicos y las llevaba con vaqueros y zapatillas de deporte. Me parecía ridículo tener que comprar solo en una sección de las tiendas y me permitía elegir lo que me gustaba para que encajara con mi estilo personal. Por ejemplo, cuando estaba en el instituto (2004-2006), llevaba vaqueros de mujer porque me sentaban mejor que los de hombre y me gustaban los pantalones más ceñidos. Los vaqueros de hombre eran por entonces demasiado holgados para mi estilo personal y me costaba encontrar una talla lo suficientemente pequeña como para que se ajustara a mi cintura. No obstante, ahora, en 2013, la moda ha cambiado y puedo encontrar fácilmente pantalones de este tipo en la sección de hombre. Rara vez compro en la sección de mujer, no porque mi estilo haya cambiado, sino porque ahora es posible encontrar más artículos diferentes.

Al ser un homosexual involucrado en la comunidad *queer*, veo que la gente expresa su género de muchas maneras diferentes. Como en cualquier comunidad grande, la comunidad *queer* tiene facciones, grupos y escisiones. Una de estas escisiones se basa en la expresión del género. Aunque se acepta a las *drag queens* y los *drag kings* como parte de la comunidad *queer*, se los suele considerar personas originales, interesantes o extrañas. Es frecuente que otros miembros de la comunidad les traten como un fetiche y, por las conversaciones que he tenido con varias *queens*, tienen dificultades para mantener relaciones serias. La gente tiene problemas para aceptar y comprender su expresión del género o simplemente les interesan de una manera puramente sexual. Por eso hubo una especie de conmoción en la comunidad cuando salí con una *drag queen* durante más de dos años. Nunca había tenido ningún problema para aceptar la expresión del género de mi novio y comprendí que no había nada que temer. Del mismo modo que le gustaban los dibujos japoneses y la comida italiana, también disfrutaba de las *performances* y de actuar como *drag*. Creo que mi propia exploración de la expresión del género me permitió sentirme cómodo con la suya y me convirtió en una persona más abierta y con mayor capacidad de aceptación.

Barry ~ compromiso

Me resulta difícil hablar de mi acercamiento a la paternidad desde la fluidez de género sin hablar primero de mi acercamiento a la paternidad en general y de cómo llegué hasta ahí. Mi historia y mis relaciones familiares no eran típicas. Crecí en una familia inmigrante y me crió mi abuela durante la etapa preescolar. Mi abuelo materno era el dueño de un restaurante y la mayor parte de la familia trabajaba allí, incluida mi madre. Mi padre no existía y solo recuerdo haberle visto y haber hablado con él en una ocasión. Cuando tenía diez años, mi madre tenía dificultades para ocuparse de mí y, durante la mayor parte del tiempo, tuve que crecer sin la presencia de una figura de cuidado importante. En mis primeros años, me dejaron al cuidado de canguros y mujeres que me atendían después de la escuela. Mi abuela siguió ocupándose de mí los fines de semana porque mi madre trabajaba a jornada completa. Quienes me criaron fueron mujeres y no tuve un rol paterno como modelo. Cuanto cursaba cuarto de primaria, me convertí en un problema y mi madre tomó la decisión de enviarme a un internado privado segregado. Desde cuarto de primaria hasta segundo de secundaria, mis profes fueron monjas y mi instituto lo dirigían los Hermanos Cristianos Irlandeses.

La reglamentación, la disciplina y el mundo académico se convirtieron en los modelos con los que crecí. Curiosamente, el género no era una cuestión evidente. No había chicas cuyos comportamientos se consideraran diferentes o extraños. Tampoco existía el «no actúes como una chica». Más bien, el modelo era comportarse como la persona que se era. En el instituto no había actividades en función del género: por ejemplo, yo fui animador en segundo de bachillerato. Puede que fuera un epifenómeno de la época (los años cincuenta y sesenta), de la escuela concreta (católica y militar) o de la ausencia de una relación inmediata con un padre que intentara moldear a su hijo para que fuera la persona que pensaba que debía ser. Este último punto incluye no solo las relaciones padre-hijo, sino también las relaciones de género dentro de la familia. Dicho de otro modo, ¿dónde iba a aprender a representar mi género o exigir a otros que representaran su género específico en un mundo carente de interacciones de género obvias: sin familia y sin televisión? Mi mundo experimental no se regía por un conjunto rígido de roles de género.

Cuando entré en la universidad, tenía poca o ninguna experiencia sobre las diferencias de género que pudieran guiar mi comportamiento en las citas y las interacciones en general con las mujeres durante mis cursos universitarios. En ese momento también empecé a reflexionar sobre cómo percibía a otros padres y familias. Todo ello influyó en mi manera de ver las relaciones, el matrimonio y la crianza. Estas experiencias con las mujeres fueron tensas porque yo nunca había actuado como se supone que actúa el «macho típico» en una relación. No tenía un modelo. Así pues, me sentía atraído por las relaciones con mujeres que tampoco eran típicas, es decir, a las que no se consideraba «femeninas». No conviene olvidar que todo esto sucedió en los años sesenta, una época en la que se pusieron en tela de juicio muchas de las definiciones típicas de los roles de género. Las cuestiones relativas al yo, la imagen y el rol en mis relaciones se convirtieron en un recordatorio diario de que las manifestaciones externas de género ya no encajaban en el modelo que definía unos límites claros para la imagen corporal y la conducta social. Aprendí con rapidez que las manifestaciones del yo a través de la imagen corporal se convertían en algo más que una declaración de las preferencias personales, se convertían en ejemplos de crítica social: por ejemplo, llevar el pelo largo.

Mientras estaba en la escuela de posgrado estudiando ciencias sociales, se establecieron las bases de mis ideas sobre la manifestación del género. Empecé a entender las cuestiones relativas a la paternidad, el juego de roles y la manifestación del género en un contexto teórico y social más amplio, como escribe Mills en *La imaginación sociológica*. Durante el posgrado, me formé en el humanismo marxista y la psicología existencial con una saludable dosis de teoría crítica. Este marco me hizo ser más crítico con los límites del género, y no tenía tiempo para los vínculos matrimoniales y las limitaciones de la paternidad mientras estudiaba la obra de Michael Foucault.

Estas ideas prevalecieron durante mis estudios de posgrado y en mis primeros años como docente. Durante esta época conocí a Fiona, quien me hizo reflexionar sobre mis ideas acerca de la paternidad, el matrimonio y los roles de género. Empecé a ver que se podían cuestionar estas definiciones y limitaciones de los roles desde dentro y que las ideas acerca de la «crianza feminista» no estaban restringidas a las mujeres.

Puede que todo lo anterior parezca superficial, pero, en mi mente, esta historia personal me permitió convertirme en padre. Como no tenía ninguna experiencia de la «paternidad», mi enfoque se basó en el concepto de «compromiso», o fusión en la relación paterno-filial en ese momento. Lo comparo con la idea de Freud de que los pacientes se ayudan a sí mismos y el terapeuta es el conducto que permite que esto suceda. Por tanto, para mí, los límites de la autoexpresión no están predeterminados, sino que emanan del proceso de aplicar todo lo que he aprendido a un momento concreto. Por ejemplo, cuando Liam era pequeño, tenía unos rasgos bonitos, las pestañas largas y le gustaba ponerse ropa muy colorida. Liam y yo íbamos a comprar y, al ir a pagar, el cajero me preguntaba el nombre de mi hija. Liam respondía: «Liam»; normalmente, el cajero interpretaba que era un nombre de chica como «Leanne» y añadía que era una niña preciosa. En estas situaciones, yo me excluía de la interacción y no corregía el error. Liam simplemente sonreía y decía: «Gracias». Después, Liam y yo hablábamos e intentábamos entender por qué el cajero había confundido el género de Liam. Estas situaciones no molestaban a Liam o le hacían cuestionarse su opinión de sí mismo. Sin embargo, se trataba de un simple incidente inocuo. En otra ocasión, Liam y yo estábamos en una librería y él llevaba su vestido favorito. Mientras Liam leía en el suelo, me di cuenta de que el director de su escuela estaba en la entrada de la tienda. Pensé que podría dar lugar a una interacción embarazosa para Liam. En lugar de proteger a Liam de este incidente, hablé con él sobre la situación y decidimos marcharnos de la tienda por otra puerta. Cuando Liam estaba en primero de primaria, pensé que ya tenía una conciencia de sí mismo y que sabía cómo tratar a aquellas personas que se considera que incurren en comportamientos inapropiados.

Así, pasé a definir el proceso de crianza que ejerzo como un proceso de «compromiso». No veo que este modelo sea específico de la crianza desde la fluidez de género, sino un modelo que abarca toda crianza. En otras palabras, las personas adultas interactuamos con nuestros retoños para posibilitar la satisfacción de los deseos y las necesidades que después se convierten en la base del desarrollo personal, tanto de las personas adultas como para las más pequeñas. La orientación de los padres y las madres debe estar siempre presente para favorecer el desarrollo personal. A partir de sus propias experiencias de conocimiento anteriores, las personas adultas debemos proporcionar un entorno de educación, seguridad y realización personal. Esto puede implicar el «filtrado» de ideas e influencias concretas, como los medios de comunicación, sus iguales, las escuelas y otras personas adultas. Para mí, el «compromiso» consiste en que las madres y padres ayuden a sus retoños en su desarrollo personal y no en la colonización de la infancia por un padre que desea vivir su idea de sí mismo a través de la de su hijo.

El propósito, en parte, de que esboce mi pasado y la evolución de mis ideas es mostrar los principios que rigen el proceso de «compromiso» y «filtrado». Cuando Liam estaba en la escuela infantil, quiso dejarse el pelo largo y hubo algunas presiones de las amistades, los familiares y el profesorado, para que se lo cortara y, así, «pareciera un chico». Para apoyar la decisión de Liam, yo también me dejé el pelo largo. Otro ejemplo de «compromiso» fue mi participación en las actividades infantiles. Siempre me sorprendió que otras familias utilizaran las actividades de sus retoños para dejarlos al cuidado de otras personas. Aprender los juegos de rol, asistir a los entrenamientos de fútbol y permitir a Liam vestir como quisiera son ejemplos de «compromiso». Sin embargo, cabría preguntarse qué sucede cuando una criatura quiere incurrir en comportamientos que podrían ser peligrosos. Como cualquier progenitor que enseña a su retoño una actividad potencialmente peligrosa (por ejemplo, muchos deportes), debemos aplicar a la situación nuestra experiencia y una «imaginación sociológica».

La expresión del género desempeña un papel esencial en el desarrollo personal y trata de limitar con definiciones rígidas sobre cómo deben actuar o vestir los niños y las niñas pueda convertirse en un obstáculo para la realización personal. Mis actos como padre, como, según creo, los actos de muchas familias, pretenden evitar cualquier posible situación embarazosa cuando las presiones sociales y las críticas invaden la privacidad de nuestra familia. Creo que cuando las familias implican a sus criaturas en un proceso de desarrollo personal respetuoso con las opciones y manifestaciones del género que eligen sus retoños, la relación entre padre e hijo mejora las vidas de todos nosotros.

Fiona ~ maternidad feminista

Al haber interiorizado desde muy joven la narrativa heteronormativa para las chicas blancas, de clase media, temporalmente no discapacitadas, cisgénero y heterosexuales, supuse que daría a luz y criaría al menos a un hijo. Con suerte y con relativa facilidad, concebí y di a luz a mi hijo, Liam Seth Edginton-Green hace veinticinco años. Como ya he escrito en otros lugares, su nacimiento me cambió profundamente y revivió mi feminismo, de un modo que nunca imaginé (Green, 2003, 2011).

Mi feminismo es una parte integral de la conciencia de mi misma y de todos los aspectos de mi vida, incluida mi práctica maternal. También es la base de mi respeto por la autonomía de todos los seres humanos, sin tener en cuenta marcadores definidos socialmente como la capacidad, la educación, la etnicidad, el género, la raza, la religión, el sexo, la orientación sexual y la clase social. Como respuesta a las exigencias que me imponen la sociedad y mi hijo de garantizar su «conservación, crecimiento y aceptación social», he adoptado una práctica maternal que incluye lo que Sara Ruddick denomina «pensamiento maternal» (Ruddick, 1980, 1989). Gracias a mi particular práctica de la maternidad feminista, siempre he respetado el deseo de mi hijo de expresarse de un modo que sea válido para él. Junto con su padre, Barry, he asumido de buen grado y conscientemente la responsabilidad de intentar crear y proteger un espacio seguro en el que Liam pueda crecer siendo y llegando a ser él mismo.

Fui profundamente consciente de esta responsabilidad cuando Liam era pequeño, sobre todo en lo que se refería a su deseo de explorar su sentimiento de identidad prestando mucha atención a la moda y a su estilo. Al reflexionar sobre aquellos años, me doy cuenta de que Barry y yo nos anticipamos a la práctica de crianza actual, de seguir el ejemplo que nos dan las niñas y los niños. Respetamos la personalidad exuberante y segura de sí misma de nuestro hijo, así como sus elecciones en cuanto a vestimenta y actividades en un momento en que era mucho menos probable que las demás familias lo hicieran. A diferencia de lo que ocurre con las familias actuales, que, por una parte, parecen verse más expuestos que nunca a «expertos» en la crianza y a las opiniones al respecto, pero, por otra, tienen acceso a múltiples ejemplos de crianza que comparten otras familias en las redes sociales,[1] a algunas nuestras prácticas de crianza les parecían extrañas, osadas o casi peligrosas.

Cuando Liam tenía unos dos años y medio y me preguntó dónde estaba su vestido, le respondí de manera intuitiva: «No tienes. ¿Te gustaría tener uno?». Mi reacción a su inmediata respuesta, «¡Sí!», fue llamar por teléfono a mi hermana para ver si tenía algún vestido que ya no le valiera a mi sobrina y podía regalárnoslo. Me llenó de alegría ver a Liam girar despreocupado cuando se puso el nuevo vestido rosa de ganchillo de su prima mayor. ¿Qué otra cosa cabe hacer con un vestido de mucho vuelo? Mientras hacíamos la compra unos seis meses más tarde, Liam me preguntó si podía comprarle un par de «zapatos de fiesta» Mary Jane de cuero negro como los que llevaban sus amigas en las fiestas de cumpleaños. Recuerdo perfectamente que pensé: «¿Estoy dispuesta a decirle "Tienes un pene; no puedes llevar zapatos de fiesta"?». No. Me negué a quebrantar el ánimo de mi hijo, expresado en su deseo de vestirse de esa manera, para defender y propagar los estereotipos de género patriarcales. Así que Liam se probó los zapatos Mary Jane, hizo una pirueta para expresar su alegría, y compramos y nos llevamos a casa los nuevos zapatos de vestir.

Era fácil apoyar los deseos de Liam de llevar vestidos, zapatos de fiesta femeninos, decorar su habitación con papel pintado de flores y pintura de colores vivos, y llevar llamativas trenzas de hilo en su cabello, largo hasta los hombros. Todo ello le hacía muy feliz. Otras personas de nuestra pequeña red social también vieron y disfrutaron la comodidad y la alegría con que Liam se expresaba. Su profesor de música, junto con los demás estudiantes de la clase y sus familias, así como sus amistades y cuidadoras de la escuela infantil simplemente lo aceptaron como era. La desenvoltura con que Liam vestía ropa que la sociedad definía para chicas permitió a otros niños de su escuela infantil «disfrazarse» con más facilidad fuera de los límites de aquel lugar de juegos constreñido a menudo por el género. Nuestras amistades personales disfrutaban del individualismo de Liam y nunca cues-

---

1. Por ejemplo, hay una serie de blogs que se ocupan de la crianza desde la no conformación de las normas de género, como: *HE SPARKLES, Raising My Rainbow*; *George. Jessie. Love. Parenting and Loving a Transgender Kid*; *My Beautiful Little Boy*; y *Sarah Hoffman: On Parenting A Boy Who Is Different*.

Buscando el final del arcoíris

tionaron su atuendo hi hicieron comentarios negativos al respecto en parte, según creo, debido a nuestra aceptación de Liam y a nuestra respuesta. Nunca pensamos que tuviéramos que explicar las elecciones de Liam a nadie; así es Liam y así decide expresarse a sí mismo. Y le queremos y adoramos por ello.

Sin embargo, había personas que tenían problemas para aceptar las decisiones de Liam y que le apoyáramos. Por ejemplo, una feminista local me sugirió que estaba confundiendo a Liam al permitirle llevar vestidos y me preguntó si él sabía que era un chico. Las feministas de una conferencia académica me acusaron de «desmasculinizarle» y mi madre dudó de nuestra sensatez, por permitir lo que llamaba una conducta de «travestismo». Aunque nunca nos acusaron directamente de haber obligado a Liam a llevar vestidos, dejarse el pelo largo o decorar su habitación como la de una mujer de mediana edad, le escudriñaban y cuestionaban nuestras decisiones y nuestra capacidad para la crianza.

Cuando Liam ingresó en el escuela infantil de una escuela privada mixta, aumentaron las pesquisas, sobre todo por parte de otras familias y estudiantes más mayores, que intentaban averiguar su género. La mayoría de la gente no le reconocía como un chico; solían decirme lo guapa que era mi hija y me preguntaban directamente por qué llevaba un uniforme de chico. Mi respuesta consistía en reafirmar con calma que mi hijo era guapo y señalar que no estaba infringiendo el código de vestimenta de la escuela. No parecía que a Liam le molestaran la incomodidad de la gente ni las preguntas dentro y fuera de la escuela. Por ejemplo, cuando los camareros de los restaurantes le confundían con una chica, ni él ni nosotros les corregíamos; preferíamos disfrutar de una pequeña broma privada sobre su error o confusión.

En familia, hablábamos de que los chicos y los hombres no suelen llevar vestidos en Canadá e identificábamos otras culturas en las que era más aceptable y estaba más normalizado. Liam no tardó en darse cuenta de quién apoyaba sus elecciones de vestuario y decidía qué llevar puesto en casa en función de quién fuera a venir a visitarnos. Optaba por llevar camisetas largas con *leggings*, vestidos o faldas cuando compartían su tiempo con nosotras amistades que le apoyaban, y pantalón de chándal o pantalones cortos cuando nos visitaban personas poco comprensivas. Cuando salíamos a pasear en bici, Liam decidía a menudo si ir a visitar o no a un amigo después de considerar cuál sería su actitud hacia su atuendo.

A veces, durante los primeros años que estuvo en una escuela primaria para chicos, en la que todos los alumnos llevaban el mismo uniforme (camisas abotonadas, corbatas, pantalón y el pelo corto por encima del cuello), otros niños acosaron a Liam por no ser súpermasculino. Estos ataques personales parecían basarse en que sus compañeros creían que no estaba expresando adecuadamente su género masculino. Al ser muy inteligente, elocuente y perspicaz, Liam solía manejar estas situaciones haciendo gala de un frío sarcasmo y de su dominio de la burla. En las pocas ocasiones en que nos enteramos de que había habido altercados físicos, Barry o yo hablamos con la dirección y se abordó la situación del modo más adecuado.

Cuando tenía unos ocho años, el estilo de Liam cambió, y sustituyó los vestidos por las camisetas de colores vivos y los pantalones. Una de sus prendas favoritas era una camiseta aterciopelada de cuello alto con estampado de leopardo y los guantes a juego. En primero de secundaria, Liam trabó amistad con algunas de las chicas que se incorporaron a la escuela ese año, y este nuevo grupo mixto de estudiantes de alto rendimiento celebró su singularidad. Las chicas, en concreto, habían encontrado en Liam a un igual en el que confiaban y al que apreciaban.

Siempre conscientes de la diversidad humana, además de la fluidez de género, Barry y yo hablamos abiertamente con Liam de la sexualidad y las múltiples y diversas maneras en que las personas pueden decidir entablar relaciones sexuales íntimas y crear familias. Teníamos varias amistades gais y lesbianas de clase media, de diferentes edades y orígenes étnicos; algunos mantenían relaciones con personas del mismo sexo/género y otros estaban sin pareja. Nuestra comunidad ayudó a Liam a entender desde una edad muy temprana que las elecciones de las personas en cuanto a la ropa, la expresión del género, los compañeros y las relaciones eran diversas, flexibles y no estaban intrínsecamente vinculadas entre sí. Tanto nuestra familia como nuestra comunidad ofrecieron a Liam un espacio y múltiples ejemplos de cómo las personas se expresan a sí mismas y viven sus vidas en relación con los demás. La sexualidad, como el género, es fluida y está abierta a la exploración.

Durante el último año de instituto, Liam empezó a maquillarse sutilmente a diario y también a salir con un chico. Sus amigos íntimos de la escuela se alegraron de ver que tenía una nueva relación y se lo tomaron muy bien, y posiblemente incluso le admiraron, cuando llevó un par de alas de hada durante la celebración del día sin uniforme por San Valentín. La tarde de su fiesta de graduación, fue el centro de las miradas de muchos estudiantes y familias cuando caminó orgulloso y seguro de sí mismo con su glamuroso maquillaje, su inmaculado peinado y vestido impecablemente con un traje hecho a medida y una camisa rosa que combinaba con el vestido de su acompañante y mejor amiga. El verano siguiente participó por primera vez en el Desfile del Orgullo de Winnipeg, que celebra «una comunidad diversa que apoya o se identifica con personas gais, lesbianas, transexuales, transgénero, intersexø, dos espíritus y *queer*» (Pride Winnipeg). Junto con su exnovio, decidió desfilar vestido de *drag*. En años posteriores ha optado por llevar diferentes atuendos durante el desfile anual, desde prendas veraniegas informales, como pantalones cortos y camisetas, hasta vestidos, pelucas y zapatos de tacón.

En mitad de la veintena, Liam sigue estando muy interesado en la moda, el diseño estilizado, el buen vino y la alta cocina. Aunque sigue habiendo momentos en los que tiene que hacer frente a la hostilidad y el acoso de otras personas, estoy segura de que, al haber hecho todo lo posible para asegurarnos de que tuviera un espacio mientras crecía para explorar y expresarse a sí mismo de un modo que se sintiera cómodo, sigue siendo la persona segura de sí misma, encantadora y carismática que siempre ha sido.

Liam ~ últimas palabras

Estoy muy agradecido de vivir en un mundo en el que mi familia, mis amistades, mis compañeros de trabajo y, en general, la sociedad me aceptan tal como soy; por desgracia, muchos no son tan privilegiados como yo. Ha habido momentos difíciles en los que me he sentido incómodo e inseguro, pero, gracias a la relación respetuosa, comprensiva y abierta que mantengo con mi familia, nunca he estado solo o aislado. Este sistema de apoyo me ha permitido sentirme cómodo con mi propio género y mi expresión, y verlos como una fuente de poder y fortaleza. Según mi experiencia, la manera más eficaz de combatir la discriminación y la homofobia es ser una persona segura y orgullosa, y no pedir disculpas por ser como se es. Estoy muy contento de sentirme libre de los confines de los roles y las expectativas de género. Veo cómo funciona el sistema, pero dispongo de los conocimientos para manipularlo a mi favor. Como afirma en *El diablo viste de Prada* Miranda Priestly, a la que interpreta la genial Meryl Streep, cuando habla con su ayudante/protegida: «Puedes ver más allá de lo que la gente quiere o necesita y puedes elegir por ti misma». ¡Es fantástico!

Referencias bibliográficas

El diablo viste de Prada. Directora: Wendy Finerman. Actores: Meryl Streep, Anne Hathaway, Stanley Tucci. 20th Century Fox Home Entertainment, 2006, DVD.

Freud, Sigmund (1995), *Five Lectures on Psycho-Analysis*, Penguin Press, Londres.

George. Jessie. Love. Parenting and Loving a Transgender Kid, web [consultado el 3 de enero de 2013].

Green, Fiona J. (2003), «What's Love Got to Do With It? A Personal Reflection on the Role of Maternal Love in Feminist Teaching», *Journal of the Association for Research on Mothering*, 5 (2), pp. 47-56.

— (2011), *Practicing Feminist Mothering*, Arbieter Ring Publishing, Winnipeg.

HE SPARKLES, web [consultado el 3 de enero de 2013].

Mills, C. Wright (2000), *The Sociological Imagination*, Oxford University Press, Oxford [hay trad. cast.: *La imaginación sociológica*, Fondo de Cultura Económica, 1999].

Pride Winnipeg, web [consultado el 3 de enero de 2013].

Raising My Rainbow, web [consultado el 3 de enero de 2013].

Ruddick, Sara (1980), «Maternal Thinking», *Feminist Studies*, 6 (2), pp. 342-367.

— (1989), *Maternal Thinking: Towards a Politics of Peace*, Beacon Press, Boston.

Sarah Hoffman: On Parenting A Boy Who Is Different, web [consultado el 3 de enero de 2013].

Notas sobre los colaboradores

Arwen Brenneman empezó una licenciatura en letras, terminó una licenciatura en ciencias y ahora trabaja de educadora y monitora del parto. Ha publicado en las revistas *Herizons* y *Storyteller*, y también ha escrito la novela en colaboración *At the Edge*, de próxima aparición. Vive con su pareja y sus dos hijos en Vancouver, Columbia Británica.

Barry Edginton es doctor, profesor y exjefe del departamento de sociología de la Universidad de Winnipeg. Sus investigaciones se centran en la relación entre el entorno urbanístico (diseño de hospitales) y el tratamiento de los enfermos mentales. Ha publicado y presentado muchos artículos científicos sobre este tema.

Liam Edginton-Green se ha licenciado (con honores) en lingüística francesa en la Universidad de Winnipeg. Disfruta con la alta cocina vegetariana, leyendo buena y mala literatura, filosofando y jugando al fútbol. Cuando sea más mayor, le gustaría ser un espía y viajar por el mundo.

May Friedman combina el trabajo social, la enseñanza, la investigación, la escritura y la crianza. Entre las pasiones de May figuran la justicia social y la telerrealidad, y está totalmente a favor de vivir con contradicciones. Ha publicado sobre temas como la maternidad y el transnacionalidad, y recientemente ha disertado sobre el activismo a favor de la aceptación de la obesidad, las madres que son trabajadoras sexuales y la pedagogía del trabajo social. May vive en el centro de Toronto y juega con el género acompañada de su pareja y sus tres peques.

Fiona Joy Green es doctora y madre feminista, vive con su esposo desde hace casi treinta años y con varias mascotas. Imparte clases de estudios sobre las mujeres y el género y actualmente ocupa el cargo de vicedecana de artes en la Universidad de Winnipeg. Fiona ha publicado sobre temas como la maternidad feminista, la pedagogía maternal feminista y la representación de las madres en la telerrealidad. Participa en un proyecto conjunto de investigación que explora la ética de las madres blogueras y los blogs en *Mommy Blog Lines: Tal(k)ing Care.*

Susan Goldberg es escritora, editora, ensayista, bloguera y coeditora de la premiada antología *And Baby Makes More: Known Donors, Queer Parents, and Our Unexpected Families.* Ha publicado en las revistas *Ms.* y *Lilith* y en varias antologías. Escribe blogs para Villageq.com, Today'sParent.com y MamaNonGrata.com. Susan vive en Thunder Bay, Ontario, con su pareja y sus hijos.

Jake Pyne es investigador comunitario y estudia un doctorado en la Escuela McMaster de Trabajo Social. Jake ha realizado una serie de investigaciones y ha desempeñado labores de defensa en la comunidad trans de Toronto durante los últimos doce años y recientemente ha encabezado una serie de iniciativas centradas en las familias trans y la infancia con género independiente en Rainbow Health Ontario, la Red de Padres y Madres LGTBQ del Centro de Salud de Sherboune, la Universidad Concordia, el equipo de Investigación para la Salud LGBTQ del Centro de Adicciones y Salud Mental y el Centro para el Estudio de Género, las Desigualdades Sociales y la Salud Mental. Jake es padre de dos niños pequeños en Toronto, que le asombran con su locura y su amor.

Elizabeth Rahilly es doctoranda y profesora de sociología en UC Santa Bárbara, con un interés especial en el género y la sexualidad. Su investigación se centra en familias que crían a sus retoños con género variante o son transexuales. Con anterioridad realizó un máster en sociología en la UCSB y obtuvo una licenciatura en antropología en la Universidad de Nueva York. Si quiere saber más sobre la investigación de Elizabeth con las familias o te interesa participar en su estudio, puedes contactar con ella en: erahilly.rc@gmail.com.

Damien W. Riggs es profesor titular de trabajo social en la Universidad Flinders. Imparte cursos sobre el género/la sexualidad, estudios de la familia y estudios críticos sobre la raza y la blanquitud. Es autor de más de cien publicaciones sobre estos ámbitos, entre las que figuran *What About the Children! Masculinities, Sexualities, and Hegemony* (Cambridge Scholars Press, 2010). Es director de *Gay and Lesbian Issues and Psychology Review*.

Sarah Sahagian estudia un doctorado en estudios sobre género, feminismo y mujeres en la Universidad York de Toronto. Ha escrito en diversas publicaciones periodísticas y académicas, entre ellas *The Journal of the Motherhood Initiative*, *The Beaverton* y *The Huffington Post*. Sarah también es coeditora del libro publicado por Demeter Press *Mother of Invention: How Our Mothers Influenced Us as Feminist Academics and Activists*.

Sandra B. Schneider es profesora titular de educación en la Escuela de Formación de Profesores y Liderazgo, en Radford University. Entre sus áreas de investigación figuran la clase, la raza y el género en la educación y el activismo, a favor de la reforma educativa. En su investigación más reciente, Sandra explora las prácticas de crianza y de la escolarización en casa y la no escolarización, y las identidades maternales.

Jessica Ann Vooris estudia un doctorado y es profesora de estudios sobre las mujeres en la Universidad de Maryland, College Park. En 2009 se licenció en estudios sobre mujeres y escritura creativa en la Universidad Bucknell. Sus investigaciones abordan cuestiones relacionadas con la paternidad y maternidad LGBTQ y la familia, el concepto de infancia *queer* y la crianza de la infancia con género creativo. Tiene la doble nacionalidad estadounidense y británica.

j wallace cree que todos nosotros llegamos a ser expertos absolutos en nuestras propias vidas y está especialmente interesado en crear más espacio y más posibilidades en torno al sexo, la orientación sexual y la identidad de género. j es asesor del programa de igualdad de la Unidad de Prevención de la Violencia de Género de la Junta Escolar del Distrito de Toronto. Educador, activista, formador y escritor. j está terminando un máster en educación en la OISE/UT centrado en las maneras de crear escuelas y aulas que celebren todas las identidades de género. j también trabaja en la Red de Familias LGBTQ de Toronto, donde ha creado e imparte los cursos «Transmasculine People Considering Pregnancy» y «Queer and Trans Family Plannings». La familia de j incluye dos hijos, un marido y una ecléctica y fabulosa constelación de familiares elegidos. La página web profesional de j es www.juxtaposeconsulting.com y tiene un blog en <www.http://ishai-wallace.livejournal.com/>, en el que a menudo examina las intersecciones entre el género, la educación y la crianza.

Jane Ward es profesora titular de estudios sobre las mujeres en la Universidad de California Riverside. Es la autora de *Respectably Queer* (2008), así como de varios artículos sobre política *queer*, relaciones trans, heteroflexibilidad, el fracaso de los programas de diversidad y, en fecha más reciente, maternidad *queer*. Imparte cursos sobre feminismo y estudios *queer* y también es una madre aficionada, una airada *low-femme* y también es pastelera.

Kathy Witterick es educadora en la prevención de la violencia, es líder de *La Leche League* y es propietaria de un pequeño negocio. Cría con David Stocker a sus tres retoños, Jazz (siete años), Kio (cuatro años) y Storm (dos años), en Toronto, Canadá, y está orgullosa de no haberlos escolarizado.